雲南文庫

百人百部

当代云南社会科学百人百部优秀学术著作丛书

国际直接投资的发展效应

杨先明/著

云 南 人 民 出 版 社
云 南 大 学 出 版 社

Dictionary
Merriam
WORLD LITERATURE
毛澤東神權時代
鄧小平開放時代
國際金融大辭典
植物大辭典

作者小传

杨先明，云南大学教授，经济学博士，博士生导师。现为云南大学发展研究院院长。云南省有突出贡献的哲学社会科学专家，享受国务院政府特殊津贴专家；国家社会科学重大招标课题主持人，云南省理论经济学重大学科建设项目主持人，云南大学理论经济学一级学科博士点申报主持人；云南省政府金融发展专家委员会委员，云南省政府参事。第十届、第十一届全国政协委员，第十一届全国政协经济委员会委员。

1982年和1986年在云南大学分别获经济学学士和硕士学位，于1997年在南开大学获经济学博士学位。1996年破格评为教授，曾作为英国曼彻斯特大学访问学者、美国加州大学（伯克利）高级访问学者、美国哥伦比亚大学高级访问学者、美国本特利商学院交流学者、英国Leicester大学访问学者，并留学英美等国。

长期承担经济发展理论、国际经济学、中国经济问题等课程的硕士、博士研究生和本科生的教学工作。曾获云南大学红云园丁奖、伍达观杰出教师奖等，2011年获得云南省教育功勋奖。

主要研究领域为产业发展、金融发展理论与企业发展问题、国际直接投资理论与中国经济发展和开放经济理论与政策。在《中国社会科学》、《国际经济评论》、《世界经济与政治》、《China Economist》等国内核心期刊上发表学术论文50余篇；由商务印书馆、中国社会科学出版社等出版学术著作10余部；主持国家社会科学基金重大招标项目、国家自然科学基金项目、国家科技部项目、教育部社会科学基金项目以及亚洲开发银行项目等科研项目20余项；其研究成果曾获云南省社会科学研究一等奖四次、二等奖八次，并获教育部安子介国际贸易学术研究奖。

图书在版编目（CIP）数据

国际直接投资的发展效应 / 杨先明著. — 昆明：
云南人民出版社, 2011.11
（当代云南社会科学百部优秀学术著作丛书）
ISBN 978-7-222-08356-1

Ⅰ. ①国… Ⅱ. ①杨… Ⅲ. ①国际直接投资–研究
Ⅳ. ①F831.6

中国版本图书馆CIP数据核字(2011)第209666号

责任编辑： 周　颖
美术编辑： 王睿韬　刘　雨
责任印制： 段金华

书　名	**国际直接投资的发展效应**
作　者	杨先明　著
出　版	云南人民出版社 云南大学出版社
发　行	云南人民出版社 云南大学出版社
社　址	昆明市环城西路 609 号（650034） 昆明市翠湖北路 2 号云南大学英华园内（650091）
电　话	0871-4113185 0871-5031071 5033244
网　址	www.ynpph.com.cn　http//www.ynup.com
E-mail	rmszbs@public.km.yn.cn　market@ynup.com
开　本	787mm × 1092mm　1/16
印　张	21.25
字　数	300 千
版　次	2011 年 11 月第 1 版第 1 次印刷
印　刷	昆明卓林包装印刷有限公司
书　号	ISBN 978-7-222-08356-1
定　价	58.00 元

《云南文库》编辑说明

《云南文库》是云南省哲学社会科学“十二五”规划的重大项目。编辑出版《云南文库》是落实云南省委、省政府建设民族文化强省的重要举措，是繁荣发展云南哲学社会科学的重要途径，是树立云南文化形象、提升云南文化软实力的基础性工程。

中国学术文化的发展不仅有共性，还有很强的地域性。一国有一国之学术，一方有一方之学术。学术研究是社会发展的动力，是社会智慧的结晶，是文化建设的重要构成部分。云南虽地处边疆，仍不乏丰厚的学术研究传统。尤其明清以来，云南与中原的文化交流日臻密切，省外名宿大儒进入云南的代不乏人，而云南的文人学士也多有游宦中原者。在中原文化的熏陶下，云南的文化学术遂结出累累硕果，文化名人辈出，如杨慎、李贽、李元阳、师范、王崧、方玉润、许印芳等，其总体集中性的代表成果是《滇系》和《云南备征志》。至清末，云南学子开始走出国门到海外留学，成为云南与世界沟通的桥梁，也成为改造社会和推进云南文化学术发展的中坚。但由于交通不便，信息闭塞，云南的学术成果并未为内地所认知。更有甚者，清乾隆年间，四库全书馆在全国征集历代遗书，云南巡抚李右江得到云南先贤的著述，但害怕其中有什么不恰当的内容，竟私藏起来不上报，使得《四库全书》仅从它处收录了3种云南人著述，成为云南文化史上的一大缺憾。辛亥革命后，云南学人痛感地方文化学术之不彰，在地方政府的支持下，赵藩、陈荣昌、袁嘉谷、由云龙、周钟岳、李根源、方树梅、秦光玉等一批当时最负盛名的云南学者倾力收集整理云南文献，于1914年至1923年编成刻印《云南丛书》初编，共152种1064卷，及不分卷者47册；1923年至1940年编成刻印《云南丛书》二编，共69种133卷。另编定31种待刻，后由于抗日战争爆发，整个《云南丛书》的编辑刻印工作中止。历时26年编刻的《云南丛书》把保存下来的历代云南重要地方文献网罗殆尽，是云南有史以来地方文化的一次最系统的总结，对云南的文化建设发挥了不可估量的作用。

学术创新的根基是学术积淀和传承。从编辑刻印《云南丛书》之时算起至今，其间经历了抗日战争、新民主主义革命、社会主义革命和建设、改革开放的新的历史时期。在这近一百年的历史中，云南的学者为抗击日本侵略者和新中国的解放事业，为社会主义新文化的建设贡献了自己的聪明才智，也为云南地方经济、社会、文化的发展创造了一大批研究成果，并形成了自己的风格和特色。今天，文化建设又站在一个新的历史起点上。整理和出版云南学术史和文化史上的优秀成果，是继承优秀的地方历史文化遗产，建设有中国特色的社会主义新文化和民族文化强省的基础性工作。只有站在前人的肩上，我们才看得更远，走得更实。这也是我们编辑出版《云南文库》的初衷。

比之编刻《云南丛书》的时代，云南的经济政治社会文化已经发生了翻天覆地的变化，云南不再是一个封闭落后的边疆省份，而是成为了我国面向南亚、东南亚开放的桥头堡，其战略地位日益突出。云南的文化创造力也大大发展了，学者力量的壮大、学术成果的丰富早已不可同日而语。今天的《云南文库》不可能像当年《云南丛书》一样收录所有的文献资料，只可能是好中选优、优中选精，尽可能地把最能体现云南学术文化水平和云南学术特色的成果收录进来，以达到整理、总结、展示、交流和传承文化，弘扬学术，促进今日云南文化学术的建设与繁荣之目的。功在当代，利在千秋。

《云南文库》分为三个系列。

一是《云南文库·学术大家文丛》，收录云南学术大家的作品。

二是《云南文库·学术名家文丛》，收录中华人民共和国建立以前出生的云南学术名家的作品。

三是《云南文库·当代云南社会科学百人百部优秀学术著作丛书》，收录中华人民共和国建立以后出生的一代学者的优秀作品。

我们将使《云南文库》成为一个开放的体系，随着云南民族文化强省建设的推进而不断丰富它的内涵，不断发挥其在社会主义精神文明建设和云南文化建设中的积极作用。

《云南文库》编辑委员会

2011年6月

目录

第一章 导 论

第一节 问题的提出

早在20世纪30年代，就有一位美国经济学家（罗伯逊，O.H.，1938）把国际贸易视为推动一个国家经济发展的“增长发动机”。在一篇题为“国际贸易前景”的论文中，他全面分析了国际贸易在优化资源配置、促进国际分工、加速不发达国家资源开发等方面的巨大作用，充分肯定国际贸易在经济发展过程中的地位。这是在经济学文献中，首次提出增长发动机这一概念。而增长发动机这一概念与国际直接投资联系在一起，则是80年代以后的事。随着跨国公司及其国际直接投资（FDI）在世界经济中重要性日益突出，增长发动机的说法开始出现在跨国公司与世界经济的文献之中。在1992年度的世界投资报告中，明确提出“作为创造财富的国际经济活动的核心组织者，跨国公司将成为经济增长的重要引擎”。[①]这种情况表明了一个事实，在国际贸易对经济增长的作用早被人们认识之后，国际直接投资促进经济增长的作用已正为人们所认识。

但是，跨国公司的直接投资活动在什么程度上能够成为经济增长的发动机呢？其一，从世界范围来看，跨国公司的活动加速了国际生产一体化进程，改善了世界市场范围内的资源配置效率；其二，跨国公司通过直接投资等活动，向发展中国家转移了一系列增长要素，有助于发展中国家经济发展。一般认为，经济增长是由不同的经济因素推动，动力之一是投资，它

① UNCTC. 1992.《1992年世界投资报告—跨国公司：经济增长的引擎》，对外贸易教育出版社1993年版。

提高并改进了一国实际资源的生产力；动力之二是创新和技术变革，不仅仅提高了现有经济活动的生产力，而且还在新的经济活动中创造出各种竞争优势；动力之三是劳动技能的开发，其作为经济增长源泉的重要性日趋增长；动力之四是国际贸易，这是使一国获得专业化生产与国际分工利益的重要途径。国际直接投资之所以成为发展中国家经济增长的积极因素，就在于在一定条件之下，它可以增加了发展中国家资本存量，并影响到国内投资速率；更为重要的是，随着世界经济新格局的变化，技术与创新日益成为一国竞争优势的基础，而跨国公司在发展中国家的直接投资客观上已构成为发展中国家获得技术进步的一种途径。此外，跨国公司通过提高人力资源质量的方式，对发展中国家经济增长过程产生了明显的作用。国际贸易虽然并不直接成为增长要素，但是，国际贸易可以扩大市场范围，从而刺激一国经济的需求，改善它的资源配置状况。作为增长的发动机，跨国公司的国际直接投资不仅仅必须有利于东道国增长要素形成和发展，而且还必须使东道国从国际直接投资中获取的长期利益大于随之而产生的代价，即是说，跨国公司的直接投资活动必须对发展中国家增长过程产生正的效应，这就是所谓国际直接投资推动效应。但是，如果进一步观察，就会发现国际直接投资推动可分为两个层次，第一个层次是国际直接投资的进入后产生国际收支、贸易扩展、就业增加等短期效应；第二个层次体现为技术积累、配置资源和积累资本的能力、创新和市场进入能力。我们把第一层次的效应定义为国际直接投资的短期增长效应，而把第二层次效应称为国际直接投资的长期增长效应。由于第二层次效应主要影响增长要素的累积，从而构成一国经济转型能力（Capacity of transform）的基础；而国际直接投资的短期增长效应则有利于投资引进国的宏观经济格局的较快改善，对于东道国经济稳定发展具有重要意义。对此，联合国跨国公司中心给予了十分肯定的回答。

然而，在看到跨国公司直接投资对发展中国家经济发展有所贡献的同时，疑问同样是存在的：作为世界经济的增长发动机，国际直接投资是否对不同的发展中国家同样有效？进一步而言，对于具体的发展中国家而言，国际直接投资作为增长的发动机这一命题，在什么样的条件下才能成立？

一个显而易见的事实是，各国利用国际直接投资所实现的增长效应差异很大。在一些外资进入较多的国家，国际直接投资所产生的长期增长效应并不明显；而在一些外国投资发生额并不显著的国家或地区，国际直接投资对一些长期增长因素产生了十分显著的影响。同时，在诸如技术转移、资本形成等各种增长因素中，国际直接投资的进入对它们各自所产生的作用也不尽相同。因此，跨国公司及国际直接投资这部增长发动机给各国带来的利益不是一种均等利益。在增长发动机的驱动下，各发展中国家的差距正在扩大，一些从中获利的国家在世界经济的排序中向前移动；而一些国家则没有如此幸运，或难以吸引外国直接投资，或引进的外资没有产生相应的效应。是什么因素在起作用呢？在1992年度的世界投资报告中，对以上问题的一个回答是，跨国公司或国际直接投资作用是随东道国经济发展阶段变化而变化的，也就是说，国际直接投资创造的效应的差异取决于各国所处的发展阶段。这是一个值得重视的观点。第一，经济发展阶段是由一国社会经济的结构特征体现的，它反映了国家比较优势和要素禀赋累积的态势，这在很大程度上决定了跨国公司所关注的投资环境。而跨国公司作为外来的经济实体，与东道国环境之间是一种相互作用与制约的互动关系。这种关系的协调与吻合程度，有可能成为“增长发动机”在各国的作用差别的决定因素；第二，经济发展阶段具有一个相对稳定的内涵，它集中地反应了增长过程中一些支配性因素质变和替代的关系。在一个国家的长期持续增长过程中，一些因素有可能导致增长的波动，但随着波动的结束而不再成为支配性因素，而另外一些因素则沉淀下来决定着国家长期趋势。正是这些稳定的支配性因素决定了有效地吸收国际直接投资的投资、技术及贸易机会的能力；第三，国际经济的运行状态表明，国际直接投资是一种一体化、有组织的、严格管理的国际生产和商务活动，发生在任何国家和地区的国际直接投资都必须与世界其他地区之间的投入和产出结构保持一体化，而处于低发展阶段的国家很难在国际直接投资与世界经济的一体化之间形成一种有效机制。近30年的国际经济运行情况表明，跨国公司生产经营的特点决定了低收入国家不可能成为国际直接投资的重点，低收入国家只是与跨国公司的边缘活动有所联系。东道国经济一定程度的发展，是现代跨国公司进入的前提。国际投资发生最为密集和频繁的地区，正是那些经济发展阶段差异较小的国家和地区之间，日欧美大三角地带的国际直接投资和东盟、东南亚国家之间的交叉投资，均可说明这一点。第四，如果从东道国对国际直接投资的需求偏好角度来看，经济发展阶段对国际直接投资的选择意义重大。一个国家经济发展所处的阶段是确定该国经济发展的战略目标以及产业发展先后次序和结构调整的决定因素，从而从总体上决定了该国在选择跨国公司作为合作对象时的偏好。在经济发展初期，由于收入水平低下，国内资金不但积累不足，而且还存在把有限资金有效地运用到生产性用途的困难，需要外资启动本国经济发展，因此，收入较低的国家作为东道国，往往对任何有能力引进资本的国外机构给予优先权，从而解决资本短缺问题。但是，对于中等以上的发展中国家而言，自身已具有积累和动员资本的能力，利用国际直接投资的目的已不是解决资本不足，而是要在国际分工格局中逐渐找到位置，因此这类国家更倾向于通过国际直接投资获得技术进步、劳动生产率的改善，以及在开拓国际市场方面的利益。而当国家已处于工业化实现阶段时，经济结构、市场需求和要素构成方面的差异决定了其能从水平型和水平垂直混合型的国际分工中获得规模经济，保持竞争优势的利益，从而偏好那些具有高新技术和庞大市场网络、并具有先进管理经验的直接投资项目。概言之，一国经济发展阶段从资本的吸收能力、对需求结构变动的适宜性、以及与世界经济和国际生产的一体化的协调性等几个方面影响了发展中国家从国际直接投资中获取利益的程度。

但是，关于国际直接投资作为增长发动机在发展中国家的效果差异取决于其所处的发展阶段的说法，仍然只是一个十分泛化的观点，实际上存在许多问题需要推敲和深入的研究。至少，还有以下问题值得我们进行进一步思考：

1. 发展中国家企望从外国直接投资中获得一种正效应，所处的发展阶段如何作用于这一效应？即是说，在什么样的情况下，发展阶段及其相应结构特征成为发展中国家得到外国直接投资利益最大化的条件？

2. 东道国的发展阶段对于跨国公司国外投资决策起到什么样的影响？它如何影响跨国公司的进入形式和投资类型？从理论角度看，东道国的发展阶段与跨国公司所拥有的所有权、内部化及区位优势是种什么样的关系？

3. 跨国公司本身也处在一个不断发展过程中，国际投资无论从组织结构还是投资方式、重点都在不断变化，也就是说，投资国及跨国公司也有一个“发展阶段”问题。投资国与东道国之间发展阶段的差异程度也是处于变动之中。于是，二者差异程度大小对于外国直接投资的进入与退出以及流量都会产生深刻影响，也会影响处于低发展阶段的国家从外国直接投资中得到长期真实利益的程度，这也是必须研究的一个问题。

4. 相应的问题是，发展中国家试图从外国直接投资中获得增长推动效应，必然产生一个代价或成本问题，发展阶段与这种代价是一种什么样的关系？而这种代价又是以什么样的方式体现出来？而且，面对跨国公司对发展中国家必然产生的利弊相随的现象，各国所处的发展阶段是否对发展中国家趋利避弊过程具有实质意义？

5. 为了较大限度从“增长发动机”中获得长期推动效应，处于低发展阶段国家应当选择一种什么样的利用国际直接投资的模式？这一模式的特征又是什么？选择的依据与发展阶段是一种什么关系：是超越还是顺应特定发展阶段的比较优势？同时，国际直接投资模式选择是否还需要何种制度安排？

上述这些实际上都涉及到一个关键问题：处于世界经济日益一体化的今天，发展中国家如何在自身经济实力积累和增强基础上，从跨国公司的国际投资活动中最大可能地寻求一种长期利益。而国家所处的发展阶段，以及由发展阶段滞后所带来后起之益和后发劣势，肯定要交叉作用于国际直接投资效应，这样的现实迫使发展中国家存在对国际直接投资模式进行选择的必然性。如何根据自身发展阶段特点，选择一种可充分获得国际直接投资长期增长效应的模式，把国际直接投资推动和自身实力增强结合在一起，这既是很多发展中国家必须关注的问题，同样也是当今中国经济所面临的最大课题之一。

第二节　研究的背景

无论是从跨国公司理论还是从经济发展理论角度来看，以东道国所处的发展阶段来作为分析国际直接投资与经济发展之间相互关系的基础，都是一个新的起点。要认识其理论意义，有必要对不同学派关于国际直接投资在经济发展中的作用的分析作一回顾。

一、新古典学派的观点

新古典学派的基本点，是把跨国企业定位为着眼于全球利益、而不是个别国家的利润回报的一种资本组织形式，同时认为跨国公司在引进资本、现代管理和技术等方面有益于发展中国家的经济发展。新古典的宏观学派把注意力放在评估外部资本流入的利益方面，而微观学派则侧重于从产业组织角度分析企业层面的问题。但无论是宏观还是微观学派，都对国际直接投资在经济发展中的作用持肯定态度。

宏观学派的基本假定是，要素在产业和区域之间流动不受限制，且不考虑流动的成本，并假定存在着一个一体化的世界经济均衡模型，而企业参与到国际生产中来的目的在于获得国家之间的要素收益差额，部门之间、产业内和企业内部贸易发生则归因于相对的要素禀赋方面的差异。新古典宏观模型中还假定，当资本从一个资本丰饶的国家流向劳动力富裕的国度，前者将会出现工资下降和利率上升的过程，后者则出现相反的过程，于是产生了一个要素均等效应（an equalizing impact）。在这样一个分析框架下，跨国公司的作用是把可移动的要素如资本和技术和不可移动的要素（例如土地和劳动）结合起来，从而促进全球福利最大化。

但是，也有一些新古典模型所分析的结论强调了跨国公司与东道国经济发展的不协调性。克鲁格曼（1983）就曾利用两个静态的模型，分析了跨国公司的横向和垂直的直接投资在产生扭曲方面所起到的作用。一个模型表明，跨国公司只有在运输费用和所纳关税大于在海外直接生产的费用时，才进行横向投资；而另一模型则分析了跨国公司在垂直投资中，如何通过其垄断地位采取压低价格、减少投入等手段从中获利的情况。这样跨国公司的直接投资就可能扭曲了东道国的资源配置机制。另外，一些发展中东道国政府所实行的人为的扭曲政策（如免税政策），也加剧了这种情况。在资源配置机制扭曲的情况下，一些高技术和资本密集的投资可能投到发展中国家，但是由于东道国不能从中有效吸取技术、也不能把当地丰富的资源（如劳动力）与这些投资项目相结合，因此，从推动发展的角度来看，跨国公司的这些投资就不一定适宜。

显然，新古典的宏观模型主要强调现有的要素禀赋格局对国际直接投资流向所产生的影响，但是，由此不能否认单个跨国公司在决策方面的复杂性。格瑞（Gray, 1992）就指出，一些跨国公司在决策海外投资时，并不一定就是根据一个国家不同要素之间的价格比率，而是出于对东道国的某一些特定资源的需要，或出于跨国公司自身的特定战略目标，这往往又与市场不均衡分割联系在一起。并且，如果只把现有的要素禀赋格局作为解释国际直接投资流向的基本因素，很难让人理解为什么很多跨国公司不选择那些要素便宜的国家作为进入的地点。

新古典宏观模型的另一缺陷，是没有充分估计市场与国家这两大因素在国际直接投资中的作用。表现之一是新古典宏观学派的分析几乎不把企业作为一个与市场结构联结的单位，企业被抽象为在一个同质的市场中经营的原子核单位。与此同时，很多制度方面的因素、诸如国家利益集团等，都没有考虑在分析框架之内。由于市场成为资源配置的唯一角色，从而完全忽略了国家和制度等其他因素在其中的作用。然而，从科斯（1937）、威廉姆森（1985）等人的交易费用说角度来看，科层组织在弥补市场缺陷、提高经济效益方面有重要意义。表现之二是忽略了国家的制度和政策在刺激大型有风险的、具有创新价值和规模经济的投资中起到的作用。例如，如果没有制定专利法保护创新，没有相应的基金或津贴，企业实际上不可能对庞大的、创新性的项目感兴趣。这也是当年熊彼特（1934）为什么要把垄断和企业家利润视为吸引投资到创新活动的主要因素的原因。历史地看，国家一直在工业化国家的产业积累过程中扮演主要角色。因此，以现有市场率和影子价格所确定的短期因素，并不能否定政府在创造长期外部化条件时所体现的偏好的合理性、以及政府在制定政策时所考虑的长期动态利益的重要性。就国际直接投资而言，发展中国家的政府如果认识到在世界经济的竞争环境中不利用国际直接投资作为加快技术积累和结构变化的手段，就不可能从这一过程中获得长期发展的利益，那么政府反映出的意愿、所制订的政策及措施本身就形成对国际直接投资的引致因素。

在新古典企业理论中，所有权优势论强调跨国公司的对外直接投资是具有某种优势的寡头垄断企业为追求控制不完全市场而采取的行动；产品周期论解释了企业在获得一种新产品垄断权时，如何利用国家层面的差异从不同周期的时点上获得超额利润的行为和机制过程；交易费用论则分析了跨国公司的组织形式与内部化行为之间的必然联系。在肯定国际直接投资活动在资源配置方面的积极作用的同时，企业理论在国际直接投资如何推动经济的分析中存在明显的不足。其一，企业理论的基础仍然以现有的要素禀赋为出发点，从而导致了不可能在生产理论方面，进而在产业成长分析上具有更多的解释能力；其二，企业理论认为跨国公司只是市场失败的一种替代形式（既是不完全竞争的产物，又通过垄断竞争和内部化强化了市场的不完全性质），因此没有更多地把国家及其他制度因素与市场的相互作用作为国际直接投资运动过程中的重要因素；人们注意到跨国公司的垄断行为往往导致东道国政府采用关税、配额等手段，这又引致跨国公司产生相应对策，以及跨国公司母国的一系列反应措施。其三，从总体上看，新古典企业理论并不关注发展中国家内在条件的研究，因此新古典企业理论在分析国际直接投资与经济发展相互关系时，缺少一个完整的理论框架。

二、结构主义的观点

结构主义在研究跨国公司对发展中国家经济影响方面，具有十分鲜明的理论特色。其核心是强调国际直接投资对发展中国家产业结构的影响。结构主义认为由于发展中国家的滞后的经济结构，跨国公司的直接投资对发展中国家具有传递技术进步和推动结构升级的潜力。与此同时，结构主义十分强调发展中国家社会政治因素和讨价还价的力量在取得国际直接投资正效应中的重要作用。

根据结构主义的观点，跨国公司可以在这样四个方面起到一种发展手段的作用。首先，跨国公司具有强大的资金筹措能力。跨国公司既可从公司内部融通资金，又可从外部诸如资本市场和金融机构中得到大量的资金支持。一些经济学家（如赫尔希曼，Hirschman, 1977; 1984）注意到发展中国家缺乏产生投资决策和投资效果的资源，但存在着从跨国企业得到产业带动与技术溢出好处的一些条件。根据结构动态变化规律，赫尔希曼认为可以通过外国企业在关键产业链部分的投资，带动经济增长，其理论基础是著名的产业关联效应学说。但是，赫尔希曼的这一论点受到多方面挑战。早期五十年代初期，就有人指出，一旦跨国公司在当地拥有技术垄断之后，就会把资源和资本从一些产业中转移出去 (Singer, 1952)，并且，即便这一过程顺利持续下去，发展中国家为此要付出代价，从而净利益将会很少；同时跨国公司会充分利用其强大的市场力量和东道国政府给予的特权，用汇回利润和价格转移等手段，减少东道国的资本存量。80 年代后，还有人（Lall, S, 1981）从大量的文献中发现，跨国公司在发展中国家的投资所产生的产业关联效应在很大程度上取决于东道国的规模和发展阶段：在经济落后的小国，跨国公司的国际直接投资很少建立起关联效应；而在发展中大国，由于东道国政府的压力，外国直接投资可在进口替代工业中形成较强的产业关联效应，但也会产生较高的代价。

其次，结构主义认为跨国公司及国际直接投资进入发展中国家后，有利于东道国企业家阶层的形成。大量投资失败的案例表明，企业家和企业家精神是发展中国家工业化与经济增长过程中的瓶颈。即使在赫尔希曼式的增长过程中，产业关联效应也会因为企业家短缺而中断。而跨国公司通过培训、交往，提供和寻求投资机会，以及跨国公司的直接投资在人力资源方面所产生的外部效应，会对发展中国家企业家的形成和发展起积极的作用。但是，一些人指出，跨国公司虽然可以在一定程度为发展中国家提供企业家资源，但多数跨国公司不会以这种方式和当地企业发生关系，更多的情况是东道国的专门人才被跨国企业所吸引，因此，从长期看，跨国公司在这方面的作用不太明显。

第三，跨国公司所具有的巨大的营销实力可以促进发展中国家在内外市场的营销技能。而且，当地企业所具有的出口潜力可通过跨国公司全球性的市场网络和销售手段而得到开发。但是，很多结构主义者对此抱怀疑态度。一些人认为，跨国公司参与到发展中国家的结果是导致其贸易条件相对于发达国家的制造业出口而更加不利，跨国公司的市场实力必然趋势是加强市场集中，从而削弱了发展中国家的判谈地位。

第四，在一些重要的产业中，跨国公司对发展中国家技术进步产生了积极影响，并对当地企业效益方面产生了较强的溢出效应。但结构主义同时也认为，跨国公司在产业和技术选择上有十分明显的资本密集型偏向，这十分不利于发展中国家的就业扩张、收入改善和建立适宜性的消费模式。同时，跨国公司更多地涉入发展中国经济之中，会导致发展中国家在技术进步和创新方面产生依附关系，从而丧失自主增长的一些基本条件（Fuytado, 1977）。跨国公司对技术与开发的控制，是跨国公司与东道国利益冲突的重要领域。这些论点，实际上和新马克思主义者的立场已经基本一致。

上述观点主要代表了80年代中期以前结构主义对国际直接投资与发展中国家经济发展关系的基本认识。其特点在于，主要从效应角度分析国际直接投资在经济发展中的作用，但还没有从国际直接投资推动发展所需要的条件和过程给予更大关注。到了九十年代，随着跨国公司在世界经济中的重要性与日俱增，因其影响已经不是一个可回避或可选择的问题，因此，如何利用跨国公司来推动本国经济发展，成为了发展中国家必须正视的现实。结构主义适应这种国际经济环境的变化，讨论的重点也开始转移到发展中国家从国际直接投资获得正面效应所需要的条件和机制上。

三、激进主义学派的观点

激进主义学派的基本出发点是把国际直接投资作为通过不平等交换进行资本主义剥削的组成部分，并认为国际直接投资损害了发展中国家的增长潜力，从而总体上否定了国际直接投资与东道国经济发展之间存在一种正向效应的可能性。激进主义学派的这一立场，大大削弱了其在这一方面的解释能力。

根据激进的新马克思主义者的观点，国际直接投资是在新的环境下的一种国际剥削。通过国际直接投资形式，剩余从外围国家向中心发达国家的单方面流动方式得以维持下去。原材料和利润不断从发展中国家流向中心国家的状况，导致了东道国的制造业企业很难发展。早期激进学派以此为基础，进一步解释了在发展中国家的国际直接投资如何从各种渠道汲取这些国家利益的机制。

在以后的激进学派的分析中，一些人试图把资本全球化的三种因素与发展中国家外国制造业投资的成长联系在一起：一是世界范围内的劳动供给增长，二是劳动垂直分工形式的不断深化，三是交通与通讯的得到全面改进，这三者成为资本全球化的物质基础。而第二个原因则解释了发达国家与发展中国家之间的劳动分工格局。国际直接投资进入发展中国家之后，势必歪曲了包括原料供给和消费模式在内的国内经济结构。在这种情况下，发展中国家的政府只能依附外国资本，同时，由此发展起来的发展中国家制造业只是成为由外国资本所决定全球垂直分工的一部分。

激进主义学派的观点是从货币和商品的循环来展开的。在这种分析框架下，跨国公司的行为从供给一方来看是为了充分利用发展中国家的廉价土地、原材料和劳动，而在需求一方看，则主要在于寻求商品的销售市场。并且，由于价格转移、利润汇出等形式，发展中东道国不仅在财政上与外国企业没有正向关联，而且还恶化了国际收支。因此，激进学派通过对再投资和财政关联的否定，判断跨国公司的直接投资并没有增强发展中国家外汇赚取的潜力。

在激进主义学派中，属于"法国学派"的阿明(1976)的观点有很大的影响。在阿明看来，发达国家与发展中国家之间的不平等交换是与跨国公司内部分工和资本国际输出结合在一起，旧的国际分工正在被公司内部的分工所取替。跨国公司对其生产环节的选择是在生产率相同的情况下选择工资率最低的地方进行生产，因此在发展中国家投资符合跨国公司利益，然而这一过程导致了国与国之间的不平等。在中心国家集中的是战略性经营，而在外围国家集中的是初始产品和制成品的生产。在这一过程中，跨国公司实现了价值的转移。

一些更为激进的新马克思主义者还指出，外国企业进入损害了东道国当地的管理能力，储蓄能力和收入分配状况。他们认为，跨国企业雇佣了发展中国家最为稀缺的专业人才和技术人员，动员了有限的国内储蓄资源，因此破坏了当地企业"经济成长的机会"。

以上，新古典学派、结构主义学派和激进学派分别从不同角度论证了国际直接投资对经济发展所产生的正效应或负效应。很显然，人们很难从中得出一个明确的答案。理论上的这种状况与现实的世界经济形成了强烈的反差。自从八十年代起，发展中国家纷纷调整了对国际直接投资的政策，对跨国公司态度已经从欢迎进入到为国际直接投资而竞争的阶段，这表明，各国的政策制定者逐步形成了一个对跨国公司及国际直接投资的实力和作用相对统一的认识。然而，无论理论和政策分析都不能够提供一种具有较强解释能力、可用来分析国际直接投资与经济发展相互关系的框架，来考察国际直接投资在发展过程中的动态作用。这表现在这样几方面。首先，大量的研究成果缺乏对跨国公司与发展中国家之间的对应分析。在论及国际直接投资发生时，总是暗含着发展中国家已具备对某一特定的国际直接投资的吸收能力；而在分析国际直接投资对经济发展的作用时，又明显存在着国际直接投资可无约束提供的假定，二者之间的相互作用机制没有反映出来；其次，发展中国家，或发展中经济是由各种结构相异、发展层次差别大的各种国家的总体概括，上述理论没有一种可行的方法确定各种类型的发展中国家在世界经济中所处的位置，要么就只能得出一些泛化结论，要么就只能陷在具体案例中，从而很难针对性地研究国际直接投资的发展效应；再次，无论是新古典还是结构主义学派，都没有从动态的角度分析国际直接投资在经济发展过程中的作用。经济发展是一很长的历史过程，处于不同经济发展阶段的国家的国际直接投资效应与作用机制肯定有所差异，因此一种有效的理论必须从动态的角度分析不同阶段的国际直接投资的效应；第四，上述观点尤其是新古典学派，忽视了经济发展阶段与国际直接投资选择的相互制约关系及各种相关因素的分析，从而没有回答什么样的类型国际直接投资最能推动工业化升级和经济发展，所需要的最适宜方式又是什么等一系列关键问题。这些不足之处导致了上述各派论点无力系统地解释国际直接投资与经济发展之间的动态关系。

是什么原因导致这种情况？一些经济学家（如小泽辉智，1996）从发展理论的失败角度对此作了分析。他认为，跨国公司无论从技术转移、市场拓宽与资源优化配置、还是促进结构升级方面都产生十分重要的作用，客观上产生了一种增长功能。但传统发展经济学没有对此作概念性分析，缺乏一个综合框架把相关问题加以兼容，从而使经济发展理论在这一领域解释能力薄弱。

还有人认为，评价跨国公司或国际直接投资对发展中国家经济的作用、以及分析作用大小的原因有一定困难。这些困难在很大程度上涉及到理论背景和经验背景两方面。理论背景方面的困难是如何形成统一的概念作为分析基础。例如，如何定义竞争与发展的概念，如何区分国际直接投资对增长与发展的影响，在如何认识技术的适宜性，如何分析由国际直接投资促进的出口增长与经济发展的关系；甚至也关系到一些属于技术性的问题，例如如何在统计上区分出口中跨国公司所影响的部分等。此外，如何分析国际直接投资对东道国经济发展的贡献，实际上与对跨国企业性质定位有很大关系。有人指出，有关跨国企业在经济发展中作用，在理论有很混淆，根源在于很多人把跨国企业作为一特殊企业，即超出已知的厂商理论可解释范围内一种特殊企业来对待。要解决争论中的混淆，就只能用标准的厂商理论来解释和分析跨国企业的行为，而不能另有一套标准。因此，把跨国企业与东道国的增长与发展目标联系在一起，已超出跨国公司作为企业的基本目标范围。

在经验背景方面，国际直接投资与经济发展的关系也呈现出多元的格局。一是成功的经济发展既可在大量依靠国际直接投资的国家实现，例如新加坡；也可以在国际直接投资进入十分有限的国家发生，例如韩国；因此似乎很难作出一个肯定的答案，即大量国际直接投资流入对经济发展是必要的。二是在引进国际直接投资的国家和地区中，诸如结构升级、产业成长方面效应有很大差异，对发展的贡献也不尽相同。这些情况使经济学家认识到国际直接投资与东道国经济发展之间的关系是一个必须持十分谨慎态度对待的问题，尤其要谨防以简单化的方式从一些案例中得出一般性的结论；而且越来越多的人主张以动态的观点看待国际直接投资在经济发展中的作用；并认为，国际直接投资在发展中国家是否具有一种正效应，从根本上取决于各国经济发展的阶段、由此而产生的相应特点、政策，所进入的国际直接投资形式和跨国公司的组织结构。在此背景下一些新的理论模式开始出现。

在理论上，首先把发展中国家所处的特定环境与国际直接投资的作用联系起来考察的是著名跨国公司专家邓宁教授。1981 年，邓宁在一篇题为“对不同国家国际直接投资位置的解释：走向一种动态的理论”的论文中，研究了以人均 GDP 为标志的经济发展阶段与一个国家国际直接投资（包括外资进入和国外投资）以及一国产生净的对外直接投资之间的相互关系，对外直接投资阶段划分及其各阶段国际直接投资特征、以及国际直接投资发展阶段推进的动因。邓宁的论文建立在他的国际生产折衷理论之上，但由于从宏观变量变化出发，阐述了随宏观变量发展而导致国际直接投资三大决定因素的演变，进而使一国国际投资净额产生阶段性特征，其折衷理论由此也演变为一种宏观的国际直接投资理论。此外，通过国际直接投资阶段化分析，引入时间变量，变国际生产折衷理论从静态模型为动态化，也是邓宁本人所要实现的一个重要理论目标。

邓宁的国际投资阶段的理论特色在于这样几方面。首先，他把社会政治经济形态各异且产业结构、所有制结构均不相同的各类发展中国家和工业化国家抽象为处在不同发展阶段的几类国家，并以人均 GNP 为阶段性标志，从而避免了繁杂的国家分类问题。一般可以认为，人均国民生产总值可视为一国的经济实力显性指标。第二，决定国际直接投资的三大因素即所有权优势、内部化优势和区位优势是随各国的经济发展阶段而变化的，经济发展阶段不同，各国的经济结构、工业发展水平、市场规模、劳动力供给等结构因素也不相同，因此所有权优势、内部化优势和区位优势是随结构变化而变化的。第三，随着经济发展的推进，各种优势的累积，各国都有一个从净的外资吸收国向外流入流出平衡、到资本净流出国转移的过程，这一过程是随人均 GNP 上升而变化的。第四，各东道国吸引国际直接投资的主要因素是区位优势，区位既是一个相对因素（与母国比较而言），又是一个动态因素，各国经济发展水平与结构变化均会改变区位因素，从而影响到跨国公司生产区位的选择。

自从邓宁提出投资发展周期的学说之后，经其他人的进一步研究，这一学说形成了可称之为国际直接投资阶段发展论的宏观国际直接投资理论。随着 80 年代国际直接投资新一轮浪潮的兴起，国际直接投资阶段发展论又重新为人们所关注。

在邓宁之后，具有影响力的阶段发展理论是日本经济学家小泽辉智的一体化国际投资发展论。小泽辉智的理论分析重点与邓宁不同，他所关心的问题放在尚处于劳动推动阶段的发展中国家如何利用国际直接投资推动比较优势动态化，国际直接投资模式选择是其中重点。十分明显，小泽辉智模型的经验背景是日本与东道国家之间的产业转移过程，而理论渊源则分别出于邓宁的国际投资阶段论、美国哈佛大学教授波特的国际竞争发展论和小岛清的宏观国际直接投资理论。但是，他更多地强调要素禀赋的阶段特征和动态比较优势；强调跨国公司在经济发展中的动态作用，而企业的所有权优势、内部化优势及区位优势在分析中则构成了分析的内在条件。小泽辉智没有把人均 GNP 作为划分发展阶段的标准，而是从价值指标转向要素指标，即把一个国家在不同发展阶段所使用的要素不同密集程度，成为划分发展阶段的标准，尽管这种划分受到波特的影响，[①]但在分析经济发展与国际直接投资相互作用时，却有着很重要的理论价值。小泽辉智理论的最大优点在于他不仅强调了发展中国家国际直接投资模式选择的必要性，而且还提出了选择的原则和实现模式的条件，这就是国际直接投资模式选择，要以增强比较优势为基准，以出口导向战略为条件。然而，一个现实的发展模式，必须考虑到处于后发展阶段国家在国际直接投资选择时所面临的障碍；同时，实行全球竞争战略的跨国企业，能否顺应后起国家的比较要素进行投资，也是一个值得研究的问题。

邓宁和小泽辉智在理论上都有很强的新古典主义色彩，发展中国家的内部结构性障碍、市场不完全特征很少在他们的模式中体现出来，发展中国家在国际直接投资中被动选择的局面也没有得到理论上的概括，国际直接投资推动看起来是一平滑的过程。但理论的发展是多元化的，美国经济学家劳尔的分析使我们看到在发展阶段与国际直接投资关系研究上的一种新思路。[②]1992年，劳尔在一篇题为“跨国公司与经济发展”的论文中对国际直接投资发展效应总是作了一个总体的概括，其重点在于发展中国家从国际直接投资获得经济的正向效应所需要的条件和机制上。[③]略作比较就可以发现，尽管劳尔仍然强调了一国所处的经济发展阶段是决定国际直接投资效应的基础，但角度与其他人有很大不同：（1）一国对国际直接投资的吸收能力取决于经济发展程度，而所能创造的国际直接投资激励结构在很大程度上也取决于所处的经济发展阶段；（2）从国际直接投资中获得的技术、管理知识的适宜性，取决于东道国与投资国之间的发展阶段的差异程度；（3）对国际直接投资选择的必要性和选择的范围，同样取决于一国经济发展阶段。一般而言，越是发展处于较低阶段的国家，越有必要进行选择，但可选择的范围越窄；反之，则相反；（4）国际直接投资进入之后所能形成的关联效应程度在很大程度上也取决于一国动态的要素禀赋的积累和产业结构高度化的水平。

① 迈克尔·波特（1990）：《国家竞争优势》，华夏出版社2002年版。

② Lall, Sanjaya (ed). 1993. Transnational corporations and economic development, UN library on transnational corporations:Vol. 3.

③ 同②。

第三节　研究思路与结构

本文所要做的工作就是以发展阶段作为一个中心概念，研究一国经济发展阶段与国际直接投资推动之间关系、发展中国家获得国际直接投资增长效应所需要的条件和机制上。这就需要我们既对国际直接投资的需求、吸收能力方面的考察，又注意跨国公司行为所造成的偏差，并最终论及发展中国家国际直接投资模式选择问题。

通过长期研究和思考，笔者想表达这样的一些思想：

1. 尽管很多后起的发展中国家试图从引进国际直接投资获得资本、技术和产业升级三个层次上的推动效应，但是，由于国际直接投资这一外部资源的性质，一国所处的发展阶段既创造了对国际直接投资需求，而后滞的发展阶段同时也构成了获得国际直接投资长期增长利益的障碍。资本的吸收能力、技术的转化能力和产业升级所需的结构协调能力，无不表明一国内部因素是得到国际直接投资长期增长效应的决定性因素。

2. 发展阶段对国际直接投资的增长效应的制约表现在两个方面：国际直接投资的参与度和吸收能力。越是处于高的发展阶段的国家，国际直接投资在经济中参与度就越高，从国际直接投资获得技术等长期增长因素的可能性就越大，反之，则相反。与古典的国际贸易模式不同，发展阶段和结构的差异并不构成投资国与东道国之间经济互动的基础，与此相反，在国际直接投资过程中，发展的滞后劣势与国际直接投资推动及效应上形成冲突性的关系。同时，发展中国家从国际直接投资中的预期增长效应与跨国公司行为之间的矛盾始终存在于发展的不同阶段。

3. 发展中国家引进国际直接投资的高社会成本根源在于投资国和东道国发展阶段的差距，这种社会成本有间接和直接两部分：为引进国际直接投资所作的人为调整和制度安排，以及在资本形成、技术转移、市场份额和管理方面的代价。同时主流跨国公司的直接投资的快速增长，已经使传统的跨国公司投资的三个决定因素即所有权优势、内部化优势和区位优势（OLI）发生了变化，从而有可能进一步改变世界国际直接投资的方向。

4. 为了在阶段差异大情况下得到稳定的国际直接投资利益，发展中国家的国际直接投资模式选择应当是一种比较优势增强型的国际直接投资模式，只有在比较优势增强型的国际直接投资模式被选择情况下，发展中东道国方可在引进国际直接投资同时，实现自身市场的可持续性、产业的可持续性、技术的可持续性。在三种可持续性中，后者最为重要。发展中国家只有保持和发展技术创新能力，才能在世界市场上拥有一定的份额，在工业化进程中建立自己的工业。

5. 发展中大国往往是一国的不同区域处于不同的发展阶段，从而宜于多层次的国际直接投资进入，国际直接投资推动的表现形式会呈现多元化的特征。大国选择比较优势增强式国际直接投资模型的发展意义最大。关键在于在利用多元的国际直接投资的同时，形成一种有效的创新和技术转移机制，这也是构成国际直接投资收益最大化的条件。

6. 我国国际直接投资引进一直以资本流入为中心，客观上是一种资本缺口弥补型的国际直接投资模式。从我国的经济规模、市场规模、区域与产业多元发展阶段的特征出发，以资本流入为中心的国际直接投资模式，不利于我国经济长期持续发展。我国对国际直接投资需求结构应是多层次的国际直接投资模式。为了实现经济社会的持续发展，我国应从资本引进为中心，转向比较优势增强为核心的国际直接投资模式。在大量引进国际直接投资的同时，坚持产业的可持续性增长、技术的可持续增长和市场的可持续增长，是我国在新历史时期的必然选择。

以发展阶段演进为主要线索，分析不同阶段国际直接投资的作用，以及产生这些作用所需要的条件及代价，这是研究的基本思路。这种思路吸取了美国经济学家刘易斯分析国际贸易与经济发展关系时的方法，即对增长发动机的作用不是一概而论，而是放在特定的环境下分析，根据发展阶段来研究国际贸易增长发动机的作用机制。具体而言，就是把国际直接投资放在不同的工业化阶段进行考察。

把发展中国家对国际直接投资需求结构、能力结构与跨国公司行为进行对应分析，这是研究必须注意的要点。从国际直接投资现状来看，国际直接投资未必会顺应增强发展中国家比较优势的途径发生：跨国公司的直接投资不一定就要和无限供给的劳动力资源结合；发生在工业化程度低的国家的国际直接投资很难产生期望的关联效应；而以市场控制为目标的国际直接投资很难产生技术外溢等效果。通过国际直接投资推动发展为什么很难成为一个理想化的过程？越是发展阶段滞后的情况下，国际直接投资这一增长发动机的“运转”与理想状态偏离就越大，尤其从长期增长要素的累积角度更是如此。发展经济学家G·拉尼斯（1983）区分国际直接投资为理想作用状态与偏离预期的作用状态，实是一种很理智的中肯认识。在看到国际直接投资的推进效应的同时，分析发展中国家国际直接投资预期目标与现实之间的差距，对于认识国际直接投资模式选择中的多元因素是有益的。因此，在对发展过程的不同阶段中国际直接投资作用的研究中，我们的重点在于每一阶段中获得国际直接投资推动效应的障碍分析上，即发展中东道国的需求与国际直接投资效果之间的差距成因之上。这种矛盾在每一发展具有不同的体现形式。在劳动力推动的发展阶段，资本形成是一重点；再一下阶段从国际直接投资获得技术进步效应，则是发展中国家关心的焦点；而到劳动力与投资作为主要增长要素的工业化阶段，国际直接投资推动效应的重心移到产业升级问题，我们将依照这些重点的转移，分别考察发展中国家获得这些效应的条件和机制。

全书从逻辑结构上可分为三部分，第一部分三章，主要任务为：（1）分析有关主题的理论背景；（2）对几个重要的国际直接投资阶段发展论进行考察；（3）各种理论综合或扬弃，在此基础上建立一个分析的框架。第二部分由第四、第五、第六、第七章组成。在这四章中，分别按发展阶段的演进，分析了劳动力推动阶段、劳动力——投资推动阶段（Ⅰ）（Ⅱ）的国际直接投资与经济发展的相互关系。分别研究了各发展阶段对国际直接投资需求结构，能力结构对国际直接投资增长效应的制约，跨国公司在不同发展阶段的行为特征及其后果，从而阐明了东道国经济发展阶段对国际直接投资增长效应的重要性。第七章专门分析经济发展阶段与国际直接投资之间的互动关系，其中技术作为重要的要素积累，在二者互动之间的作用进行了分析。第三部分为八、九、十章，第八章在前面分析基础上提出经济发展阶段中国际直接投资模式选择的相关因素，以及国际直接投资模式的提出；第九章在以上基础之上，对国际直接投资推动东道国经济发展过程中可能出现的一些障碍作了分析；第十章则运用以上结论，对国际直接投资在赶超型经济中作用进行了论述，在此基础上对中国国际直接投资问题作分析，强调了我国国际直接投资模式调整问题。第十一章是关于国际直接投资与中国经济发展关系的相关研究。这部分来自于我承担的国家社科基金和教育部基金项目的相关部分，由于其内容与本书紧密相关，故放在其中。各章的基本内容大致如下。

首先，从国际直接投资作为增长发动机这一命题成立的条件出发，提出为什么国际直接投资增长效应在各国不尽相同的问题。笔者认为经济发展阶段对国际直接投资效果制约理论对此有较强的解释能力。经济发展阶段反映了国家比较优势和要素积累的状态，在很大程度上决定了国际直接投资关注的区位因素。同时，发展阶段也决定了东道国对跨国公司或国际直接投资选择的偏好。因此，由于阶段滞后性对国际直接投资增长效应的作用，以及发展中国家如何根据自身特点对国际直接投资模式进行选择，是一值得研究的课题。第一章的后半部分集中评述了跨国公司理论中的新古典主义，结构主义和激进主义学派有关理论。第二章比较分析了邓宁的国际直接投资阶段论，波特的竞争发展阶段论，坎特维尔的技术累积理论和小泽辉智的国际直接投资发展论，这些是影响较大的几种国际直接投资阶段发展理论。结论是，上述理论的优点在于把发展阶段与国际直接投资运动相结合，但没有深入对国际直接投资吸收阶段作更多研究，从而很难对发展中国家根据自身特征有效吸收国际直接投资及其所需条件等方面提出有价值的意见。

为了进一步分析方法发展阶段与国际直接投资之间的关系，在第三章对经济发展阶段与国际直接投资基本关系提出了一个分析框架。首先指出，各国所处的发展阶段不但确立了其在世界经济结构中的地位，而且还确定了一国在相互依存而又自然继起的结构变化和要素累积过程中的相对位置；然后强调国际直接投资的一揽子性质与相对应的吸收能力的内在关系，而这与发展中国家的增长要素累积紧密相关。随国际直接投资的进入，跨国公司的所有权优势、区位优势和内部化优势与东道国的发展阶段、增长要素的累积相互作用。这一过程是否能顺利推进，取决于东道国是否有效利用国际直接投资加强自身的比较优势。

根据不同发展阶段的生产要素使用的密集程度，笔者把经济发展阶段区分为劳动力推动阶段、投资推动阶段、创新推动等阶段。大多数发展中国家仍然处于前两个阶段，因此本书以分析这两个阶段为主。第四章分析了由劳动力推动阶段及其结构特征对国际直接投资参与度和吸收能力的影响。这一发展阶段的中心任务是通过资本形成转移传统部门的劳动力，但是，（1）由于这一阶段人力资本等因素，国际直接投资流入量不可能大；（2）由于缺乏关联效应产生的内条件，国际直接投资间接的资本形成过程也存在障碍，从而制约了这一发展阶段国际直接投资的推动作用。因此，吸引大规模的国际直接投资，东道国经济的一定程度的发展是一前提。

在劳动力——投资推动阶段（Ⅰ）的国际直接投资与经济发展的相互关系研究中，发展中国家如何有效地从国际直接投资获得技术转移效应是关注的重点。分析表明：（1）技术缺口的存在为发展中国家在技术上实现赶超提供了机会。但是，技术缺口也具有明显的负面作用。一是技术缺口的存在表明需要利用技术和知识的压力大，易造成技术劣势条件下对技术供给方依附；二是当技术差距到一定程度之后，将会形成国际直接投资技术引进和转移的障碍。（2）国际直接投资技术转移未必能与发展中国家劳动力资源禀赋优势相一致。技术适宜性问题上集中地反映跨国公司目标与东道国发展目标之间的冲突。但是，在技术选择问题上影响因素是多元的，处于劳动—投资推动阶段（Ⅰ）的发展中国家出于效率方面的考虑，也有选择资本密集型技术的内在冲动；同时跨国公司出于自身技术特征，出于市场竞争的需要，往往多选择资本密集型技术。因此，通过国际直接投资技术选择的适宜性解决劳动力转移并不现实。（3）技术发展是发展中大国必经之路。如何在自立的技术发展和借助跨国公司技术之间协调是这一阶段的国家必须面临的问题。一般而言，跨国公司的国际直接投资活动只能有助于 Know - how 阶段的技术进步。而且，如何从这一层次的技术转移获得较大成效，取决于发展中国家的技术积累能力和技术吸收能力。因此，劳动力——投资推动阶段的一个重要目标就是在结构转换过程中不放弃自主的技术发展的努力。二元技术差距论突出地表明，发展中国家技术积累和人力资本的积累是有效缩小技术差距的基础。同样，国际直接投资技术溢出效应大小，也是建立在东道国一定技术发展基础之上。以上是第五章分析的内容。

劳动力—投资推动阶段又是一结构变动相对剧烈时期。在第六章中分析了国际直接投资与结构升级的一般关系、国际直接投资推动下东道国产业升级的条件、产业升级机制、国际直接投资推动条件下产业升级的局限性等一系列相关问题，并得出如下结论：（1）除日本学派外，主流的跨国公司理论产没有把国际直接投资与发展中国家产业升级之间的关系作为主要研究的对象，在这一领域的理论是很薄弱的，但是从维农的产品生命周期理论和小岛清的宏观国际直接投资理论中，我们可以发现，在国际直接投资条件之下产业升级是有限度的，这种限度必须在跨国公司的利益目标之内和工业化国家产业调整的范围之内。由此可推出的一个结论便是，大多数发展中国家最终实现产业升级，赶超工业化国家，国际直接投资只能是借助的手段之一。（2）国际直接投资推动发展中国家的产业升级是有条件的，这些条件分别是东道国工业发展的基础，适时调整的工业化的战略，与世界经济吻合的 ESP 体系的建立和调整，以及国际直接投资进入之后所能产生的关联效应的深度与广度。从中可见，国际直接投资对产业升级的推动效应大小，是以东道国的发展阶段以及相应结构特征为基础的。（3）如果国际直接投资能够与发展中国家工业化战略融合较好，国际直接投资就能有效地推动东道国的产业升级。但是，也必须认识到发展中国家依靠从发达国家产业转移、从而实现产业升级的局限性。首先，在大多数发展中大国，依靠国际直接投资不可能实现产业从结构量变过渡到结构质变；其次，国际直接投资推动的产业升级不可能消除发展中国家与发达国家之间的产业级差；最后，发展中国家在这种产业升级中还存在一个收益与代价不对称的问题。

第七章在关于要素积累是发展阶段质变基础的思想基础上，讨论了国际直接投资、技术积累、技术发展阶段之间的互动关系。在论文的后部分，主要研究了发展中国家国际直接投资模式选择和我国的国际直接投资模式转换问题。这部分实际上是对上述研究的一种概括。并且，在这部分，对直接投资推动发展过程中的一些阻碍因素也进行了探讨。根据所分析的各种关系，在工业化中期以前，选择一种比较优势增强型的国际直接投资模式符合发展中国家的根本利益，在这一模式下，发展中国家的产业、技术和市场能够保持可持续增长的趋势。从我国的现实看，有必要以资本流入中心为特征的国际直接投资模式转换比较优势增强型的国际直接投资模式，以便在国际直接投资大量流入的同时，获得更多的国际直接投资长期增长效应。为了让读者更多地了解国际直接投资与经济发展关系研究的新进展，作者利用这次再版的机会，在第十一章对近年来研究成果进行了梳理，相信有助于读者对这一领域理论与现实问题的了解。

第二章　国际直接投资发展阶段模式考察

在国际直接投资发展阶段理论的演变过程中，主要贡献者是邓宁和日本学派，而后者以小泽辉智为主。因此，我们在这一章中主要考定邓宁和小泽辉智的国际直接投资阶段发展理论。波特[①]在《国家竞争优势》一书尽管没有直接论述跨国公司的投资阶段问题，但他在书中提出的竞争发展阶段论，对国际直接发展阶段理论产生了十分重要影响，所以在本章中，也要作简要的述评。

第一节　国际直接投资发展阶段论

在一些跨国公司理论文献中，对国际直接投资发展阶段理论的有关分析都有所涉及。但是，比较详尽分析这一问题的是英国著名经济学家约翰·H·邓宁教授。邓宁在一篇题为："解释不同国家国际直接投资定位：一种动态发展路径"的文献中，研究了以人均 GNP 为标志的经济发展阶段与一个国家的外国直接投资（外资流入）以及一个国家对外直接投资（资本流出）与一国净的对外直接投资之间的关系。同时他也对对外直接投资阶段的划分以及各阶段国际直接投资的特征和国际直接投资发展阶段顺序推移的内在机制，进行了较为全面的解释。实际上，邓宁的国际直接投资发展阶段理论仍然是在他的国际生产折衷理论的基础上，通过引入宏观经济变量，来说明随这些变量的变动而发生的国际直接投资演进程度及表现特征。邓宁在国际直接各阶段的分析中引入时间变量，就把国际生产折衷理论从静态模型变为动态模型，进而深化了经济发展阶段与国际直接投资相互关系理论的分析。

---

① 迈克尔·波特（1990）：《国家竞争优势》，华夏出版社 2002 年版。

一、国际直接投资发展阶段论的分析前提

邓宁长期从事国际投资和跨国公司问题的研究，并于20世纪70年代中期提出了颇具特色的国际生产折衷理论。邓宁认为造成跨国公司对外投资的基础与动因可概括为三类优势：即企业所有权优势、区位优势和内部化优势。而对外投资活动正是为了实现和利用这三类优势。

一个国家净的对外投资状况，是通过该国企业在境外的直接投资总额与外国企业在该国境内的直接投资总额之差来反映的。国际生产折衷理论认为，无论考虑的是累积投资存量，还是随时间变化的资本增量变动，都是由三类优势所决定的。

第一类优势是该国企业拥有或设法拥有至少是其他外国企业不能以此优惠条件拥有或设法拥有的资产或专利。由于这类资产被认为是由该国的企业所寡占的，并且至少有一部分有可能被出售给其他企业[①]，因此被称为所有权优势。第二类优势是拥有这类资产的企业把这类资产的使用内部化，或把资产的使用权出售给其他国家的企业而受益。这种内部化优势反映出与作为资产调节和配置的市场机制相比，体现了跨国企业科层制度所具有的效率水平。第三类优势是该国的企业发现把它们的所拥有的任何一部分生产设施转移到该国以外进行直接投资的获利程度，这取决于该国区位要素禀赋的条件。

毫无疑问，企业三方面的优势不能分别单一地用来解释企业对外直接投资行为，企业唯有在同时拥有这三类优势时，才可能进行对外直接投资。邓宁利用国际生产折衷理论重新说明了在一个国家特定的经济发展阶段，这三类优势对该国家企业对外直接投资的作用，以及这种状况的变化程度所起的重要性。在任何情况下，一个国家的企业拥有的所有权优势越大，把所有权优势实行内部化的激励就越大，这样就越想在国外利用这些优势来进行国际生产。正由于这样的原因，假如一个国家拥有与之相应的条件，如各种优惠政策以及良好的经济和政治环境，它就能吸引外国的直接投资。这样我们也

① Lall, Sanjaya. 1980. Monopolistic advantages and foreign involvement by U.S. manufacturing industry, Oxford Economic Papers, 32,102–122.

就能在一个动态的分析框架内来说明国际直接投资的原因，即某一个特定国家对外或对内投资状况的变化，可以该国企业所有权优势和内部化优势的变化、以及该国区位资源禀赋的变化方面作出解释。

尽管解释国际生产的三优势理论相互作用，相互联系，但是从三者的概念性阐释来说，又必须对它们分别进行分析。显然，区位确定和跨国经营是一国企业在对外进行投资活动所作出的选择形式，而从理论上来看，至今还没有哪一种理论能对此作出系统地解释。就所有权优势而言，可以是由企业内部引起的，譬如企业所进行的产品生产的多样化技术创新等；也可以通过购买另一个企业来赢得所有权优势。可见，所有权优势无论是通过内部化还是外部化，都能增加企业收入，诸如专利权、商标以及营销管理就属于这一类。而另一种所有权优势是就企业范围的内部化而言的，它是通过企业科层经营的产物。例如，同一企业的产品加工一体化在不同的国家的分支机构进行，国际性生产的后向一体化和前向一体化的实现就成为获取内部化的收益的主要方式，并能够以此来确保其对投入和市场的垄断。

由此可见，一个国家的跨国企业经营多样化水平越高，通过内部化所拥有的所有权优势就越强。从这一点来看，这种内部化范式更能解释一国企业生产的国际化程度。

二、各国经济发展阶段与对外直接投资

20 世纪 80 年代初，邓宁根据三优势 (OLI) 理论，对国际投资在不同国家可能发生的情况进行了分析，提出了国际直接投资发展阶段理论。邓宁认为，在以往理论中，经济学家们往往忽略了对一个国家国际投资状况与一国的经济发展阶段性质相互作用的研究；对有关对国际直接投资动因的分析，主要侧重于一个国家特定的区位以及对外对内直接投资的行业构成进行说明，并没有对投资流量与经济发展阶段联系起来进行研究。为此邓宁主要采用把不同国家进行分类、再分别考察其投资流量的分析方法。

第一组国家由只有很少的外资进入 (印度除外)，没有对外直接投资以及有少量负值的净对外直接的国家组成。这一组包括了人均 GNP 低于 400 美元的最穷的 25 个发展中国家。第二组由直接投资流入在增长，但对外投资流出

仍然很少，即净对外投资流量仍为负值、但已经有所增加的国家所组成。处于这一发展阶段的是25个人均GNP在400 ~ 2500美元的发展中国家。第三组由净投资流量仍为负值，但数值在变小的国家所组成。发生这种情况可能是由于不断的直接投资流出，使得投资的净流入下降；也可能是因为国家直接投资的流出的速度上升快于投资的流入。大约由11个人均GNP在2000美元至4750美元的国家可划归这一组。到了第四阶段，人均净投资的流出量(NOI)呈正值，并且在上升。这表明要么投资的流入低于投资的流出、或是表明投资的流出的速度快于投资的流入。只有6个人均GNP在2600美元至5600美元之间的国家属于这一组。

为什么会产生这些情况？这是因为处于不同发展阶段的国家，其经济发展状况和水平对本国企业所有权优势和内部化优势的实现以及本国区位优势的状况，都将产生重大影响。这些因素将决定直接投资的流出入状况。

表2.1-1　直接投资流出、流入因素与经济发展阶段

	投资流入	投资流出
阶段1	Of　丰富 If　丰富 Ld　较少	Od　缺乏 Id　不适用 Lf　不适用
阶段2	Of　丰富 If　可能下降 Ld　上升	Od　较少 Id　很少和专业化 Lf　开始出现
阶段3	Of　下降和更专业化 If　可能上升 Ld　下降	Od　上升 Id　仍受限制 Lf　上升
阶段4	Of　下降和更专业化 If　丰富 Ld　下降	Od　上升 Id　上升 Lf　上升

注：O—所有权优势；L—区位优势；I—内部化优势；f—外国；d—本国。

处于第一阶段(人均GNP低于400美元或等于400美元)，不会产生直接投资净流出的现象，这是由于一个国家的企业还没有产生所有权优势。同时在这一阶段外资总的流入量不大。这可能来自其他方面的一些原因，如东道国没有提供相应的条件以确保外国企业在东道国建立子公司、基础设施置，以及法律体系不具完备性等等。上述因素阻碍了一个国家国际直接投资的流向与经济发展的推进步伐。

在第二阶段(人均 GNP 在 400 ~ 1500 美元之间),随着国内市场的进一步扩大以及制度环境的改善,已经为国际直接投资的流入奠定了一定的基础。在这一时期内外国直接投资的主要形式,是利用东道国原材料及劳动力成本低廉的优势,进行一些技术水平较低的生产性投资。因此,东道国对外国直接投资流入所要具备的一个明显的区位优势,就是要为此创造一个良好的投资环境,以便于确保大多数的资源能在可转移的企业投资中实现内部转化。这既能克服或降低资源供给的不稳定性;又可以弥补东道国企业在技术、管理、组织以及生产当地化含量方面的不足。同时,由于东道国在信息、产品及资本市场方面不完善,其利用外资所发生的交易成本是非常高的。在经济发展的第二阶段,东道国的投资流出仍停留在很低的水平上,其主要的原因在于当地企业自身还没有产生较强的所有权优势,以克服进行国际生产的基本障碍。但是,即便如此,还是在临近的国家进行了一些直接投资活动,并通过引进技术及进入国际市场等形式,来实现进口替代投资的经济发展战略。

进入第三阶段(人均 GNP 在 2000 ~ 4750 美元之间),由于东道国企业所有权优势和内部化优势大大增强,人均净投资流入开始下降,对外直接投资流出增加。与此同时,国内企业竞争力的增强,从而使外国投资者的所有权优势和区位优势地位下降,外国企业必须更多地发挥自身的内部化优势,才能得到更大的发展。

这一切标志着一个国家国际直接投资已经发生了质的变化,即专业化国际直接投资过程的开始。此时,它们会着手吸引外国直接投资流入到该国比较区位优势最强而比较所有权优势最弱的部门;同时该国也鼓励本国企业到国外的一些比较所有权优势最强的部门进行投资。很显然,这是与一个国家的经济发展战略和直接投资的特点相适用的。在该阶段,东道国政府可能会鼓励加快外国企业同本国企业的经济一体化进程,使从事进口替代或出口活动的外国企业同当地企业建立直接的经济联系。同时,随着当地企业竞争力的增强,外国企业原本在一些领域里的所有权优势会逐步被削弱。另一方面,伴随跨国企业新的直接投资活动的开展,一些优势也将会被其他优势所取代。

例如跨国企业最倾向于在科技较先进的部门发挥其内部化优势，并真正通过这种优势转化来寻求更新的发展机遇。

进入第四阶段(人均 GNP 在 2600 ~ 5600 美元之间)，是国际直接投资的净流出时期，也就是说，在外国的投资流量超过了外国企业在该国中的直接投资流量。这说明，该国企业所有权优势在增强，以及外国企业在东道国区位优势正在丧失。对外投资规模逐步扩大的原因在于，随着该国经济发展水平的提高，这些国家的企业开始具有较强的所有权优势和内部化优势，并具备发现和利用外国区位优势的能力。

上述对国际直接投资与经济发展阶段的周期性的阐述是建立横向数据比较的基础上的，它表明一个国家的国际投资状况与该国的人均 GNP 的发展水平密切相关。实际上，大多数国家情况恰恰说明国际直接投资与经济发展特定阶段的关系是存在的。这从美国及日本的发展中完全可以看到这一点。

从总体上看，一个国家的国际直接投资状况和该国人均 GNP 之间的关联性，是从该国企业相对于其他国家的企业三类优势变化而言的。邓宁利用三类优势的变化，进一步解释各国在特定的经济发展阶段投资流入与流出之间的关系。

表 2.1-2 的有关数据说明，在工业化国家和资源禀赋丰富的国家之间分别形成了两种不同的投资——发展模式。对于工业化国家而言，在任何给定的收入水平上，除了人均外资流入量较低以外，其人均外资流出量和净外资流出量都高于资源禀赋丰富的国家，并且在人均 GNP 较高的水平下，这种差异性就更为明显。

表 2.1-2 1967 ~ 1975 年按国家的经济结构划分的人均直接投资流量与人均 GNP

人均 GNP(1971) 美元	工业化国家的人均直接投资流量(美元)			资源禀赋丰富的国家人均直接投资流量(美元)		
以 1971 年不变价格计算	流出	流入	净流出	流出	流入	净流出
1. 4000 以上	32.1	14.9	17.2	17.5	45.7	–28.2
2. 2500—3999	25.8	29.6	–3.8	8.4	34.7	–26.3
3. 1000—2499	2.3	11.5	–9.2	—	69.4	–69.4

续上表

人均 GNP(1971) 美元	工业化国家的人均直接投资流量（美元）			资源禀赋丰富的国家人均直接投资流量（美元）		
以 1971 年不变价格计算	流出	流入	净流出	流出	流入	净流出
4. 500—999	0.1	16.0	-15.9	0.4	26.2	-25.8
5. 400—499	—	5.5	-5.5	0.1	10.2	-10.1
6. 300—399	0.1	2.5	-2.4	—	6.7	6.7
7. 125—299	—	1.1	1.1	—	3.4	-3.4
8. 125 以下	—	1.1	-1.1	—	1.7	-1.7

资料来源：邓宁："解释不同国家国际直接投资定位：一种动态的发展路径"，1981 年。

上表的有关数据说明，净外资流出量超出平均水平的国家，具有区别于其他国家的一些明显的特性。譬如在资源赋存丰富的国家，能够使这些国家的企业拥有超出一般水平所有权优势以及内部化优势的潜力，但是与此不同的是，它们在区位优势上却低于正常水平。在这种情况下外国企业就不大可能愿意对这些国家进行投资。而这些国家的企业则更加愿意选择在国外进行投资活动，并不断增强其自身的竞争能力及内部化水平。与之相比较而言，净外资流出量低于平均水平的国家，其企业的所有权优势低于正常水平，而且其内部化水平较低。这样无形中就会限制了投资的流出，增加了投资的流入。

由此可以看出，决定一个国家净外资流出量和 OLI(所有权、区位和内部化) 优势的基本因素是这些国家经济结构的差异性，以及由此所引起的投资流入与投资流出的不同特点。由于不同种类的对外投资倾向是和 OLI 的不同特点相关联的，这样，每一种直接投资活动都存在着某些所有权和内部化的特定优势，这些优势在其作用的程度方面又有一定的差别。就实行进口替代工业化的国家而言，其企业的技术、商标、管理组织以及营销策略就成为企业所有权优势增强的关键所在。伴随一个国家垂直一体化和横向一体化的发展，也会产生外在的所有权优势。这些外在的所有权优势通过企业内部化的增强而产生的。除此之外，借助市场的力量来寻求企业规模经济的扩张，也会强化其所有权优势。很明显，一个国家直接投资流出超出一般的水平，就意味着这些国家的企业所有权优势有所增强，并且意味着它们利用这些优势是有利可图的。

由此可见，在人均GNP既定的情况下，那些国内市场成长有限、区位优势较弱的发达国家，其直接投资流出会超出平均水平。而那些过多依赖国内资源的资源赋存丰富的国家，其直接投资流出则低于平均水平。所以，在经济发展的特定阶段，OLI的变化所引起的外资流出量和外资流入量的增减变化，自然也就会引起净外资流出量的变化；显然，这些因素的变化结果也会导致经济发展阶段的顺序推移。经济发展阶段与直接投资呈现为一种双向的关联性。

邓宁用国际生产折衷理论，从企业所有权优势、内部化优势和区位优势以及人均GNP水平的差异等因素来解释一国直接投资的流入、流出与经济发展阶段的关联性，并通过对这些因素分析的深化，全面阐释各国企业对外直接投资所必需具备的条件。确切地说，邓宁不仅极为关注直接投资流入与流出之间的关系，而且还十分重视以一国人均GNP以及企业三类优势的相互作用及转化过程。也就是说一国在经历了没有直接投资流入和流出(净流出为零)的经济发展第一阶段以后，经过企业三类优势的相互转化，增加了直接投资的流入。与此同时在对外资进行消化吸收的基础上，逐步过渡到直接投资流出的第二、三阶段，最后进入直接投资流出大于直接投资流入的第四阶段。

由此可见，邓宁的经济发展阶段与国际直接投资理论，是从企业三类优势的微观经济因素出发，通过引入直接投资流入、流出以及人均GNP等宏观经济变量，来对国际直接投资的动因作出了新的解释，这无疑深化了对经济发展阶段与国际直接投资的分析。

第二节　国际直接投资阶段理论的发展

邓宁的国际直接投资阶段理论提出以后，一直不为跨国公司理论界关注，这种奇怪的现象多少与跨国公司主流理论更多强调微观分析、较少进行宏观分析有关。然而，随着80年代以后国际投资浪潮的高涨，国际直接投资所投资的地区、形态及国别日趋多元化，国际直接投资阶段发展理论又有所发展。除了邓宁本人对其理论作了一些修正和补充之外，英国经济学家托伦悌诺（Tolentino, 1987）[①] 和坎特维尔（Cantwell, 1990）等人对理论的发展也作了贡献，而波特提出的竞争发展阶段论，又为国际直接投资发展阶段论进行新的综合创造了条件。

一、邓宁对国际直接投资阶段论的修正

1988 年，邓宁发表了“投资发展周期与发展中国家跨国公司”一文，在文中进一步修正和发展了自己的国际直接投资阶段理论，可概括如下：

其一，扩展了阶段划分，突出了关键发展阶段的重要性，在 1981 年的论文中，投资发展阶段是按四阶段划分，而在新的论文中引入了周期的第五个阶段。指出在这一阶段的特征在于“企业内部化的直接投资的增长”，并且国际直接投资流出流入主要基于“国际生产协作和跨境市场内部化”，并非由生产要素禀赋决定。值得注意的是，邓宁这一次把发展初期的阶段（第一、二阶段）及国际直接投资特征没作明确界定，从而暗含着这两个阶段之间质变并不明显，而且均属国际直接投资不活跃阶段。对第三阶段，邓宁给予了更多的关注，并强调了其重要性。邓宁指出，第三阶段之所以重要，在于大多数发展国家正在经历这一投资发展阶段，而所采取的工业化战略对国际直接投资效应有重要影响。

其二，邓宁强调了国际直接投资流量与经济发展之间内在关系的复杂性和多元性。以往邓宁假定，人均 GNP 高于平均水平和人均 GNP 增长最快的国家，就是那些净投资流出最多的国家。但在这篇文章中他认为，发达国家和发展中国家区位优势下降同样是直接投资外流的原因。前者如美国、加拿大，而后者的例子是印度。一方面，那些经济增长较好、提高了技术竞争性的国家便是净投资流出多的国家；而另一方面，一些国家投资流出的原因在于“区位优势的下降”。因此，国际直接投资的运动与经济发展的关系是多元化的。

① Tolentino, P.E.E. 1987. The Global Shift in International Production and the Growth Transnational Firm, London Routledge.

二、发展中国家的投资发展阶段理论

坎特维尔和托伦惕诺主要从技术累积论出发，试图解释发展中国家的国际直接投资活动，从而把这一过程动态化和阶段化了。

在“技术积累与发展中国家的跨国公司的发展”一文中，他们提出了两个命题。命题1：发展中国家国内产业结构的逐步升级，意味着发展中国家的技术竞争力稳步扩展。发展中国家这样的技术竞争力，是建立在现在和过去成就上的累积过程的后果。命题2：发展中国家的技术能力的提高，与其国际直接投资累积增长相联系，技术能力的存在和累积是国际生产活动模式和增长的重要决定因素，同时也是重要结果。两个命题合在一起，暗示某一特定发展中国家的直接投资流出的部门和地区分布，是随时间的推移逐步变化，并在某种程度上是可以预测的。

而且他们认为，从历史上看，一个国家的直接流出在一定的时间内倾向于遵循一条发展轨迹，在这一过程中，重心逐渐从相当有限的资源依赖型的跨国公司活动，转移到更尖端的制造业部门。对于欧洲和美国一些成熟的跨国公司来说，这样的演变从100多年前就开始了。

发展中国家跨国公司在技术尖端性方面不能同现代跨国公司相比，但它们活动的部门和地区构成演变的速度比传统资源型国家投资的速度快。主要原因在于，无论是发展中国家还是发达国家，都有一种企业趋向内部化的总趋势。大多数发展中国家的跨国公司尽管不可能像目前能利用前沿技术的工业化国家的跨国公司一样发展迅速，但是，发展中国家的跨国公司的仍然保持持续向前发展的势头。在发展的最初几个阶段，发展中国家的国内公司的目标是使它们的国内生产活动升级，而资源依赖型和技术欠尖端的制造业活动，则转移到了处于较低发展阶段、技术效能和生产成本水平较低的国家。到后几个阶段，更尖端的制造活动也开始转移到了国外，甚至转移到了一些发达国家。

然而，尽管发展中国家的发展路径与较发达国家的企业的国际生产相类似，但由于处于不同的国家发展阶段，它们各自技术累积的意义和形式显著不同。在发展中国家，技术依赖型的外国直接投资的特征，在于它们是技术优势形式的产物，这些优势随着发展而变得更高级。但是，资源依赖型的国外投资模式却与特定国家因素相联系，即同跨国公司母国自然资源的充足或匮乏有关。极端的例子是韩国、香港和新加坡等。这些国家和地区的工业迅速增长受有限的国内资源供给的抑制，从而诱发了当地公司最初寻求的海外资源的投资。因此，一些国家的国外直接投资，在一定时期内遵循一条资源依赖的发展路径。但是，随着技术累积，固有的能量也随之扩展，以及跨国公司国际投资经验的不断丰富，投资结构倾向于向较为复杂的制造业部分发展。尽管资源依赖型投资、制造和服务部门的投资的特定特征在各国和各公司之间有所不同，但是，在国内发展模式、本地公司的竞争优势或所有权优势等各种因素与投资流出增长的各种变量之间，其内在的一般关系是稳定的。

人们可以看到，企业国际化的总趋势意味着有更多的国家在它们发展的较早阶段就加入了直接投资流出行列。尽管发展中国家的新兴跨国公司直接投资活动的部门和地区结构特征，同发达国家与后者企业截然不同，但处于发展的初级阶段，发展中国家跨国公司通常更多地依赖于它们能力，这是在边干边学过程中获得的结果，而不是有意识从事研究和开发的结果。

研究表明，发展中国家跨国公司的海外直接投资可以分为三个阶段：

第一阶段：在周边国家进行直接投资。这一阶段的特征是充分利用种族联系、运输距离和心理距离等因素降低成本。经验表明，在东道国的生产过程与管理方式同母国一致或相近，也是构成成本低的因素。

第二阶段：直接投资空间扩展阶段。随着海外投资经验的积累，种族因素重要性下降，逐步从周边国家向其他发展中国家扩展直接投资。

第三阶段：向发达国家直接投资阶段。在经验积累的基础之上，为获得更先进的复杂制造业技术和更大的市场空间，开始向发达国家投资。

可见，发展中国家直接投资阶段发展模式是以地域扩展为基础的。与此同时，国际直接投资形式也从资源依赖型向制造业投资转移。发展中国家海外投资三阶段模式得到大量的经验支持，尤其在亚洲和拉丁美洲国家特别明显。但是，随着国际生产和市场格局日趋复杂，以及一些新的因素的作用，发展中国家的海外投资也会出现跨越阶段的情况。

三、竞争发展阶段论与国际直接投资阶段理论

波特的竞争发展阶段论并不是一种跨国公司理论，但由于这是一种新的发展阶段的划分，且与区位优势和所有权优势有一定关联，因此，对国际直接投资阶段发展理论的完善，有很重要的意义。在波特的竞争发展理论中，提出了四个特征明显的国家竞争发展阶段：要素驱动阶段；投资驱动阶段；创新驱动阶段以及财富驱动阶段。前三个阶段涉及到国家竞争优势不断提高，并且通常与持续的经济繁荣联系在一起。第四阶段是一个竞争优势渐渐地趋向最终衰落的阶段。竞争发展阶段论尽管只是一些基本的原理纲要，却为我们提供了一个了解经济向前发展过程中主要驱动因素变化的途径。

（1）资源要素驱动阶段

“当一个国家处于竞争发展的起始阶段时，几乎所有在国际生产中取得成功的企业，只从基本的生产要素中汲取竞争优势，无论是自然资源、适合某种庄稼生长的有利条件，还是充足和廉价的半熟练的劳动人口群”。波特认为，凡具有这些特征，就属于资源要素驱动阶段。

处于这种经济形态下的本国企业，只需要相对较少的投入或加工技术，并且技术也是从其他国家获得的。但是，它们却要与能够大量获得技术的外国企业在价格基础上进行竞争。在这一阶段，整个国家经济对推动需求和影响相对价格的世界经济周期和汇率等因素很敏感，但同样易受要素优势丧失、以及企业领导权的突然变更等因素的影响。处于要素驱动阶段的国家，虽然占有充足的自然资源，也可能在较长一段时间维持人均高收入，但要素驱动型经济却是一种生产率持续增长基础薄弱的经济。

客观而言，要素推动的发展阶段，是一个描述了几乎所有国家在一定时期竞争发展特征的阶段。几乎所有的发展中国家都处于这一阶段，几乎所有的中央计划经济国家也处于这一阶段。有些资源丰富的繁荣国家，如加拿大和澳大利亚也同样处于这一阶段。

（2）投资驱动阶段

在这一阶段，国家的竞争优势基于一国及其企业主动投资的意愿和能力。企业投资兴建现代、高效、大规模、能够获得的最好技术的设施。企业也同

样通过发许可证、合资企业和其他方式投资，以便获取更复杂的国外产品和加工技术。处于投资驱动阶段的各种经济实体，国家、市民以及企业都有意愿进行投资，并创建更现代的基础设施，从而把推动经济的主要要素从初级形式提高到更高阶段。与此同时，逐渐增多的技术工人以及技术人员已经逐渐成长起来，工资相对较低，但却操作着属于尖端技术的设备，对技术的消化吸收和改进技术的内在能力也在逐步提高。

在投资驱动阶段，各个国家通过改善要素条件以及改进企业战略、调整产业结构来获得竞争优势。当一国企业在基本要素成本方面仍然保持优势时，包括成本低但更高级的要素，例如受过大学教育的技术人员以及功能良好的要素创造机制，例如教育机构和研究院所，竞争力就进一步增强。同时，在投资驱动阶段，是以就业机会的迅速增加和工资和要素成本的上升为特征的。于是，对价格最为敏感的企业开始丧失竞争地位。同要素驱动阶段相比，这一阶段的国家经济不易受全球经济变动的冲击和汇率变动的影响，但国家经济基础仍然很脆弱。

（3）创新驱动阶段

这一阶段之所以叫做创新阶段的原因，是因为企业不仅利用和改进其他国家的技术和方法，而且也对技术和方法进行发明创造。在这一阶段，本国企业成为促进产品加工技术、市场营销竞争等方面的主力，国家总体的技术发展水平、有利的需求供给条件以及国家相关行业的存在等因素，都为企业创新和持续创新产生了积极的作用。处于创新驱动阶段的企业，它们继续在成本上竞争，但这一成本并非取决于要素成本，而是取决于同高技能水平和先进技术有关的生产率。创新驱动阶段囊括不同发展水平的国家。有些企业通过获得较高等级的竞争优势的方式，率先转移到创新驱动阶段。这种升级效应随后扩散到其他企业。在这一阶段，建立起来的企业的垂直分工领域发展了：具有竞争力的最终产品（制成品）的生产企业发展成为具有竞争力的中间产品供给企业（包括机械制造），反之亦然。这些企业一开始只服务于国内，但在健康经济的环境下，开始在全球范围内竞争。

在创新驱动阶段，企业创造和提供了越来越多的尖端服务需求，比如市场营销、工程技术和产品试验方面的需求。与此同时，还开发了尖端服务所需的更熟练的人力资源，如工程技术和广告人才。处于创新驱动阶段的国家对宏观经济波动和外部环境变化具有很强的抵御能力；此时，企业主要凭借技术和产品差异性来竞争的，从而不容易受成本冲击和汇率波动的影响。

（4）财富驱动阶段

同以前几个竞争发展阶段相对照，财富驱动阶段是一个最终导致衰落的阶段。财富驱动阶段的推动力是已经获得的财富。为什么已经获得的财富能够成为这一阶段的发展推动力？因为其核心问题在于一个受过去其他因素驱动而发展起来、并积累了财富的经济社会是否能保持它的财富，继续保持财富成为这个阶段的最重要的动力。这一阶段的另一特征是投资者、经理人员和个人持续投资和创新动机已削弱了，从而妨碍了增长的方式转移。新的公司目标常常只包括一些受到整个社会广泛赞美的目标，这些目标取代那些曾经使经济保持活力并持续发展的目标。

企业上升到财富驱动阶段的一个迹象是广泛的兼并和收购活动。内部流动资金过剩的企业，寻求一种不需要冒险便能扩张企业、从而获得迅速增长的方式。兼并活动也反映了人们一种日益增长渴求减少竞争增加稳定的愿望。由于兼并不需要创建新企业，或不需要从根本上提高现有企业的竞争优势就能扩大经济规模，会给人造成了一种进步的幻觉。由于投资与创新活动的削弱，决定了财富创新驱动阶段只能是一个趋向最终衰落的阶段。过去能够具有竞争优势的企业，在这一阶段已经变得不足以在生产效率高的行业雇用劳动力，从而难以为逐渐提高的生活水平形成稳定的经济基础。一方面，处于这一阶段的国家是一个“富裕的”国家，因为拥有一些很有钱的企业、一些富裕的市民正在享受成功企业的积累和以往国外投资的果实。此时，尽管以国内为基地的企业资本不足，对外直接投资流出数量可能很大，然而，对外投资的实质却改变了，纯粹以财务投资为主。另一方面，财富驱动阶段是一个被不适宜的目的意识逐渐腐蚀的阶段，这些目的意识影响了企业的经营与投资，影响着整个经济基础。随着这一阶段向前发展，许多公司碰到麻烦，失业和不充分就业持续存在，平均生活水平下降。

波特的阶段发展理论拉出以后，引起了邓宁、小泽辉智等人极大的兴趣，并纷纷把波特阶段论的方法和观点融入自己的分析之中。

邓宁认为，以一定程度上看，波特的分析没有哪一点是前人没有提到过的，而且很多人的分析要比波特全面；波特的一个重大缺陷在于，“根本没有重视投资和企业家精神这样的变量”。而且，波特的分析仍然没有跳出 ESP 范式(环境、体制、政策)。然而，既然如此，对于国际直接投资阶段发展论的价值何在呢？在于“研究了许多解释变量，这些变量有助于人们更好地鉴别跨国公司不断变化的国际生产模式与特定国家因素的关系的解释”（Dunning，1992）。邓宁指出，波特的理论本意不是研究国际直接投资问题，但至少在四个方面推动了跨国公司理论的发展：（1）更清楚地解释特定的一些国家的企业对国外投资的生产领域选择问题；（2）解释了为什么在一些国家只是在特定领域才会为跨国企业提供增殖机会问题；（3）解释了跨国公司为什么在一些国家和部门能刺激当地企业技术和组织效能，而在一些情况下则会抑制当地企业这方面发展的原因；（4）更为重要的是，许多观点和概念丰富了人们对跨国公司的战略与东道国之间比较优势之间相互作用的理解。此外，值得注意的是，按照波特的观点，一个国家竞争优势的力量、组成以及可持续性将会显示在该国的国民生产总值之中，或显示在相对于该国主要竞争对手而言的增长率中。就此而言，邓宁找到了以 GNP 为发展阶段标志、根据 OLI 模式对一国国际直接投资动态变化进行分析的方法上的支持。

小泽辉智作为日本学派的主要代表，对波特的思想在其论文中作了大量的汲取，长期以来，日本学派在对国际直接投资的分析中，很少强调 OLI 优势的决定作用，尤其是所有权优势，而波特从每一发展阶段的竞争要素作为分析阶段特征，客观上也有助于小泽辉智深化一种非 OLI 范式的国际直接投资客观动态模式。

第三节　国际直接投资阶段与经济发展关系理论

在邓宁的论文中，主要研究不同发展阶段中国际企业所有权优势、内部化优势及区位优势变化对一国国际直接投资地位的相互关系，对于跨国公司在经济发展中的动态作用涉及不多，以至于邓宁本人也不无遗憾地指出，以动态的方式分析跨国公司在经济发展中的作用，在有关文献中仍属于空白

（Duning，1988）。这个问题当然也引起了其他经济学家的注意和兴趣。本文所要论述的就是跨国公司理论中日本学派的一个主要人物小泽辉智在这一方面的理论发展①。

小泽辉智的理论可以称之为新的综合的国际投资阶段发展论。在他提出的国际投资阶段发展模式中，他竭力把国际直接投资的经济增长推动作用与开放的经济发展理论结合一起，试图用一种一体化的理论解释如下问题：

第一，跨国公司的经济活动如何作用于一个国家的动态比较优势；

第二，在一个处于劳动推动的经济发展阶段的国家，什么样类型国际直接投资最能推动工业化升级和经济增长，所需要的方式是什么；

第三，经济发展到一定阶段，发展中国家如何建立自己的跨国公司去促进经济转型，以及这一过程的实现机制。

小泽智辉的理论是把相关的论点和分析模型纳入一个综合框架之中，以便论证在那些尚处于工业化阶段国家中国际直接投资经营活动与经济发展之间的内在关系。小泽智辉认为，在整个全球经济中，跨国公司无论在技术转移、开拓市场、资本形成还是结构升级方面都产生了十分重要的明显的作用，客观上存在着一种增长功能。但是，传统的发展经济学中没有对这种功能进行概念性分析，也没有形成一些发展经济学的术语对此进行研究，概言之，发展经济学缺乏解释世界经济中国际直接投资与经济发展二者动态关系的能力，因此是有严重缺陷，而一种新的、开放的经济发展理论必须溶二者为一体，能够阐述和解释世界经济中这一不容忽视的重要因素。小泽辉智的分析主要集中在这样几个方面：世界经济的结构性特点与传统的国际商务与结构理论之间的矛盾；由跨国公司推动的一个动态发展范式。

1. 世界经济结构特点与传统理论

对于一种由跨国公司推动的结构升级的动态理论而言，认识当代世界经济活动的结构性特征，直接关系到该理论模式的解释能力，而对世界经济结构特征的认识是否全面，也会影响到理论的一般意义，因此，关于国际经济

① Ozawa. 1992. Foreign Direct Investment and Economic Development in Transnational Corporation. New York: United Nations, 1:43.

活动的种种理论必须建立在世界经济基础之上。小泽辉智正是以此为出发点，强调了当今世界经济结构特征多样性和传统的国际商务理论所具有的局部意义之间的矛盾。按照小泽辉智对世界经济的认识，他认为在世界经济中有五个方面的结构性特征对世界经济运行格局产生了重大影响。

结构特征 1：每一个经济实体内部的供给和需求方有着差异。供给方是指要素禀赋程度、技术能力的水平，而需求方主要涉及的因素为消费者的需求及消费的偏好及习惯。在现实经济中，二者往往很难吻合。一个国家内部，经济的供求双方存在偏差是普遍的现象。

结构特征 2：企业是各种无形资产的创造者和交易者。每个企业都可视为技术、技能和销售渠道的主要创造者、中介人和推广者。

结构特征 3：各国经济发展水平和实力的科层结构明显。世界经济按各国增长实力可分为作为增长中心的带头经济实体和经济的尾随者，从而世界经济也具有明显的区域性科层结构特征。换言之，各国处在不同的结构升级阶段和不同的人均收入层次。按技术能力和要素比例衡量，就是各国处在动态比较优势的不同阶段。

结构特征 4：各国经济结构升级和发展具有相应的阶段性自然继起的性质。现在处于发达水平的经济是通过多阶段的产业升级而实现的，而每一阶段与相应的要素禀赋（资本——劳动比率）和技术能力彼此对应，完成这样的阶段需要有一历史过程。阶段的推进先以劳动密集的初始阶段、低技能的制造业阶段向相对物质资本密集的后续阶段过渡，最终达到人力资本密集型增长的发达阶段。因此，一国的产业结构是以一种有序的、步步渐进的方式推进的。

结构特征 5：在各国的外贸和外资政策中，有一种十分强烈的从内向型转为外向型的趋势；与此同时，也产生了一种与日俱增的共识，即政府在不断扩张的市场体系中可起到积极的作用。其背景是实行外向出口导向型战略的发展中国家在经济增长和结构升级两方面的业绩都优于那些推行内向进口替代战略的国家。很多一度倾向内向战略的发展中国家，都转向出口导向战略。而政府则在竞争性市场中，对出口工业发展和结构升级两方面给予积极的支持与帮助。

以上五方面，被小泽辉智视为世界经济运行中主要的结构性特点。那么，传统的国际经济和世界市场结构分析理论是否把五方面特点作为其理论基础或抽象概括在内？

小泽辉智首先分析了古典的国际贸易理论。他指出，国际贸易之所以发生，在于地域之间在一些基本要素、技术、气候条件和需求模式方面所存在的差异，这些结构特征是古典国际贸易理论家亚当·斯密和大卫·李嘉图等研究国际贸易发生的原因和利益的背景。斯密的绝对优势说建立在通过出口实现规模经济基础之上，而李嘉图的相对优势说则以分工导致的配置效率为基础；赫克歇尔——俄林模式强调了生产要素在国家之间的不均等的配置。事实上，这些理论都假定要素在国际间不可流动，也就是把结构特征1永久化了，这部分可归因于转移要素时的信息、社会——心理上的代价，而更主要原因则在于只把贸易单独作为分析对象。因此，传统贸易理论把国际间商品交换作为一种套利性经营活动，即利用不同地域商品价差和商品可获得性来追求利润的活动，而生产力和要素禀赋又是差异产生的根源。小泽智辉的结论是，所有的传统国际贸易理论都只建立在结构特点1的基础之上，即经济内部供求双方的差异方面。

同时，传统的国际贸易理论通常总是以完全竞争假定为基础，从而否定了企业存在必要性，厂商特有的优势(Firm-Specific advantage)也就失去产生和存在的环境。因此，论证国际直接投资和跨国公司的产生原因，所必需的逻辑前提就是现实的非完全竞争环境，跨国公司只是市场不完全竞争的产物。海默（1976）[①]开创性论文指出了这一点，强调了在国际直接投资中企业是无形资产的创造者和利用者，这就必须肯定存在特有的厂商资产。可见，海默的国际直接投资理论是以结构特点2即企业作为无形资产创造者和交易者为理论背景。

但是，国际直接投资作为资本特定运动形式，不仅仅只在企业之间发生，而是以跨国运动为前提。因此，只看到国际直接投资中企业作为无形资产创造者和交易者是不够的，国际直接投资的发生是与国家之间经济的供给和需

---

① Hymer, S.(1976) The International Operations of National Firms: a Study of Direct Foreign Investment, Cambridge, Mass.: MIT Press.

求面的差异联系在一起的。换言之，研究国际直接投资，必须把企业层面上的变量与国家层面上的变量联系起来。

到此为止，跨国公司理论仅涉及到世界经济中两个结构特征，然而到了维农（1966）[①]用产品生命周期理论解释企业国际化行为时，国际经济中的科层结构特征3就成为维农模式显而易见的前提条件。各国经济若没有科层结构，很难设想新产品如何从发达国家渐次转移到其他发达层次的国家。科层结构首先体现在发展水平上、经济结构和消费结构上，然后也体现在要素的禀赋程度和价格方面，这些正是跨国公司为保持和延续生产的垄断优势进行国外投资所必须考虑的最基本最重要的因素。随着产品从创新阶段走向成熟和标准化阶段，从发达国家以涓滴方式扩散到全世界，实质上是一个比较优势和技术转移的过程。但是，维农以产品生命周期为基础的贸易与投资理论，并没有解释标准化生产的转移如何作用于东道国经济发展和结构问题。此外，在世界经济结构特征5即各国经济政策中具有强烈的外向化趋势作用下，发展中国家积极推行外向的出口导向战略，扭曲程度会得到缓减，因为出口外向战略必须以市场机制为基础。尽管全球经济结构性特征已经明显地构成了一个引致贸易、国际直接投资和知识转移扩张的环境，但传统的国际直接投资理论并没有将这些特征、尤其是后三个特征准确地作为其决定因素；而作为发展经济学领域中的国际直接投资理论，必须将这些特征融入到分析之中。要解决这些问题，需要有一种能更全面概括世界经济结构特征的动态模式。

2. 跨国公司推动与经济动态发展

小泽辉智把他的理论称之为“由跨国公司推动发展的一个动态模式”(Towards a dynamic paradigm of development facilitated by TNCs)。这一理论其实是小泽辉智前期研究的一个概括总结。在此之前，小泽辉智曾发表了《在第三世界资源开发中的国外投资新型式》(1979)、《市场能单独使结构升级吗？》(1987)、《跨国公司与亚太地区经济发展的雁行模式》(1990)、《环太平洋地区工业化的动态模式》(1991) 等一系列重要论文，其中心思想就是各国要充分

① Vernon, Raymond. 1966. International Investment & International Trade in the Prod uct cycle, Quarterly Journal of Economics, 80, P190–207.

利用国际直接投资来实现各自的比较利益，推动结构升级和经济发展。

在小泽辉智的分析框架中， 各国经济发展水平之间的科层等级即世界经济中存在的科层结构具有中心概念的地位，从世界经济史角度出发，各国经济位次替换不过是落后国家学习和迎头赶上相对发达国家的过程，而这过程本身就意味着客观存在的以经济发展阶段和国民财富为标志的层次等级。根据小泽辉智的观点，这种层次判别对各国经济都十分重要：它为欠发达国家提供赶超的机会；而对发达国家来说创造了一个转移知识与技术的机会。因此，世界经济结构特征，既是国际竞争的结果，又是新一轮国际竞争条件。在此基础上，小泽辉智提出了科层结构外部性概念，并指出，不发达国家经济成功与否就在于能否开发和利用这一外部性。

如何充分开发和利用经济科层结构的外部性呢？他认为发展中国家必须将其比较优势形态和发展阶段与发达国家相互吻合，换言之，只有在发展中国家达到一个结构按相继顺序发生升级的阶段，国与国之间经济层次的外部性才能产生积极的作用。经济发展是一稳定的人力与物质资本累积过程，阶段性推进是由各个阶段所具有比较优势所决定的，因此经济发展的阶段不会跳跃，整个发展过程必然是一步步、一个阶段再一个阶段地推进。如果一个国家尚处于人力和物质资本都十分匮乏阶段，就试图推行一种资本密集和技术密集的工业化战略，往往会产生灾难性后果。而一个以市场为基础且能体现动态比较优势的发展模式，可以在每一个阶段确保经济活动所产生的要素密集程度、技术方面的要求与国内可支配的要素及技术能力之间的相宜性。显然，小泽辉智这种观念既符合世界经济结构特征 4，又可从古典政治经济学家斯密那里找到理论支持，也与米歇尔·波特的竞争发展阶段理论相吻合。斯密十分崇尚“自然秩序”，相信经济发展是一自然演进的过程，结构变化是在一种部门或空间之间相互依存又自然继起 (Natural Sequence) 关系中实现的。而波特把经济发展过程中要素特征与竞争优势结合起来，即无论各国经济的差异性如何，竞争性的经济发展都是依要素驱动、投资驱动、创新驱动和财富驱动四阶段渐次递进的，而每一特定的竞争发展阶段都与特定的出口竞争模式相配合。事实上，波特所提出的每一发展阶段都与一定的优势相联系。要素驱动阶段一般拥有自然资源要素为基础的优势，处于投资驱动阶段的国家与规模优势相关，而处于创新阶段的国家往往总是拥有研究与开发方面的优势。因此，经济增长和转型的基础就是不断变化着的动态比较优势。

在这样的发展过程中，国际直接投资模式特点是什么？小泽辉智认为，只要处于各个发展阶段的国家都理性地追求一种不跳跃的“富裕”的进步，那么它们的国际直接投资模式只应是一种与经济结构变动相应的资本有序流动。具体而言就是：

1. 要素(资源与劳动)驱动阶段的国家，吸引的一般都是属于资源导向或劳动力导向型(resource-seeking or labor-seeking)的外国投资。

2. 当一个国家处于劳动驱动阶段向投资驱动阶段过渡时期，主要在资本品和中间产品业中吸收外资；在此同时，在劳动密集的制造品产业中，会产生向低劳动成本国家的对外直接投资。

3. 从投资驱动阶段向创新驱动阶段过渡时期，将会在技术密集产业吸引国外直接投资；与此同时，在中间品产业中会发生对外直接投资。

显而易见，上述阶段的区分和过渡是与工业化所必需的三种主要要素即资源、物质资本和人力资源禀赋程度变化而确定的。换言之，国家的经济增长通过结构升级而实现，这一过程又是随物质和人力资本累积而发生。人均GNP越高，人均的物质和人力资本储备相对于自然资源和劳动力就越多。然而，以发展阶段为基础的国际直接投资 模式转换的时间跨度，一方面取决于一个国家比较优势的动态变化， 另一方面又与特定产业的情况有关。

为了说明国际直接投资模式既受发展阶段所决定的种种因素制约，又对发展阶段渐次演进起到推动作用，小泽辉智以日本经济为例，对此作了更进一步的论述。

第1阶段：1950 — 60年代中期。经济发展阶段性特征：劳动密集型制造业如纺织等低工资产品扩张。

国际直接投资模式特征：在有选择地进口资本品和购买技术许可证同时，开始在周边亚洲国家的劳动密集产业中进行直接投资。

第2阶段：50年代后期— 70年代早期。经济发展阶段性特征：以规模经济为基础的重化工业现代化。

国际直接投资模式特征：加速吸收采用西方国家技术。多数采取许可证形式，但在石化、机械和化工采取合资方式取得技术；同时开始进行资源导向型的对外投资。

第3阶段：60年代后期-90年代。经济发展阶段特征：耐用消费品生产与装配持续增长。

国际直接投资模式的特征：在继续吸收、改进、进口技术的同时，对外进行直接投资，东道国家主要为欧美国家。

第4阶段：80年代以后，经济发展阶段性特征：以创新为特征的各种高新技术产业发展。

国际直接投资模式的特征：在重化工业中吸引国外直接投资；并产生了三角形态的外向直接投资。在这种外向投资中，日本跨国公司逐步形成一体化的经营网络，并在美国、欧洲和太平洋沿边国家中建立战略联盟。

由此可得出两个结论：（1）日本经济在结构升级、动态比较优势与国际直接投资之间有着内在紧密联系，而且三者都是沿物质/人力资本要素禀赋及技术进步的路线推进的。（2）由于日本经济的转型是在较短的时间内完成，从而发展阶段过渡的时间跨度小于西方发达国家。其结构转换加速的主要原因在于日本成功地利用了直接投资在内的流动性国际要素流动。

其实，小泽辉智的结论并非是新发现。著名的国际经济学家贝拉·巴拉萨（Balassa, B., 1979,1989）就从实证分析中发现， 国与国之间出口结构差异在很大程度上可以用物质与人力资本禀赋程度来解释，从而认为，比较优势实际也有一个阶段发展问题，出口结构演变与一个国家物质资本和人力资本积累是相辅相成的。从中他也得出了一个重要的政策结论，一个国家如果用一种扭曲的激励机制生产那些只具有相对劣势的产品，会导致生产要素不利配置。这样，国际直接投资作为一种资源配置，同样也有一个选择的问题。① 对此，小泽辉智认为，对于一个以出口导向为基础的开放经济而言，发展的关键在于：其国际直接投资模式选择能使国家现有和潜在的比较优势激发出来，并达到最大化程度。要达到这样目标，发展中国家的国际直接投资模式

① Balassa, B. 1989. Comparative Advantage, Trade Policy and Economic Development, New York, Npment, 11 (6),493-501.

选择必须与工业化战略结合起来，实现两个条件：

条件 1：推行一种有利于贸易发展的国际直接投资；

条件 2：实行一种外向、出口导向（OL — EO）战略。

把国际直接投资区分为顺贸易和逆贸易两种形态，是另一位日本经济学家小岛清 (Kojima, 1975,1984) 在其创立的宏观国际直接投资理论中提出来的。顺贸易的国际直接投资建立在两个命题之上：（1）当出口具有比较优势、而进口比较劣势产品，国家能从贸易活动中获利，并使福利最大化；（2）当一国无形资产从本国劣势产业转移到具有比较优势的东道国的产业时，相关国家能从扩张了的贸易基础中获利。小岛清对国际直接投资形态划分，被认为只是一种规范的分析①，而小泽辉智则指出，如果把世界经济结构特征 3. 4. 5 结合在一起，对国际直接投资形态研究就可以转化成一种实证分析。也就是说，一国只有实行以市场机制为基础的外向出口导向战略（OL — OE），小岛清的两命题才会有现实的意义，顺贸易的国际直接投资方可实现。顺贸易的国际直接投资能够自动融入到外向经济体制之中的原因在于，只有在外向型出口导向的体制中，国际直接投资推动的比较优势发展才有可能，建立在比较优势的国际贸易才会由于国际直接投资而进一步扩张。因此，顺贸易的国际直接投资和外向经济体制必须相互依存，上述任何单独一个条件都不可能导致国家比较优势处于递增状态。

小泽辉智在研究不同发展阶段国际直接投资作用机制时，有这样几个特点：（1）以典型的发展中国家为分析背景。其经济发展的初始条件与刘易斯（Lewis，A. 1954）的劳动力无限供给条件下的经济发展模式的假定一致，即发展初期存在大量剩余劳动力，平均工资水平很低。（2）国家推行一种外向的出口导向为主的发展战略，贸易的作用十分重要，通过外向经济活动，市场扭曲程度减轻。（3）政府执行一种亲市场的体制，即政府充分发挥市场机制在资源配置中作用，同时对经济活动的干预也建立在市场的基础之上。这种体制一方面具有市场的活力，另一方面政府在开放的经济发展过程中具

① Gray, H. P. 1985. Multinational Corporations and Global Welfare:An Extention of Kojima and Ozawa, Hitotsubashi Journal of Economics 26 125–133.

有重要地位。（4）显而易见，小泽辉智是以亚洲新兴工业化国家作为其分析对象，而日本式的国际直接投资与雁行产业转换模式在其过程分析中得到充分肯定。

总之，小泽辉智始终把经济发展、比较优势和国际直接投资作为相互作用的三种因素结合于一体分析，对国际直接投资“拉”（pull）与“推”（push）两种力量始终交叉或更替出现在一个国家工业化整个过程。不断使本国比较优势增强、从而保持经济竞争力的动机，是发展中国家从纯吸引外资进入的国家演变为向海外投资国的基本原因。

第四节　国际直接投资阶段发展模式比较

在上述几种国际直接投资阶段发展模式中，邓宁等经济学家分别从不同角度提出自己国际直接投资阶段发展模式，由于所使用的分析工具不同，价值判断上也有所差异，所以几种模式显现出完全不同的特点。下面我们就此作一些比较分析。

首先看邓宁的阶段发展模式。邓宁的贡献在于把对外直接投资的决定因素与各国经济发展阶段与结构联系起来，强调了各国国际生产或对外直接投资的动态性质，并正确地看到一个国家吸收外资与对外投资之间存在的内在联系。他深信，决定一个国家的国际直接投资流入与流出的后面，是一国企业所有权优势、内部化优势和区位优势的变化，而人均国民生产总值既是一国发展水平的标志，也是OLI优势变化的显性标志。然而，在现实的世界经济运行中，OLI优势是否是决定国际直接投资的全部因素，或者只从OLI上就可包括所有的变量？这不仅仅对国际生产折衷理论抽象能力是一种考验，而且涉及到OLI优势的理论解释能力，解决的一个办法是扩张“L”优势的包容量，从而扩张其解释能力。加拿大经济学家莱克若 (Lecyaw，1991) 对此做了努力，一是扩张和延伸了邓宁区位优势的内容；　二是区分区位优势水平和区位优势变动二者对国际直接投资流量的不同作用；三是强调区位因素在国际直接投资流动中的滞后影响，并把滞后作为一独立变量。邓宁似乎自己也意识到决定国际直接投资流动因素的复杂性，因此对其他解释采取了包容的态度，譬如对 ESP 范式，对波特的竞争理论等，这种态度在其 1993 年出版的《跨国公司与全球经济》一书中得到充分的反映。总之，把 OLI 优势从微观层次上升到国与国之间国际直接投资流动的宏观解释变量，是邓宁模式仍需完善的薄弱环节。

与邓宁不同，小泽辉智更多强调国与国之间阶段对应性及各国动态比较优势的互补性，并作为国际直接投资流动的原因，主要分析国家层次和产业层次上变量对国际直接投资流动及各国投资地位的影响，并没有更多地关注国际直接投资发生的微观基础。但是，不从企业层次强调国际直接投资发生的原因，同样也有其片面性。在现代市场经济条件之下，国际直接投资更多的是一种企业行为。世界经济与政治演进到今天，跨国公司行为与投资国和东道国国家、或政府行为都有相对分离的趋势。①企业层次上分析不多，一直是日本学派的特点。但是，跨国的直接投资分析不考虑企业的决策因素作为重要变量，很难完整地概括这一过程。

小泽辉智模型的优点在于：（1）把国际直接投资变动与世界经济结构特征相结合，从而凸现了国际直接投资流动的现实环境及其相互作用；（2）整个模式突出动态比较优势，要素结构变化机制、以及国际直接投资变化的约束条件之间的相互关系；（3）强调了国际直接投资只应是一种与结构变动相应的资本有序流动的思想。从这些方面看，小泽的模式比邓宁模式更适合解释发达国家与发展中国家之间、或发展中国家处于不同发展阶段的国家之间的国际直接投资现象。

相比之下，坎特维尔等人的论点还不足以构成完整的国际直接投资阶段发展理论，但是，坎特维尔的论文蕴含着一些重要的观点，首先，用技术累积程度作为发展中国家跨国公司投资发展的基础原因；其次，解释了为什么发展中国家会比常规状态下工业化国家海外投资时间提前的原因。

然而，以上三种阶段发展模型仍然值得进一步修正或完善：

第一，尽管有所涉及和分析，但无论是邓宁模型、小泽模型和坎特维尔模型，都没有深入地对发展中国家在投资的第一阶段，即国际直接投资吸收

① 王小强：《对外开放中我国产业发展值得研究的几个问题》，载《管理世界》1997 年第 3 期。

阶段作更多地考察。其实，在这一阶段如何根据自身特征有效吸收及其所需的条件，是大多数发展中国家面临的问题，只有在这过程中有效地积累增长要素、转换产业结构，技术得以发展，发展中国家才可能向国际直接投资的下一发展阶段过渡。

第二，国际直接投资的发生，是投资国或跨国公司与东道国之间利益协调的结果，但是，在很多情况之下，二者并不是处于同一发展阶段。经验与历史表明，低发展阶段的国家或地区，无论在资本形成、技术转移，产业升级等方面都会处于劣势状态，跨国公司行为与东道国经济发展目标很难吻合，然而，由于上述模型侧重于周期性国际直接投资运动，对发展阶段及相应结构特征、跨国公司国际直接投资行为及国际直接投资效应之间关系基本没有论及。

第三，发展中国家如何选择国际直接投资模式，对于国际直接投资增长效应的产生具有重要的意义，发展中国家如何在各种制约条件下进行国际直接投资模式选择，各个发展阶段对模式选择的意义作用何在，都是必须探讨的内容，但在前述几人的国际直接投资发展阶段论中讨论不多，这是一个明显的缺憾。从各国国际直接投资的实际运行看，这些问题对发展中国家具有强烈的现实意义和政策含义，有必要作为国际直接投资阶段发展论中的重要组成部分。

值得我们注意的是，在国际直接投资对经济发展的影响的研究中，所存在的一个根本性的理论缺陷体现在方法论和分析基础上，即缺少一种把实际存在的市场失败考虑进去、并对结构问题具有实在的政策含义的发展理论。现存的跨国公司理论植根于一般均衡体系，这种研究范式往往忽略对发展中国家的结构特征与市场失败的分析，从而十分容易得出仅限于类似自由化和理顺价格这样简单化的政策结论。要回答跨国公司与经济发展之间的关系问题，需要一种充分考虑发展中国家结构特征与市场不完全因素的分析框架，以这种框架来研究分析发展过程，研究包括国际直接投资这样一种复杂因素在内的相互作用的经济关系。同时应当看到，分析国际直接投资对经济发展的影响存在一定困难，即跨国公司现象及其涉及面相当复杂，但是所必需的相关数据十分稀缺，正是由于这两方面原因，在国际直接投资与经济发展的相互作用机制分析中，很难对国际直接投资的发展效应形成一个全面的、普遍被人认同的评价。

第三章　经济发展阶段与国际直接投资基本关系：一个分析框架

在前一章中，我们分别考察了邓宁、小泽辉智和邓宁—波特三种国际直接投资发展模式。邓宁的模式研究了不同发展阶段下国际直接投资的动态性质；小泽辉智的重点在于跨国公司经济活动如何作用于一个国家的动态比较优势；邓宁—波特的模式强调了国际竞争优势与国际直接投资之间的关系，本章则以发展中国家如何获得国际直接投资正向效应为出发点，分析东道国所处的发展阶段在其中的重要性：（1）由特定发展阶段及其结构特征决定的国际直接投资利用能力和吸收能力；（2）由经济发展阶段差异性所决定的、发展中国家从国际生产中获得国际直接投资增长效应的局限性。正是这两个方面，产生了对国际直接投资模式选择和政策安排的必然性。

第一节　经济发展阶段的划分

一、关于经济发展阶段的争论

关于如何划分经济发展阶段，在发展经济学研究中一直有所争论，有些甚至十分激烈。其中一个典型的例子就是罗斯托与库兹涅茨教授之间关于是否存在“起飞”阶段的学术论争。在那场学术辩论中，库兹涅茨十分强调经济发展阶段之间质的差别。“……普遍发现于阶段 A 的特征，是如此不同于在阶段 B 中发现的特征……一个经济时代中的，或者某个这样的一般性结构中的阶段，象结构本身一样都是分类学上的手段，而这种手段是受一般性的观察、以及由此得到的可分解的关系的最大稳定化这个有效假定所左右的”。于是他提出了划分阶段的五方面标准：

（1）既定的阶段必须表现出经验上可检验的特征；

（2）某一阶段的特征必须明显地有别于其他阶段；不必是每一特征都要独有，而是若干个特征共同为某一阶段独有；

（3）某一阶段必须指出同先行阶段具有可分解的关系；

（4）某一阶段必须同后继阶段具有可分解的关系；

（5）要有一个明晰的、普遍适用的指标，能表明共同的和独有的特征的一般性，能够使一个既定阶段与先行阶段和后继阶段的可分解关系用公式来表示（库兹涅茨，1963）。

按照这样的思路，库兹涅茨区分了传统经济增长和现代经济增长，他的做法是，通过详细说明什么是现代经济增长，就可能在既定的数据条件下，确定各国现代经济增长的开端。因此，倾向于用“可观察和可展示”的价值指标——人均国民生产总值作为阶段划分的标准。

罗斯托不同意把价值量作为区分发展阶段的唯一标准。原因在于：仅从价值量指标看，无法解释增长的内在原因（1963）。而“经济增长……根植于现代技术所提供的生产函数的累积扩散之中”。罗斯托用“起飞”概念强调经济发展阶段转换是增长要素累积到一定程度之后发生的结构性质变。“社会开始规则地吸收新的生产函数，并处在这样一种背景之中：这种新的行为方式直接或间接地会引起人均产出的或多或少的有规则的增长”，这时便处于起飞阶段。而起飞又是由三方面因素所决定。

（1）社会经济发展已达到相关的参数水平，即人口增长率、现有技术水平和已知自然资源的适用规模，这些因素在发展过程中是相互作用的。

（2）社会经济的发展已具备一定的初始条件，即交通网络已能有效促进各个市场之间相互影响；人力资源受过初步训练；具有最低限度的资源及其他基础设施。

（3）社会已实现了行为规则的变化，即在社会基础部门中有企业家阶层的出现，他们“在适当的环境中，带动起飞的主导部门，并在与主导部门有回顾和旁侧联系的部门中作出积极反应：对主导部门的动力提供利润前景，这些企业家的根本特点在于他们乐于并有能力采用新的生产函数”（罗斯托，1964）。

起飞实现之后如何维持持续性增长呢？“持续的增长要求围绕着新的技术建立新的充满活力的管理组织，要求新型的工人，要求新型的融资和销售方式”，尽管库兹涅茨不同意用“起飞”概念表达经济发展阶段的转折，但他同样认为，现代经济增长不同于传统的增长方式就在于来源于现代科学的知识存量在不断增加。在现代意识形态推动下，社会的能力在增强，更使社会制度不断进化，人们能够越来越多地利用增加的知识开发增长的潜力（库兹涅茨，1964）。

值得重视的是，罗斯托把经济发展阶段与一个国家对外部资源的吸收能力直接结合起来，这一思想是在他二十多年后提出的，1984 年他在“马歇尔：长期的政治经济学”这一论文中，阐发了这一思想：

经济发展阶段之间的差异是在“技术愈来愈复杂化的各部门同实际人均收入增长的相互作用的过程中”显现出来，经济发展阶段直接产生于各个部门与总量这二者之间的相互联系。

经济发展阶段不应当以人均收入来衡量，而应当以一国经济在吸收当时存在的有关技术储量的效率大小衡量，各国在汲取现有的现代技术和有效地吸收技术的现有能力程度不一，所处的阶段就不尽相同。

发展中国家在经济发展序列中所处的位置，决定了他们能够有效地吸收资本和技术援助的数量。

罗斯托关于经济发展阶段的划分，一直是经济学争论的问题之一。但是，罗斯托坚持把一国所处的发展阶段与经济发展到一定程度所具备的能力结构结合起来，具有其合理性。一个显而易见的事实是，许多人均 GNP 处于同一水平的发展中国家，由于其内部结构不同，其经济发展的潜力是大相径庭的。罗斯托就曾经指出，若以人均 GNP 作为一国经济发展所处阶段的标准，那么如何去判断印度、中国与海地、索马里这些国家之间的增长潜力呢？在很多情况下，以人均 GNP 的发展阶段划分，掩盖了国家之间结构增长要素质量和数量上的差异，也割断了客观存在的要素累积过程和结构变换的继起关系。上述经济学家们的思想对于确立经济发展阶段意义在于规定了经济发展阶段所应具有的内在含义：（1）经济发展阶段是一国经济现代化程度的体现，从而确立了其在世界经济科层结构中的位置；（2）经济发展阶段确定了一国在相互依存而又自然继起的结构变化和要素累积过程中的相对位置；（3）经济发展阶段不仅具有质的规定，而且还必须有相应的数据支持。因此，从动态角度看，一国所处的经济发展阶段既是以各种增长要素综合作用的结果，又构成未来经济发展的初始条件。

二、国际直接投资发展论中的阶段划分

根据上述以及所要分析的对象，我们发现尽管人均GNP具有突出的显性特征，但是，作为一种能够比较全面反映与概括发展中国家在工业化不同时期特征的阶段标准，显然并不十分恰当。例如，在邓宁的国际直接投资周期理论中，各国的经济发展四阶段的划分与库兹涅茨（1962）的处理阶段序列的方式是一样的，每一发展阶段以“一定宽度的时间收入带”处理，即：

第一阶段：人均GNP零至400美元；

第二阶段：人均GNP400 ~ 2500美元；

第三阶段：人均GNP2500 ~ 3999美元；

第四阶段：人均GNP4000美元以上。

然而，由于收入跨度从而也是时间跨度足够地宽，从而一些“普遍共生的结构性变化”都可以在这些数据变化过程得到实现。于是，这种阶段划分不可能清楚地表明各阶段的结构特征，以及经济增长各阶段的要素特征，这样在收入变化和所有权、区位和内部化优势变化之间缺乏一个中间环节，即以增长要素比例变化来体现的一个国家的比较优势的变化。一般认为，比较优势在国与国之间的差异，导致公司层面上的所有权优势和国家层面上的区位优势变化，是影响到投资流出和流入量的基本因素。因此，如果我们的重点只是在实证资料分析基础上研究直接投资与发展周期关系的总趋向，采用按价值量划分阶段、再对应检验各阶段的国际直接投资流量方法，就是一种可行的分析途径。然而，当我们把研究的重点转向一国的要素禀赋、经济结构与国际直接投资相互关系时，这一方法显然就有很大的局限性。

正如上面所指出的那样，波特与小泽辉智并没有以人均GNP指标划分发展阶段，而是根据经济发展过程中主导的结构特征变动序列划分经济发展阶段，即是按各个发展阶段的要素使用密集程度划分阶段，于是各个进入发展

过程的国家，构成了间隔和排序井井有条的序列。这种方法，比较有利于我们对发展阶段与国际直接投资之间进行对应分析。其实，按增长要素变动的发展阶段划分，还可在其他地方找到理论支持。钱纳里等人 1986 年在《工业化与经济增长比较研究》一书中，按增长要素典型变化确定结构变化阶段，以结构变化阶段规定经济发展阶段，以此把经济发展阶段确立为初级产品生产阶段，工业化阶段和发达经济阶段三个阶段。[①] 这是一种略有不同的演变形式。以资源、资本和技术等增长要素分别在发展过程中作用程度划分经济发展阶段，可用每一要素在一定时期内对增长率所作的贡献份额作为主要根据。赛尔昆（1986）根据多国数据按时期分段计算的各种要素对增长的贡献率也表明，在不同收入阶段，总是有某一或两个增长要素起主导作用，而居于主导地位的要素地位是不断替换的，替换的顺序只不过印证了按主导增长要素划分经济发展阶段的合理性。

笔者认为，与国际直接投资效应相联系的经济发展阶段，根据工业化所必需的三种主要增长要素即资源（人力和自然的）、物质资本和技术禀赋程度变化而确立，可以较为准确地反映经济发展过程的实质，即国家的经济增长通过结构升级而实现，而这一过程又是随物质和人力资本累积而发生，人均 GNP 变化无疑只是这一过程的相伴的结果。按照这样的一种划分，一个处于工业化过程的发展中国家，其发展阶段是以资源与劳动驱动、劳动驱动向投资驱动转换、投资驱动向创新驱动的过渡的三个阶段组成。阶段之间转换的过渡性，符合发展中国家工业化中结构转换的特点。总之，发展阶段的划分，要建立在那些足以影响一个国家吸引外资和对外投资的因素的基础之上。[②]

① 钱纳里、塞尔昆等（1986）：《工业化和经济增长比较研究》，上海三联出版社 1989 年版。
② 此节内容请参阅：西蒙·库兹涅茨：《现代经济增长》，北京经济学院出版社 1989 年版；罗斯托：《经济成长的阶段》，商务印书馆 1962 年版；罗斯托：《从起飞进入持续增长的经济学》，四川人民出版社 1988 年版。

第二节　经济发展阶段与国际直接投资吸收能力结构

一、国际直接投资吸收能力概念

上面说到的罗斯托（1984）题为“马歇尔：长期的政治经济学”这篇论文的思想给予我们一个重要启示，这就是：一个发展中国家在发展阶段所处的位置，是与它的技术吸收能力相一致的。从广义的角度看，这种吸收能力不仅包括对技术的吸收，还应包括对外来管理与组织系统的接受与融合，以及有利于知识与技术扩散的机制。

在经济学中，吸收能力（Absorptive Capacity）并不是一个定义十分严格的概念。在早期，它被用来描述那些不能轻易归入常规生产函数的各种发展障碍，如熟练劳动力的供应、管理能力、创业精神等方面的障碍。后来这一概念演变为在投资率和生产率之间的一种关系，被用来解释资源使用和加速经济增长中所遇到的一些困难的原因。

但是，在分析经济发展问题时，吸收能力又是一个十分有用的概念，它解释了通过资本扩张、技术进步、管理现代化实现经济发展过程中存在着的制约因素，这些制约因素导致生产率低于投资率，导致了实际效应小于预期效应，甚至产生负效应。由于这些制约来自于多方面因素，因此吸收能力又具有结构性和系统性，它不仅仅包括某一种因素，而是一组或更多的因素。波特（1990）正是这样认识吸收能力的重要性。他认为，一个国家所能提供高质量的技能、能保证实现专业化和价格竞争需要的供给网络、已形成一个适宜的物质的、科学的和体制化的基础设施，就是一国的吸收能力结构。然而，在研究国际直接投资与经济发展相互关系时，更为重要的是区分一般资本吸收能力、外资吸收能力和国际直接投资吸收能力之间的差异及意义。经济发展中的资本吸能力，是指生产性使用资本的能力。外资如果仅指间接融资的各种资本，包括政府间贷款、国外金融机构的贷款，所涉及到的因素与国际直接投资中的相关因素有很大差别，它不面对直接管理与控制的问题，关注的重点只是资本的边际收益大于其边际成本，即资本的回报率是其吸收能力的核心，国际直接投资的吸收能力无论在其结构性还是多元性方面，其复杂程度都超过前二者。当国际直接投资是从处于高发展阶段国家向低发展阶段国家流动时，国际直接投资的吸收能力的性质就会凸现出来

二、国际直接投资吸收能力与“一揽子”投资

一般而言，国际直接投资所需要的吸收能力结构的特殊性，是与其一揽子性质或综合性（Package）联系在一起的；而究其根本，在于国际直接投资是一种在国外有大量沉没成本的投资行为，而其他外资行为（包括债务、证券）则不存在沉没成本的问题。通过国际直接投资的海外产业资本一旦形成，投资者便无法无成本地撤回全部投资，因此，所谓沉没成本，是指投资者在撤资时会损失的成本。

什么是国际直接投资的一揽子性质？事实上，一揽子性质反映了直接投资与间接投资的本质差别。直接投资除了机器、设备、厂房等有形资产的大量投入以外，还有人力资本、生产技术、管理诀窍等无形资产的共同投入。此外，产品品牌、企业商誉、厂商文化、团队精神也构成了直接投资最重要的内容。日本学者小岛清（1978）在《直接国际投资》一书中认为[①]，股权大小在判断海外投资性质时并无决定性意义，具有决定性意义的是对外投资中资源组合的一揽子性质的重要性。他认为，所谓国外直接投资，就是一种目的在于控制国外企业的经营与利润的资本运动形式。他进一步指出，国际直接投资的经济功能是什么呢？是从一个国家向另一个国家转移一揽子经营资源（managerial resources）。经营资源是指在经营企业中发挥各种能力的主体，从表面上看是以经营者为核心，但实质上是指经营管理上的知识经验，包括专利、技术秘密以及市场调查方法等技术性的专门知识，销售、采购原料、筹措资金等在市场上的地位，以及商标或信用、情报收集、研究开发等组织。在后起的发展中国家，经营资源相对于其他生产要素是一种短缺资源，从而具有较高的生产力。[②]

① Kojima, K. 1978. Direct Foreign Investment. Croon Helm, London.
② Kojima, K. 1978. Direct Foreign Investment. Croon Helm, London.

从国际直接投资一揽子的性质看，直接投资与其他国际资本流动形式之间的区别在于：（1）直接投资不单是资本流动，而是包括资本、技术、经营知识的总体转移。其核心不是货币资本的流动，是体现在机器、设备等技术性的生产资料转移，以及技术培训、经营管理、市场销售等技能的转移。（2）直接投资是资本、技术、经营管理知识的一揽子资源从投资国的特定产业部门的特定企业向接受投资国的同一产业部门的特定企业的转移。直接投资所带来的先进的生产函数，将逐渐普及和逐渐固定下来，从而产生一种“生产函数改变后的比较优势”。（3）直接投资也是企业的产品需求的转移。跨国公司通过各种广告、销售网络、产品合同等手段建立起自身产品的需求函数，是直接投资项目市场开发的基础。可见，一揽子的资源转移性质，是区分间接投资与直接投资的基础。

跨国公司在世界资源配置和国际生产中的重要优势，就在于能调集“一揽子”与众不同的资源，从而吸收发展中国家和其他的东道国资源。在小岛清那里，来自于跨国公司的货币资本不被认为是“一揽子”中的核心，他认为大部分资本可以在当地筹集，合资也是直接投资中的一种重要手段。但是，就处于工业化进程的大多数发展中国家而言，资本仍然是“一揽子”中最重要的资源。在得到资本的同时，发展中国家还需要从直接投资中获得技术、管理知识、专门技术和进入市场的机会。这些要素不仅对工业化过程，而且对于应付日益复杂、迅速变化的世界经济环境，都具有极为重要的意义，技术构成了一揽子资源的核心，跨国公司总是小心翼翼地维护其技术的垄断地位，跨国公司的技术优势决定着长期生存和发展的能力。一揽子资源中的一个主要内容是管理能力，没有管理能力，技术转移和扩散很难实现。跨国公司直接投资的一揽子资源中另一重要成份便是进入世界市场的机会。发展中国家纵然在生产成本方面具有竞争力，但即使如此也很难打进国外市场。很多大跨国公司本身就是垂直一体化的寡头垄断企业的组成部分，在这种企业里，销售不过是公司内交易问题。早在70年代中期，美国进出口商品的50%以上属于公司内部贸易，而在加拿大和瑞典，跨国公司的出口商品大约30%以上是从母公司转移到附属公司的，在这种情况之下，接受直接投资的国家易于将自身资源和产品进入国际市场。

三、国际直接投资一揽子性质对东道国的影响

国际直接投资的一揽子性质表明，直接投资的各个要素组成部分是在特定的市场条件和技术条件下产生的，各种要素之间存在着一种“不可分性”。从而不能单独构成一种可转移的资源。同时，跨国公司从自身利益最大化角度，不愿将“一揽子”资源分成个别要素进行转移，因为在很多情况下，作为整体的一揽子资源要比各分离成份的总合还有利可图。直接投资的一揽子性质对发展中国家产生了两方面影响：

其一，国际直接投资的一揽子性质，使得跨国公司在发展中东道国不仅产生资本转移效应，而且还会产生技术适应性问题，管理与组织形式的示范效应，以及跨国公司产品所带的消费示范效应问题，其影响范围大大超过了价值指标方面，在很多情况下，会产生其效应与发展中国家不相融的情况。因此，跨国公司的国际直接投资的一揽子性质本身就已包含了投资国与东道国在发展目标、经营方针和社会文化背景冲突的种子。以至于有人指出“……外国直接投资在制造业中的不断增长，其美德和罪恶都根源于随管理经验、新技术、现代营销方法而来的一揽子特征”（Lal, Deepak, 1983）。总之，国际直接投资一揽子性质导致了在评价其福利效果的复杂程度。

其二，假定跨国公司的一揽子资源转移对发展中国家产生一种正的直接效应或溢出效应，那么，国际直接投资一揽子投资中所决定的资本、技术、管理及市场进入的系统性或“不可分性”要求受资国本身存在着相应的一种能力结构（capacity structure）。因为无论从资本的吸收能力，还是从技术转移、工艺传播和管理知识的引进上来看，跨国公司与发展中国家之间都是一个双向适应与协调过程。概言之，发展中国家要想从一揽子国际直接投资获得经济增长推动效应，系统性的、累积而成的能力体系就成为必要的条件。

到此，我们可以为国际直接投资的吸收能力结构下一定义：东道国引进国际直接投资，并从其资产中获取资本、技术、管理和市场手段之益的能力。这一定义强调两个方面：（1）国际直接投资吸收能力结构是东道国利用国际直接投资，同时也是投资国在东道国资本参与程度的决定因素；（2）吸收能力结构是东道国从国际直接投资中得到长期增长效应的基础。对于发展中国

家而言，获得资本固然重要，但决定长期增长的因素在于技术、管理、市场等方面的改进。正因为如此，跨国公司直接投资效应取决于东道国的吸收外资能力结构。

国际直接投资的一揽子性质，要求东道国要有相应一套吸收能力结构，这是对发展中国家获得国际直接投资增长效应所面临的一种挑战。经验表明，东道国与投资国所处的发展阶段差异越大，这种挑战就越明显。同时“差距越大，……从早期起步者那儿借鉴来的经验教训和本国的相关程度便越小”（斯特里顿，1979）。

第三节　经济发展阶段与增长要素累积

一、增长要素分类及意义

国际直接投资增长效应与吸收能力结构之间的关系表明，一国经济一定程度的发展，是获得外国直接投资推动的初始条件。因此，在理论上，一个发展中大国在引进大量国际直接投资，寻求国际直接投资收益之前或同时势必要有一个内生性的发展过程。这一阶段的存在和持续，有利于形成一个增长要素的累积过程。一般认为，跨国公司自身就能对东道国的外资吸收能力结构有所贡献，但它们不可能全面推动发展中国家这一能力升级。跨国公司对发展的贡献是建立在东道国自身吸收能力升级基础之上，而与一国国际直接投资吸收能力相对应的则是增长要素的累积过程。也就是说，一国对外国直接投资的吸收能力具体体现在增长要素的累积程度上。

处于一个竞争性的世界经济中，发展中国家的增长要素应当包括什么内容呢？一般而言，一国的增长要素包括以下方面：

1. 人力资源：一国家所拥有的具有一定数量的技能，并能按一定工作时间和工作态度从事各项生产性活动的人员。人力资源可以有多种类型，如工程师、医生等。

2. 物质资源：物质资源包括一个国家自然拥有的土地、水源、矿产。一个国家的气候条件和区位，以及幅度都构成了一国的物质资源，甚至一个国家所相对于其他国家较为优越的时区，也可视为物质资源组成部分。

3. 知识资源：这是一个国家科学、技术和市场知识的存量。知识资源有多种渠道和多种形成方式。大学、研究机构、政府的各种机构、商业和科技文献、市场报告等，都可成为知识资源的来源和存在方式。

4. 资本资源：资本资源主要指来自于金融机构和各种证券市场的有价证券和各种货币资本。一个国家的资本资源受该国的储蓄率和资本市场结构的影响。国际货币、资本市场的一体化正使各国的差别变小。

5. 基础设施：一国的基础设施是影响竞争力的重要因素，它们包括交通、邮电系统等。基础设施也包括那些直接影响人的生活质量的各种设施，如居住场所、保健设施等。

这些要素可分为两类，即基本的和可累积的要素。基本的要素指那些自然资源、气候、区位、没受过训练的劳动力和债券资本等。可累积的则包括通讯设施、受过良好教育的专业人才，以及各种研究机构。但是，还可有另一类分类。就是把增长要素分为一般化的要素和专门化的要素两种类型。一般化的要素包括高速公路系统、债券的供给系统，以及受过大学教育的雇员等；而专门化的要素则仅指具有专业技能的人员，具有特殊性质的基础设施，以及关于特殊领域的知识和各种在特定产业或有限范围内才适用的要素。一般说，可累积的要素就越容易专门化。

波特在《国家竞争优势》一书中，曾经分析了各类要素在经济发展过程中的作用和性质，其基本点在于强调增长要素的科层组织（Hierarchies）特征，以及其对竞争优势的联系。波特的思想赋予我们深刻的启示意义。为了简化分析，我们把以增长要素归纳为两大类：I 类和 II 类。I 类含基本或一般要素；II 类包括可累积或专门化的要素。

I 类增长要素：

I 类增长要素一般都是天然存在的，或者这类要素只需相对少的、相对不复杂的社会或私人投资便可形成。一般而言，I 类增长要素具有广泛的来源，并可通过国内外市场获得这些要素。在第一次产业中，I 类要素具有较大的重要性。

由于 I 类增长要素的普遍可得性性质，因此在市场经济条件之下，其回报相对要低，从而获得这类要素所支付的成本也低。I类增长要素的这个特点，只能部分地解释一些企业的投资区位问题，但不能解释很多企业的定位。

在比较优势或竞争优势的决定过程中，I类增长要素的重要性是递减的。建立在这类增长要素基础上的竞争优势的特点不具备复杂性、且易变动，属于不可持续的竞争优势基础。因此，一个国家或企业的持续发展的关键之一就是把竞争优势的基础从I类增长要素转到II类增长要素，这需要一系列的制度协调，并涉及多方面的因素。

II类增长要素：

II类增长要素的存在和发展是一个人为创造的过程，它需要社会和私人部门在人力资本和物质资本两个领域投资才能获得。并且，II类增长要素的升级不是一次性投资就可实现，而是取决于一个国家或企业通过持续的重复投资，才能保持其相对重要性。一般而言，II类增长要素具有相对垄断性，主要保持在这类增长要素的创造者可控制的范围之内，例如国家或企业之手。

II类增长要素的一个基本特征就在于其相对稀缺性。在市场定价的条件下，II类增长要素呈现高的回报率。但是，II类增长要素并不是在世界市场上交易就可得到的资源。波特指出，II类增长要素在国外或超出一定范围就相对无效。

II类增长要素相较I类增长要素而言，是竞争优势决定性的可持续基础，一个国家或一个企业的竞争优势取决于II类增长要素的可得性和质量。而且，竞争优势的复杂程度和竞争优势的升级潜力，都与此相关。当一个国家或企业拥有所需要的II类增长要素，便形成了具有可持续性特征的竞争优势，从而创造和保持II类增长要素，就成为一国或一个企业竞争优势的基础。

II类增长要素的重要性具有动态化的特征。可累积的增长要素的重要性是随一个国家或国际上知识、科学和实践中的状况变化而变化。人力资本重要性的持续，就在于不断地根据科学技术的进展状况进行再培训或再教育。同时，专门化或专业化的标准也是随时代变化而提高，从而产生专业化的增长要素向未来的一般化要素转化问题，今天的专门化增长要素将成为明天的一般化增长要素。

从关于增长要素的分析来看，其意义并不是仅仅限于一国的国际直接投资吸收能力，而是一国或企业获得竞争优势的要素基础。但很显然，由于二者的出发点都是强调增长要素，因而一国竞争优势的要素分析，同样适用于与国际直接投资吸收能力相对应的增长要素的累积过程。值得注意的是两大类增长要素的分类及各自的特点，前一类增长要素更多地根源于一个国家的自然比较优势，而后者则基本上属于经济发展过程中累积而成的结果，更多地体现了由不断增长的知识等无形资产积累带来的增长潜力；前者迟早将会出现收益递减的倾向，但后者则相反，它的收益是随经济发展而递增的，具有阶段性累进的性质。一般而言，在不同的经济发展阶段，增长要素不可能整齐划一地产生和存在某一空间范围之内，从而造成某一要素或要素类出现短缺，或成为瓶颈成为常态。但在现代经济条件之下和世界经济市场环境之中，一国增长要素的短缺可以通过以其他方式替代来解决，然而，如果上述增长要素普遍短缺，就不仅仅涉及国际直接投资吸收能力问题，而且会导致全面的发展障碍。

二、增长要素累积与阶段演进

上述增长要素的系统性和科层组织特征，决定了吸收能力结构发展的阶段性。在经济发展初期，即劳动力（资源）推动阶段，增长要素主要集中在I类，从而有限的国际直接投资 进入指向只能遵循历史格局，即农业或矿业；随着时间的推移，工业化过程中的溢出效应，以及投资的持续，第II类增长要素便开始累积，国际直接投资吸收能力结构开始逐步强化。因此，在国际直接投资吸收能力结构中，I、II类增长要素对于国际直接投资推动和增长效应有着完全不相同的作用。但从总体上看，对应国际直接投资的一揽子性质，II类增长要素的累积对东道国获得国际直接投资增长效应更具重要性。

表 3.3–1：增长与发展阶段

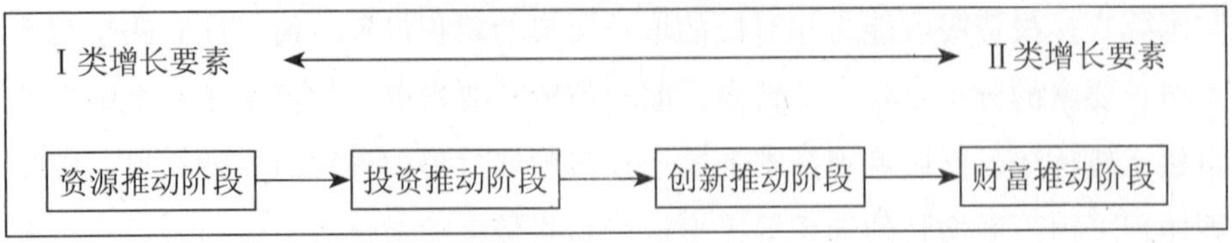

第一，II 类增长要素的累积有利于国际直接投资的资本形成效应。国际直接投资的资本形成效应主要有直接和间接两种途径。相对于任何国家的总资本，国际直接投资直接投入资本都毕竟只是小部分。因此，通过国际直接投资进入新领域，造成产业关联效应，从而动员或集中本地区原先处于闲散状态，或原先投于较少生产性的项目的资本，是国际直接投资资本形成效应的重要方面。但大量的案例研究表明，国际直接投资的关联效应需取决于本土工业的发展程度，取决于各地技能、技术的可得性，以及体制、政府政策和当地基础设施。①

第二，II 类增长要素的累积有利于国际直接投资中的管理与组织资源的转移和吸收。跨国公司对其经营活动的有效组织和管理，是其竞争力的重要组成部分；对于发展中东道国而言，有效的组织与管理是工业化过程中短缺的经济资源，它们是：（1）经营活动中的管理效率。这种高效率源于严格的训练，高标准的雇人标准，与世界各地的快捷联系；（2）企业家精神和能力。它们体现在善于寻找投资机会，有效组织供给和市场，开发适应特殊条件的新技术；（3）溢出效应和外部性。主要产生于得益于国际直接投资企业的工作经验、培训、尔后又回到本土企业的前雇员身上，他们把跨国公司体制内的技术、管理、财务方面的做法传输到东道国经济活动之中。但是，人们发现，管理组织资源转移和吸收的过程有多种制约因素和障碍，有些可归因于体制差距（Institution Gap）和文化差距（cultural gap），但很多方面与东道国知识资源和人力资本不足相关（Weiermair，1991），II 类增长要素的累积无疑有

① Lall, Sanjaya (1979) "Multinationals & Market Structure in an Open Developing Economy: The Case of Malaysia" Weltwirtschaiiches Archiv 115, 1979, P325–348.

助于减少这一过程的摩擦。

第三，II 类增长要素的累积有利于国际直接投资中的技术转移和技术传播。技术传播是知识传递的自然过程，而技术转移则是一种有意识有计划的行为。通过国际直接投资的技术转移是与跨国公司和东道国之间的产权 安排紧密结合在一起，而技术溢出则是一种非正式的技术扩散。大量的实证研究表明，国际直接投资对技术发展的两个层次即生产技能（Know-how）和创新能力（Know-why）的影响差异十分明显。前者已产生了正向效应，而国际直接投资对发展中国家的创新能力究竟产生什么影响，程度如何都不清晰。并且，国际直接投资的溢出效应的获得也是有条件的：一是东道国拥有足够的受过训练的人力资源和巨大的市场规模。二是东道国企业家能作出正确选择和有效使用获得的技术并加以改造的能力。因此，技术溢出效应并不一定和国际直接投资数量成正比。在更多的情况下，是与上述两方面因素相联系的。因此，在那些国际直接投资进入不多而在上述两方面相对较强的国家，例如印度和韩国，也能得到国外技术所产生的溢出效应。①

从上可见，无论从国际直接投资的资本形成、管理与组织移植、还是技术转移和扩散而论，II 类增长要素积累不足，都是导致发展中东道国难以从国际直接投资获得正向效应的基本原因。

从世界经济史看，跨国公司这一形式的出现，使得后发展的国家能够有机会从中实现自己的利益，获得一种针对国内经济缺陷的替代形式。但是要实现这样的目标，发展中国家对国际直接投资的反应能力和从中获益的能力就至关重要，增长要素的累积，尤其是 II 类增长要素的累积，构成了这种能力的基础。但增长要素的累积是与一个国家的总体发展相伴而生的，从一些增长要素的出现到相对较少利用、尔后过渡到集中密集地使用，本身就是发展阶段推进的标志。一国内部的发展不到一定程度，即使存在着对外部资源利用和依存的机会，未必会出现一个较为理想的结果。在现代国际经济史中，1914 年之前现代工业化扩散有限的史实，有助于我们从

① UNCTC. 1992.《1992 年世界投资报告—跨国公司：经济增长的引擎》，对外贸易教育出版社 1993 年版。

更广远的角度看待这一问题。

根据对当时的经济史料的研究，1913 年之前工业化扩散有限主要体现在各国内部存在现代技术扩散的障碍，从蒸汽机的发明使用、到零部件互换和标准化思想的传播，以及新式纺织机器和现代冶金技术的推广，各国之间有很大的差异，但是，“现代技术扩散的主要障碍来自国内而不是国际上”。障碍出现在两个方面：一是纯经济因素，在很多国家缺少采用现代技术所需要的劳动者技能，企业家能力，必要的资本和市场组织；二是非经济因素，很多国家的社会态度、习俗和信念、社会思潮妨碍了新技术的传播速度。这两方面因素导致了新技术伴随资本进入时，很多国家“缺乏利用提供给它们的不断变化的技术机会所必需的国内灵活性”，对此，肯伍德和洛赫德得出了这样的结论：其一，在一个国家对国际经济有所依赖情况下，国内的增长要素（如企业家等）仍是导致成功工业化的决定性因素；其二，技术变革是一种文化的、社会的、物理的和政治的过程，新技术的模仿和采用也是如此。肯伍德和洛赫德[①]得出的结论无疑对于我们分析发展中国家的国际直接投资效应差异具有重要的启迪意义。

第四节　经济发展阶段与国际直接投资相互作用

一、国际直接投资在不同发展阶段的作用

在研究经济发展与国际直接投资相互关系时，对发展中国家定位，——判断其所处的发展阶段，是十分必要的。因为国际直接投资作为“发展的发动机”，不仅依国家而异，而且在一个国家不同期间也不尽相同。一个国家所处的经济发展阶段，有助于确定其在世界经济中所占的位置；而且，以发展阶段模式为基础，使得评价一国吸引外资或对外投资的作用变得容易；最后，经济发展阶段为动态分析国际直接投资作用，提供了一个分析的框架。

国际直接投资究竟在不同阶段起什么作用？根据我们对文献的研究，以

① 肯伍德和洛赫德：《国际经济的成长：1820—1990》，经济科学出版社 1995 年版。

及结合客观的经济发展阶段演进过程和国际直接投资的变动趋势，可作如下的概括：

第一阶段：劳动力—资源推进发展阶段。这个阶段相当于罗斯托的起飞前阶段，也被称之要素推进阶段，自然资源和劳动力是这一阶段主要的要素禀赋。但无论在物质资本和人力资本上，处于这一发展阶段的国家都没有实现一定程度的积累，因此国际直接投资的理想作用是通过资本形成机制充分利用劳动力资源，把更多的资源和人口吸引到工业化过程之中，加快经济发展的速度。从而造成了两个方面的困境：一方面不可能通过向国外投资方式来利用和增强比较优势；另一方面国际直接投资进入十分有限，而且由于市场结构和供给方面的原因。有限的国际直接投资会产生飞地效应和二元结构强化效应，同时东道国从国际直接投资中不可能获得学习效应和技术进步效应。

第二阶段：劳动力—投资推进发展阶段。这一阶段相当于罗斯托的起飞阶段。这一阶段增长的特征在于投资的物质资本在价值增值活动中的作用与日俱增，但对劳动力要素依赖度仍很大。投资在国内生产总值中所占比重从5%或8%上升到15%或20%（世界银行，1991）。相对于前一阶段，国际直接投资在结构升级、推动出口增长方面起到十分重要的作用；但是，为了有利于东道国开发自身的资产积累能力，国际直接投资的进入和准入领域将受到限制。因此，这一阶段另一特征是制造业比重快速上升，规模趋于大型化，这一阶段是国际直接投资模式选择的关键时期，因为国际直接投资产生要素积累的显性或良性循环的倾向就取决于东道国自身的能力结构。

第三阶段：投资推动发展阶段。随着工业化进程推进，发展中国家结构特征已趋同于工业化国家，经济发展已进入成熟阶段，从依靠资本投入逐步走向依靠技术进步和创新活动。这一阶段具有三个显著特征，一是人口向城市集中，城市化倾向明显；二是公共性支出增加，无论是在教育、通讯，还是在各种科技支出方面，都呈现快速增长势头；三是企业已不仅仅依靠于国内资源的加工，而是更多依靠管理、组织上改进，依靠产权结构的改造获得竞争力。国际直接投资的作用相应也发生变化，东道国希望仍处于劣势的领域通过国际直接投资形式得到改进，尤其能在产业结构升级方面国际直接投资产生带动效应。

第四阶段：创新发展阶段或后工业化—服务主导的发展阶段。这时，国家完成工业化过程，产业结构转向高级化——以电子信息技术为基础，以研究与开发的高投入为特征。这一过程具有加速度的迹象。在最终产品中服务含量加大，广义的服务业与服务贸易都迅速扩张。同时国内的和跨国的企业内和企业间的关联都在加强，整个经济的竞争力基础已不是建立在自然禀赋结构之上，而是以宏观经济和微观组织结构系统的效率为基础。国际直接投资的主要价值已不能根据提供国外资源与效率为依据了，而是看其是否能对本土企业的关联中产生组织效率，从而形成全球性的竞争优势位置。

前三个阶段，尤其是前两个阶段，是目前世界上大多数发展中国家正在经历的发展过程。发展和竞争的紧迫性，促使发展中国家对国际直接投资的增长效应有较大的期望值。但是，任何经济实体与环境之间的关系都是双重的。跨国公司作为一种经济实体，它与环境之间的关系也是双重的，一方面它必须接受东道国政治经济环境对它的影响，另一方面它也试图改变东道国政治经济环境对它的不利影响或约束，实现其经济行为；对于东道国而言，也必须从这种广义的范围的环境出发，采取相应对策，力争从跨国公司经济行为或国际直接投资获取更多的利益，尽可能减少负效应，由此出发，必须进一步考察不同发展阶段跨国公司行为与经济发展的相互作用。

二、不同经济发展阶段下国际直接投资与 OLI 的作用机制

研究跨国公司行为与经济发展之间的相互关系，有必要分析不同发展阶段与跨国公司进行国际生产所依赖的三大优势 OLI 之间的关系，要搞清这种关系，我们必须考虑四方面的因素：

首先，目标的差异性，即跨国公司行为目标与东道国经济发展目标之间的关系；

其次，二者之间的相互性，即跨国公司行为与发展中东道国经济之间一种相互制约和相互作用的关系，OLI 和发展中国家的能力结构有一个互动过程；

作用过程的重复性，即这个互动过程会重复发生，从而在上一发展阶段的这种关系将影响下一发展阶段的 OLI 和发展中国家的能力结构；

因素的非单一性，即跨国公司或国际直接投资会导致 OLI 不同阶段的变

化，然而应当看到，国际直接投资并非是影响 OLI 的唯一因素，很多其他的因素，例如政府的政策等同样会诱致 OLI 发生变化，从而影响国际直接投资的变化。

美国经济学家克鲁格曼指出，跨国公司之所以产生，原因在于同时存在着两种成本：交易成本和要素成本；前者激励企业把生产等活动综合在单一的企业之内，后者则激励企业在地理上的把活动分散开来（Krugman, 1990）。这些原因可具体化为：存在着由资本密集和劳动密集二者构成两个产品生产阶段；存在着把这些生产活动合并在一体化企业的强制性原因；各国在要素禀赋方面有足够差异，同时地理上分隔，价格上不均衡。

内部化理论的代表人物内格曼[①]、布克莱和卡森（Buckley and Casson, 1991）则从另一角度论述了企业跨国经营的产生。他们认为，企业是在一个不完全竞争的环境中追求利润最大化；一旦当中间产品市场也处在不完全竞争条件下，便产生了创立内部市场进而回避不完全性的激励；而当这种内部化行为跨国界发生时，就意味着跨国企业的产生。

可见，无论是克鲁格曼还是内格曼等人，都是把跨国公司行为限定在企业利润最大化的目标之内，即，跨国公司进入发展中国家从事国际直接投资活动，取决于对收益、成本及风险的对称分析，取决于对短期、中期或长期利益的取舍。因此，在厂商理论范围之内，跨国公司目标与东道国的发展并没有直接的联系。

然而，跨国公司行为如何与东道国经济发展相互作用呢？从国际生产折衷理论出发，国际直接投资的效果取决于进行投资的企业的所有权优势程度和性质，取决于受资国区域优势，并根据所有权优势和区位优势的特点，来决定企业在国外进行中间产品内部化的程度。而且，国际生产折衷理论断言这些优势是依国际直接投资所发生的部门和国家的发展优势、以及对跨国公司的态度而变化的。这种关系可用下图表达：

---

① Lall, Sanjaya (1979) “Multinationals & Market Structure in an Open Developing Economy: The Case of Malaysia” Weltwirtschaiiches Archiv 115, 1979, P325-348.

表 3.4–1：跨国公司与国际直接投资效果关系

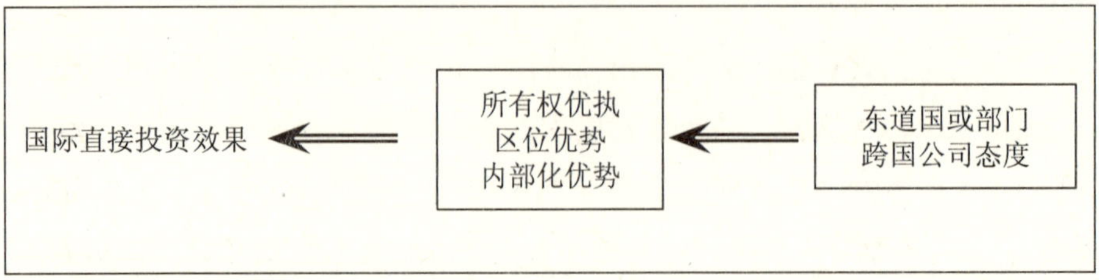

顺着这一思路，可分别考察一下在一个发展中国家执行对国际直接投资开放政策情况下，OLI 优势的动态变化以及对下一阶段国际直接投资增长效应的影响。

基本模式如下：

（1）所处的经济发展阶段决定一国企业初始的所有权优势。而国际直接投资进入对东道国企业的所有权优势的影响表现在获得经济利益的机会增加，以及得到一种共同管理的节约；同时，非国际直接投资诱发的一些变化也对所有权优势增强产生了作用，例如东道国经济中内生的变化导致效率的改善，政府对国内企业的融资支持也有助所有权优势的改进。

（2）要素禀赋和累积能力及市场规模决定东道国初始的区位优势。随着国际直接投资进入，内生的要素或资产的积累能力出现两种可能：升级或衰弱但资源配置和使用效率会有所改善；同时，非国际直接投资诱发的政策因素，如增加或减少税收激励，对外国投资者的业绩要求也会影响一国的区位优势。

（3）内部化优势是由市场交易和跨国公司科层结构替代形式之间差异所决定。国际直接投资所引致的变化将会产生国际贸易和市场结构改进的效率效应。同时，非国际直接投资诱发的变化，如放松对国际直接投资的控制，国内基础设施的改进，以及运输费用的降低，都会产生内部化优势增强的效果。

表 3.4-2 发展阶段与 OLI 的动态变化

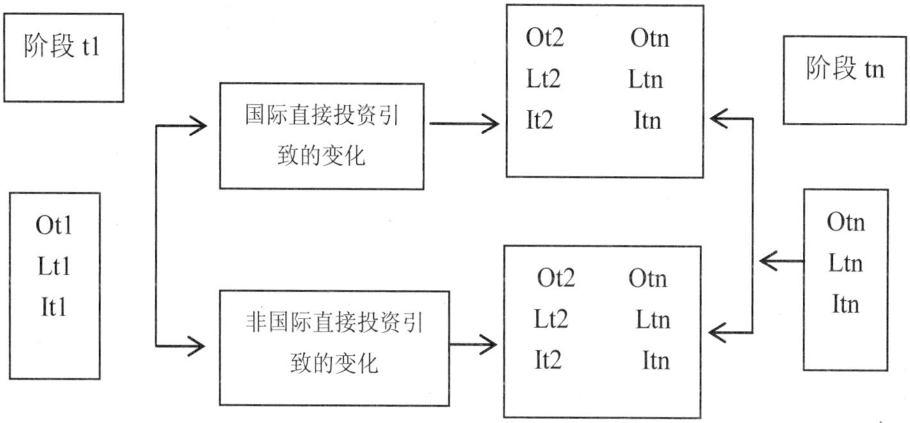

O：所有权优势，L：区位优势，I：内部化优势，t：阶段。

在这里，国际直接投资与东道国之间的相互作用是不断重复的。国际直接投资将在某种程度上影响东道国下一发展阶段的特点与性质，从而进一步作用于跨国公司在进行新一轮直接投资时所面临的所有权优势、内部化优势以及区位优势的配置状态。

以上从两个不同的方面即不同阶段国际直接投资作用和不同阶段国际直接投资与东道国的相互作用，讨论了经济发展阶段与国际直接投资的关系。但是，这仅仅提供了一种分析的框架。应该看到，关于国际直接投资在经济发展过程中所具有一般意义作用的结论，并不能从中得出。从经济史的角度看，一些在历史上发展较快的国家（如美国、日本和西欧经济中的起飞阶段）曾经很大程度上得益于国际直接投资，但二次大战以后很多国家经济的成功并不完全依赖于国际直接投资。在发展中国家，国际直接投资的比重和经济发展业绩之间也不存在着一种必然的相互关系。发展中国家要从国际直接投资中获得一种增长效应，即国际直接投资作用于一个国家发展过程的速度和方向，关键在于根据发展阶段及要素和结构特征作出选择，有效利用国际直接投资推动自身比较优势。

其实，一个国家所处的经济发展阶段是其在世界经济环境中实力的综合体现。在跨国公司作用与日俱增的今天，一方面，它蕴含了利用国际直接投资推动增长的一种历史可能性；另一方面，它也客观地反映一个国家利用国际直接投资并从中获利的能力，从而构成了得到国际直接投资增长效应的基础约束条件。从这一意义上而言，发展阶段它不同于由人均价值指标为标志的一种发展水平，而是由一系列各种结构性的能力指标所决定的，并具有强烈的累积含义和质的规定性。与国际直接投资推动及其增长效应联系在一起的结构特征，更多的是指由不同国家体现出来差异很大的要素禀赋结构和由此产生的能力结构。为什么要从这样一个角度考察发展阶段与国际直接投资推动的关系呢？这是基于这样一个事实：各国的要素禀赋总是处于动态变化过程中，并在不同时期对增长产生不同的作用。资本在工业化开始时期中所起的作用与它在工业已有极大进步时期，或在已充分工业化的国家中所起作用是不能同日而语的，而且难以用纯经济学术语来分析这种不一致性。同时，社会变化与经济变化交织在一起，它制约着资本积累的过程，也制约着创新的过程。制度经济学也表明，在任何社会中，增长不会仅仅是纯数量上的问题，伴随着增长过程的必然有技术、人力资本和制度、组织方面的改变。此外，任何国家都存在一种无法用价值估算的无形的社会资产，包括接受教育，获取技能和积累经验，建立商业往来关系，熟悉市场潜力，确立行为规则和公共服务等一系列因素，而这一切在国家发展的不同阶段会有很大差异。因此，可以这样认为，随着经济发展阶段差距的变动，发展中国家投资机会与来自于投资的利益也在变动，一部分在丧失，另一部分则变得可能。由于存在先进国家的技术与资本，处于低发展阶段的国家引进外国投资会改变这方面的短缺状况，但此时投资项目的最低限度规模也在提高，从而对外部资源的依赖加大，并要求它们相应的资本吸收能力、技术传播和创新能力，产业结构协调能力和市场的增长能力都要随之变化。

同时我们还应当认识到，跨国公司直接投资的增长效应还取决于东道国已形成的激励结构和吸收外资能力结构。激励结构一般与稳定的宏观经济体制、出口导向的贸易战略、内部自由竞争政策和在服务和知识方面的开放政策联系在一起，但要看到这种激励结构并不必然地是自由放任政策的结果，出口导向也可能与政府在贸易、资源分配和产业结构方面高度干预并存。吸收能力结构也可以从一个国家所能提供高质量技能、能保证实现专业化和价格竞争需要的供给网络、并已形成一个适宜的、物质的、科学的和体制化的基础设施上得到体现。就发展中东道国而言，为了实现那些已经进入到处于升级阶段的制造业中的直接投资的动态比较优势，必须改进吸收能力结构。跨国公司自身就能对建立这种能力有所贡献，但是它们不可能推动东道国基础结构的升级换代。就一般情况而言，一旦受资国的吸收能力进入自动升级阶段，跨国公司的对发展贡献也将扩大。

事实上，在已形成激励结构和吸收外资能力结构基础上，即便没有产生发展中国家所期望的跨国公司进入的战略性对应效应，发展中国家仍可以边际变化这一层次上从国际直接投资中得到净收益。跨国公司同样是企业，在企业行为方面与东道国企业相比并没有什么根本性的差别，但它们拥有本地企业所没有的所有权优势和内部化优势。如果东道国的环境有利于这些优势正常发挥和转移，东道国可从中受益。当然，也存在另一种可能性，即跨国公司无论在技术转移、还是在加强当地出口竞争力方面，或者在建立与当地经济的产业关联方面都只会产生一种负效应。在这种情况下，发展中国家就必须认真考虑跨国公司所能提供的优势之间客观客观存在着的一种替代关系。例如，在国际直接投资对本地产业形成关联效应和依靠外资扩大出口之间，在本地要求跨国公司建立研究与开发能力和引进跨国公司新技术并即时使用之间都存在某种替代关系。国际经济的运行情况表明，在很大程度上，跨国公司对东道国的净效应大小就取决于东道国政府在这些替代关系上的取舍。

对经济发展阶段与国际直接投资的相互作用的分析，也揭示了发展中的东道国对国际直接投资选择的必要性。很明显，不同性质的跨国公司具有不同的直接投资战略，从而对发展中国家会产生不同的福利效果。例如，在产权安排方面，一些国家的企业倾向于“古典”直接投资方式，即独资；而另外一些企业则不排除与当地资本合资的可能。在出口倾向方面也有明显的差异。一些跨国公司由于其产业结构及其专业化水平高，始终把全球化的供给网络作为获得区位优势和内部化优势的重要手段；而另一些跨国公司本来就以东道国市场为目标，从而使国际直接投资具有极不相同的对外贸易倾向。另外，来自新兴工业化国家国际直接投资与发达国家的也有差别，前者的迅速增长使其他发展中国家对其所能提供的特殊收益产生了较高的预期。由于同是发展中国家，通过国际直接投资可得到更为适宜的技术、管理及其他方面的正效应。

发展中国家对国际直接投资必须进行选择的另一重要原因，在于各国经济发展的初始条件与进化条件有很大差异，从而产生因地制宜利用国际直接投资的要求。多国的实证研究已充分说明：如果当地推行选择性的国际直接投资限制战略，并利用这一期间加紧纠正市场机制，提高各方面的技术层次，鼓励本地企业发展，从而形成有效吸收外资的能力，那么所选择的战略可促进长期发展；但是，假如选择性的国际直接投资限制战略并没有产生所预期的结果，其代价就非常巨大。有时选择仅仅是一程度不同的问题，但经验表明，这看起来并非巨大的差异会导致完全不同的经济后果。

实际上，无论是从技术上、工艺上还是管理知识的转移来看，跨国公司与发展中国家之间都是一个双向的过程，发展中国家要想更多的获得国际直接投资推动效应，一种系统性的、累积的能力体系成为必要的条件。显然，这是随一国发展阶段增进而递增的，然而在现实的经济发展过程中，差距的存在、甚至还在扩大是一客观事实，使发展中国家的国际直接投资的吸收能力也受到限制，迫使发展中国家作出更多制度、投资环境和政策的安排。这种情况无疑加剧了发展中国家为国际直接投资而展开的竞争，导致了社会成本的扩大。因此，包括中国在内的发展中国家自身经济持续稳定的发展，无疑是增强外资利用能力、扩大引进外资净收益的重要条件。

总之，各国发展阶段对国际直接投资的增长效应具有最基本的制约基础。跨国公司进入所产生的战略性对应效应取决于相关国家已经达到的发展阶段，而后者又与一个国家内在的技术能力、基础设施和体制的发展阶段紧密关联，并取决于政府的政策导向和管理效率。这一结论大致与各国国际直接投资的状态相吻合的。在那些最不发达的国家中，跨国公司可选择的进入领域不是私营部门；而在中等收入国家，为了促进国内企业与保护国内市场，可在一些领域限制跨国公司进入。当国家进入较高发展阶段，即企业、体制和竞争能力已经和工业化国家处于相同水平时，就没有必要限制国际直接投资的进入。

第四章 劳动力推动阶段的国际直接投资与经济发展

从当代的角度看，发展中国家是指第二次世界大战以后才迟迟进入工业化过程的国家；与此相对应，发达国家则是指第二次世界大战以前即已完成工业化的国家。本章主要分析处于工业化第一阶段，即劳动力成为支配性要素的发展阶段的国际直接投资模式选择问题。根据贝伦茨和辛格（Ballance and Singer, 1992）关于国际直接投资必须反应东道国的比较优势才具有发展效应的命题，把资本形成和劳动力资源结合在一起，是处于这一阶段国际直接投资模式的选择方向。但是，在现实的经济运行中，东道国自身的结构特征和跨国公司行为往往会共同产生对这标准模式的偏离，这种现象要求我们对处于劳动力推动阶段的国家的国际直接投资模式进行重新思考。

第一节 劳动力推动阶段结构特征

一、劳动力推动阶段含义

劳动力推动阶段是指劳动力资源在增长要素比例中据主导地位的这样一个发展阶段。劳动力推动阶段的存在，并不仅仅出于理论抽象的需要，而是经济发展过程中要素结构变动的真实反映。很多经济学家在对比较优势和贸易结构关系方面所做的实证研究表明，各国的经济发展中的变动改度，是以要素供求及价格波动相联系的，这些变化最终通过贸易中的显示性比较优势（RCA）体现出来。当一国的主要产品构成由密集使用劳动的商品构成，其发展阶段便处于劳动力推动阶段。

但是，容易引起误解的是劳动力概念。劳动力是各种质量不同的劳动者构成。当拥有较多人力资本的劳动力作为劳动力主体时，显然国家的经济发展阶段不能同这里所指的劳动力推动阶段同日而语。美国经济学家利马（Leamer, 1984）在分析各国比较优势来源的研究中，就把劳动力细分为较高技术水平、有文化而非专业性的、没文化的几种，因此，本文中所指的劳动力推动阶段，主要以那种非熟练的、非技巧性劳动力、且劳动力价格相对低廉的劳动力为主体的发展阶段。一般而言，这是以较大人口规模为背景的。若按增长要素分类，这是一个以I类增长要素为特征的发展阶段。最近，澳大利亚国立大学的希尔和菲里浦斯（Hill and Phillips, 1997）完成的研究课题发现，尽管一部分国家或地区的产品资本、技术要素密集程度正在上升，但大多数东亚国家和地区的产品，仍以劳动力密集的产品构成为特征，从而得出大多数东亚国家和地区正在通过一个劳动力要素密集使用的发展阶段、并有向劳动力——投资阶段过渡迹象的结论。希尔等人的研究主要从出口商品中要素构成状况进行分析的，而劳动力推动的发展阶段的特定含义还在于，这个阶段不仅产品要素构成中劳动力份额为主体，而且还以普遍的劳动力剩余状态为特征，即处于刘易斯式的经济发展阶段。

二、劳动力推动阶段的结构特征

除了那些要素禀赋结构十分特殊，或幅员很小的国家外，大多数处于劳动力推动阶段的发展中大国具有以下几方面的结构特征。

1. 劳动力为最丰饶的资源禀赋。从各国的资源禀赋构成的国际比较来看，发展中大国最丰富的资源是劳动力。对此，刘易斯甚至作了一个近似绝对意义的判断，即发展中经济处于劳动力无限供给的状态，并认为，以边际生产率为判断标准，传统的农业部门中有大量剩余劳动力。刘易斯的这种论断只不过表明发展中国家的既存事实：由于人口迅速增加，导致本来已相对丰裕的农业劳动力还在增加，从而导致实际工资一般只能逐步上升，并滞后于生产力的发展。因此，经济发展的一个主要任务就是为剩余劳动力寻找出路，使剩余劳动力进入到工业化过程。

2. 存在现代部门与传统部门的结构差异。在发展中国家，现代部门和传统部门结构差异主要体现在非对称性。一是两部门在生产要素使用方面的非对称性，现代部门较多地使用资本，而传统部门则较多地利用土地等自然资源，从而导致了生产函数在两部门中的非对称性；二是生产决策上的非对称性，现代部门的生产决策基础是利润最大化，而在传统的农业部门中，产品分配的不一定按边际产品准则进行，这样经济就分别是在雇佣工资制度下和非资本制度下运行；三是在生产要素流动方面的非对称性，资本在两部门间流动性很低，主要依靠劳动力流动来实现两部门的均衡。两部门间的非对称性反映了发展中国家经济一体化程度低，正处于向市场化、货币化过渡的结构性特征。

3. 资本积累和技术进步为结构转变的基本动力，但构成这种转变的要素相对短缺。一是储蓄率低，或者存在储蓄的投资转化的困难；二是资本的积累不足；三是社会基础设施的匮乏。经济发展本身就是一个结构不断转换和升级的过程，对于发展中大国而言，结构转换的一个基础层次就是让劳动力从第一产业中转移出来，其动因就是通过资本积累与技术进步和创新扩展二、三产业。因此，劳动力吸收的速度可以追溯到两个动因：资本积累和技术进步。但是，在发展中大国，将新的技术和创新思想带到工业实践中的前提首先是积累必要的资本，同时还需要将储蓄转化为投资的机制，以及物质和制度方面的各种要素，与此同时，处于劳动力推动阶段的发展中国家还面临着低收入困境和较大的知识吸收压力。

大量的事实表明，尽管世界经济格局已经发生了深刻的变化，但库兹涅茨在30年前对发展中国家所作的两个结论并没有失效，即：与工业化国家相比，大多数发展中大国的人均产值指标仍然大大低于工业化国家的水平；与工业化国家相比较，发展中国家在现代世界知识存量中处于十分不利的地位，面临着充分利用科技知识的巨大压力。

据1996年度世界银行发展报告，全世界人均GNP为4470美元，低收入和中等收入国家人均GNP为1090美元，其中低收入国家人均收入仅为380美元，但是高收入国家人均GNP则为23420美元。发展中国家和工业化国家之间人均GNP的巨大悬殊，一方面揭示了“不发达国家愿望和可能之间的鸿沟比目前发达国家在早期所具有差距更为深广”；另一方面也是今天发展中国家试图加快它们的增长步伐的一个原因。

关于知识存量给发展中国家造成的压力主要体现在两方面：（1）假定知识存量和那些利用知识取得现代经济增长的国家，都在高速度发展，那么这个国家跨入现代经济增长行列时，所处的相对地位便明显地取决于要进入的日期。进入的时间越晚，耽误的时间越长，非利用的技术和社会知识存量越大，对发达国家经济构成的经济劣势就越大，其劣势反映在国民收入水平低和对当代经济利用程度差方面。总之，国家越处于后发达状态，需要利用技术和知识的压力就越大。（2）经济分析史表明，技术进步是影响产业结构转变的重要原因，技术变化速度愈快，产业结构转换速度就越高。因此，在一定时期，现存产业的不同发展阶段，代表着各种技术和经济的机会，并代表着对将来生产和资源利用方面的不同潜能。技术与知识进步的滞后，将对发展中大国产业升级及在国际分工中地位产生深远的影响。

按照世界银行的国家分类，大多数处于低收入状态，中低收入状态的发展中国家都可归入劳动力推动阶段，其结构特征还可具有以下表象特征：

（1）在GDP的部门结构中，农业部门贡献份额相对较大，且变动缓慢；

（2）在劳动力就业结构中，大多数劳动力从事农业生产，其比例一般均在55%以上；

（3）在制造业产业结构中，轻工业的比重较大，且吸收就业人口的比重较大；

（4）在进出口结构中，出口以初级产品为主，进口则以制造品为主。

处于劳动力推动阶段的发展中国家的发展阶段及其结构特征，对其在国际经济中的运作方式、地位、作用和效果都产生了不可估量的影响，同样也会对外国直接投资的增长效应形成一定的制约。

三、国际直接投资作为一种发展手段

在各国经济发展阶段差异客观存在的情况下，后起的发展中国家经济发展的关键在于“探求在落后情况下的工业化过程中，用什么东西或什么模式

来替代其所缺少的因素"[①]。对于处于劳动力推动阶段的发展中国家，由于工业化所需的要素累积方面的欠缺，这种替代可来自于两方面，即制度资源和生产性资源，前者通过制度性安排在国内可以解决，而后者则要从发展阶段高于本国的工业化国家中去寻找。

从资本形成或资本积累的角度看，在发展水平有差异的国家中，曾经在不同阶段产生了性质作用各异的经济制度组织要素的替代形式。在最早实现工业化的国家，资本形成的来源主要是原始积累，在这种情况下，公司为主要的经济活动组织者；相对后起的国家则在银行的支持下进行了工业化；而较落后的国家必须在政府强力作用之下才能迈进工业化的门槛。因此，公司、银行与国家在处于不同发展阶段的经济活动中的重要性有很大差异。

在先进国家发展的初期阶段，资本由公司积累和形成；在中间水平的国家，企业发展尚不具备，故提供资本的重任落在银行身上；而这些国家发展到第二阶段，企业的作用才变得重要了，企业独立性得到强化；在后起国家，政府在经济发展第一阶段中发挥重要作用，到第二阶段银行的作用和地位提高了，接着发展到第三阶段，企业的资本积累和形成的作用才得以发挥出来，这就是说，在公司制度发展较迟的国家，政府和银行起到了替代性作用。

替代的另一种形式是，发展国家从先行的工业国中获得本国工业化所缺乏的生产性资源。根据克申尔龙的学说，落后国家有着先进国家所不曾有过的一项工业发展的"前提条件"：有先进国家作为技术、熟练工人和资本货物的来源（Gerschenkron, 1952, 1979），即存在一种可选择利用的外部资源。这就是说，后发展的国家可以通过学习先进国家的已有技术和经验，引进资本，以替代有关技术研究与开发的自我探索和资本自我积累，大大缩短因研究与开发先进技术所必需的时间，并相应节约资源投入，从而迅速促进本国产业技术进步。这是另一种形式的后发优势。很明显，后发优势是以国与国之间存在技术、资本和人力资源方面的差异为前提的，而其中，后发展国家与发达国家之间的技术差距最为关键，是决定国与国之间发展水平的决定性因素。

---

① Gerschenkron,Alexander. 1962. Economic Backwardness in Historical Pespective. Cambridge,Mass, Harvard university press.

后发优势的存在，为后发展国家走一条有别于先行工业国的途径达到工业化目标提供了可能性。

世界经济史表明，通过后发展国家学习和引进先进技术，国际间技术传播和技术转移的速度加快了，英国于1776年发明蒸汽机，3年后传入法国，12年后传入德国，40年后才传入意大利。而在现代，从1978年第一台手提电话产生，到全球普及不到10年时间，学习和引进先进技术，后发展的国家缩短甚至跳跃式地缩短了其与先进国家的技术差距。

世界经济史还表明，通过资本、管理制度和先进技术的引进及传播，工业化扩散的速度也加快了，在目前工业化国家中，绝大多数国家从工业化起步到基本完成的时间，都要短于作为第一个工业化国家英国，而新兴工业化国家和地区，其所花费的时间则似乎更短。工业化要素具有普遍的替代性，以及对后发优势的充分利用，需要有国际经济成长的这样一个过程或机制：国际经济的出现不仅为高度专业化分工提供了一个巨大市场，而且也通过资本、劳动力以及其他产品的国际流动提供了一种传播现代工业技术的机制和从工业国的后发展国家传递经济增长的手段。因此，后发优势的假说必须以国际经济成长为基础。同时，我们可以从小泽辉智对世界经济结构特征的论述，认识到发展中国家获得包括国际直接投资在内的外部资源所必需的国际经济环境。（见第二章有关部分）。

在1987年10月号的《日本经济评论》中，韩国的经济学家金泳镐在题为“论第四代工业化”的论文中，提出国家、国际直接投资和民间大企业是非欧美的发展中国家工业化的推进主体，从而把国际直接投资这样一种资源转移形式也视为发展中国家工业化要素的替代手段，其理论和现实的背景，仍然是跨国公司的性质、国际经济环境的变迁，以及国际直接投资在全球经济增长的发动机作用。但实际上，把国际直接投资作为一种发展的手段，或作为工业化的推动器的提法，在跨国公司的理论文献中早就有之。跨国公司在理论上之所以具有这样的“功能”，在于它把上述两种替代可以结合为一体。但问题在于，在经济发展的初期 --- 劳动力推动阶段的特定环境下，国际直接投资与发展国家相互作用结果能否实现有助于这一阶段发展目标的实现，这就需要首先研究劳动力推动阶段发展过程、以及从中产生对国际直接投资的需求形式。

第二节　劳动力推动阶段的发展过程及其约束

处于劳动力推动阶段的发展中国家的工业化的基本任务，就是通过资本积累和技术进步扩张对劳动力的需求，不断以工业部门的发展吸纳劳动力，从而推动经济发展阶段的升级。关于这一发展过程，已经有很多种假说。但具有较强解释能力的理论模式，仍属刘易斯、费景汉和拉尼斯等人共同建立的刘易斯 --- 费景汉 --- 拉尼斯模式。在此，我们并不打算诠释这一模式丰富的发展机制内涵，而是利用模式有关部分，分析处于劳动力推动阶段工业部门扩张以吸收劳动力这一过程中若干约束条件，从而为下面的国际直接投资需求分析奠定基础。

约束条件之一：资本积累

从本质上看，工业部门对劳动力的需求程度，取决于工业部门在时间上持续扩张程度。在劳动力推动阶段，一般劳动力供给不会产生短缺现象，从而工业部门的扩张主要取决于工业资本的积累状况和技术进步状况。“劳动力吸收取决于二元经济中工业部门资本积累速度以及创新活动的强度和性质”。[①] 建立在资本积累基础上的工业扩张主要属于外延扩张，而以技术进步为基础的扩张主要属于内涵扩张。无论哪一种形式的扩张，都会导致工业部门劳动力就业人数增加。下图展示的是工业部门资本积累对劳动力吸收的过程。

在图 4.2–1 中的 A 部分，是工业部门生产函数的展现。按照惯例，纵轴代表资本投入，横轴则代表劳动力数量，Q_0、Q_1、Q_2 代表产量曲线；图中 B 部分是工业部门

在劳动力市场上均衡的展现，Ls 代表工业部门（现代部门）的劳动力市场供给曲线，这条曲线的性质和形状是由这一发展阶段工业部门的劳动力供给有充分保证这一前提所决定的；LD_0、LD_1、LD_2 分别代表在不同资本积累情况下的工业部门对劳动力的需求曲线，劳动力供给和需求的均衡点就由这些曲线与 Ls 的交点 E_0、E_1、E_2 来决定。对于工业部门的初始资本量 K_0，劳

① 费景汉、拉尼斯（1964）：《劳力剩余经济的发展》，华夏出版社 1989 版。

动的边际生产率为 LD_0，LD_0 向下倾斜的性质是由定量资本投入而劳动力投入增加导致边际收益递减规律发生作用的结果，LD_0 与 Ls 的均衡点 E_0 决定了工业部门对劳动力的实际需求量为 OL_0，即工业部门实际使用 OL_0 量的劳动力，与资本存量 K_0 一起，生产出 Q_0 水平的产出，在短期均衡点 E_0，工业部门产出利润为面积 P_0 所示，劳动者工资所得由面积 W_0 表示。如果工业利润 P_0 用来进行再投资，连同其他来源的资本一起（假如存在），使工业部门的资本投入量增至 K_1。

由于较高水平的资本存量 K1 的存在，从而决定了一条新的劳动力需求曲线 LD1。LD1 和 Ls 形成一个新的短期均衡点 E1，工业部门对劳动力的实际需求量增为 OL1，在初始点的基础上增加了 L0L1 单位，工业部门实际使用 OL1 量的劳动力，与资本存量 K1 一起，使产出达到了 Q1 的水平。同理，若资本积累继续增到 K2，新的就业均衡点变为 E2，工业部门劳动力使用量增加到 OL2，就业机会又将增加 L1L2 单位，工业部门的产出扩张到 Q2 水平。工业部门的这一扩张过程说明，资本积累是引致工业部门劳动力需求增强的重要因素，资本积累的增加，能使工业部门吸收劳动力数量增加。但是，在劳动力推动的经济发展阶段，资本为稀缺的要素，从而构成了工业化过程的瓶颈之一。

约束条件之二：技术进步

一般而言，技术进步可以分三种类型，即资本节约型、劳动节约型以及介于二者之间的中性技术进步，技术进步或创新活动中产生了一种要素偏向问题。在这里，技术进步和创新是同义语，其含义是指随时间的过去，在要素不发生变化条件下产量发生了增加。若把中性创新作为一个参照点，根据这个参照点，就可以确定一种技术进步或创新的要素偏向和程度，中性技术进步程度一般可用劳动边际生产率增长率体现，这样，如果创新后的劳动边际生产率增长率小于中性技术进步程度，创新就可以说是属于劳动节约型的或资本使用性的；反之，创新就属于劳动使用型或资本节约型的。在此基础上，可用图 4.2–2 来说明工业部门的技术创新对劳动力吸收过程。在图 4.2–2 中，K_0 代表工业部门的初始资本量，L_0 代表初始的劳动力使用量，Q_0 代表工业部门的初始产出量，LD_0 是在资本存量 K_0

下的边际劳动生产率曲线（MPPl），即劳动力需求曲线。在资本存量不变，但归因于技术创新，产出量由 Q_0 增至 Q'_0，相应使边际劳动生产率曲线到 LD'_0 水平，LD'_0 与 L^S 形成了一个新的就业均衡点 E'_0。结果，工业部门的劳动力使用量增到 L'_0，绝对增量为 $\triangle L'_0$。在这种情况下，就业增量完全是技术创新的结果，而与资本积累无关，因资本投入量没有变化，在图中设 LD_m 为中性技术进步或创新参考线，根据劳动的边际生产率线实际变动位置就可判断创新的要素偏向程度。图中 LD'_0 变化点 G 在 LD_m 的 F 之上，表明描述的是劳动力使用型的创新。这样，就业增量 $\triangle L'_0$ 就可在理论上分割为二：△ 1 为同样密集程度的中性技术进步所形成的就业增量，△ 2 为创新的劳动要素使用偏向所形成的就业增量，且 $\triangle 1 + \triangle 2 = \triangle L'_0$。这种分解描示了工业部门基于技术创新对劳动力吸收机制的三个基本要素：（1）创新的程度（即相对于 E_0 点 G 点的高度，也就是最初的等产量曲线 Q_0 扩大的程度）；（2）创新的劳动力要素偏向程度（即相对于 F 点而言 G 点的高度）；（3）收益递减相对于劳动力增加的强度（即劳动边际生产率曲线 LD'_0 的倾斜度，LD'_0 倾斜度越小，就业均衡点 E'_0 就越向右移，所以，如果技术创新的强度越高，且创新偏于劳动力使用偏向程度越大，收益递减作用越弱，则工业部门对劳动力吸收量就越多。这一结论的政策意义在于：在劳动力推动的发展阶段，工业部门应当寻求程度尽可能高的创新，同时使创新或技术进步尽可能多地偏向于劳动力使用方向。[①]

① 李微：《农业剩余与工业化资本积累》，云南人民出版社 1993 年版。

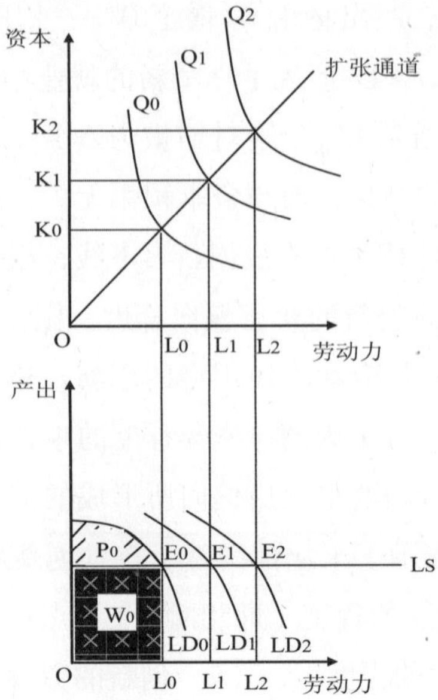

图 4.2-1　工业部门资本积累对劳动力的吸收

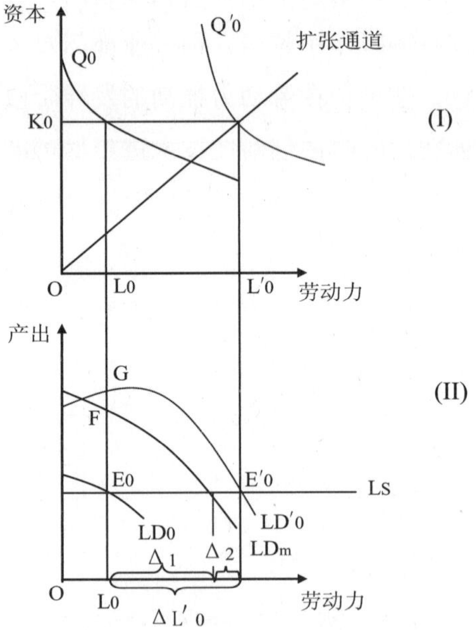

图 4.2-2　工业部门技术创新对劳动力的吸收

但是，在现实生活中，工业部门吸收劳动力的两股力量即资本积累和技术创新并非孤立地发生，而是交织在一起的。一般情况下，资本积累本身就会有技术进步或创新的成份，技术创新往往物化在资本积累过程之中。图 4.2-3 展示了资本积累和技术创新两种力量同时对工业部门吸收劳动力的作用过程。

从图中可以观察到，当资本量由 K_0 增至 K_1 时，产出在技术创新结果 Q'_0 基础上移至 Q_1，等产量曲线这种变化可理解为在技术创新基础上增加资本投入，也可理解为资本投入增加含有技术进步。相应于等产量曲线变化，劳动的边际生产率曲线为 LD_1，LD_1 与 Ls 形成新的交点 E_1，劳动力使用增至 L_1，绝对量增加了 ΔL_1。在图 4.2-3 中，技术创新使劳动力使用增加沿着水平方向（如 α 箭头方向表示）；资本积累使劳动力就业增加扩张通道方向（如 β 箭头方向所示）。而连接 P_0 和 P_1 的方向即构成资本积累和技术创新交织作用从而形成了增加劳动力就业的方向（费景汉和拉尼斯，1964，1992；李微，1993）。

从以上分析中可得出这样的结论：工业部门对劳动力吸收速度取决于工业部门的资本积累速度，技术创新对总产出增长效应、技术创新对劳动力使用的偏向程度。其政策含义就是，在增加资本积累的同时，提高技术创新的实际效果，并使工业技术创新尽可能偏于劳动力使用方向。与此同时，上述分析揭示了处于劳动力发展阶段的国家所面临的发展目标与实现手段之间的矛盾，这就是：一方面发展过程需要有内在的资本形成和技术进步，而另一方面由其阶段相应的结构特征并不具备这样的内在机制，缺乏把各种剩余资源动员到工业化过程中的手段、资本或运用资本的能力。

如何解决这一矛盾？由于跨国公司的国际直接投资是以企业形式把资本、技术和管理融为一体，客观上提供了一种有组织的资源配置方式，有可能除了产生资本流入效应外，还会带入其他形式的资源，如管理与组织、企业家才能，而这些正是处于这一发展阶段的国家的短缺资源，因此，引进外国直接投资不失为这些国家可以克服上述矛盾的一种手段，或者可视为解决短缺要素的一种替代方式。正是在这一意义上，斯特里顿（Streeten, 1974）把跨国公司这种作用称之为填补缺口的功能。

第三节　国际直接投资资本形成特点

在上述对劳动力推动阶段的发展过程分析中，资本形成的重要性已经凸现出来。马克思在《剩余价值理论》一书中，把资本形成视为一种质和量的统一过程。“第一，由于投入生产的资本不断增长；第二，由于资本使用效率的不断提高”（马克思，1872）。这表明，在资本使用效率一定情况下，生产规模取决于资本投入量，即资本形成的规模；在资本投入量一定的情况下，又取决于资本使用效率，亦即资本形成的质量。处于劳动力推动阶段的发展中国家，普遍面临资本积累扩大的困难，因此，除了通过国际贸易手段换回国内必需的资本品和先进技术之外，利用国际直接投资形成资本，作为国内资本积累匮乏的一种替代形式，就成为可选择的一种发展手段。但是，国际直接投资作为一种有效的发展手段，资本形成质和量的统一有其特殊性，这种特殊性主要反映在以下几方面。

特点之一：国际直接投资是在既定的技术条件下的外国资本流入

在发达工业化国家和发展中国家之间的一个重大差异在于，资本形成和技术进步的二者关系不同，其顺序是颠倒的。工业化国家已经越过资本积累不足这样一个阶段。经济活动的中心在于不断寻求和更新有利可图的投资出路，以便保证资本有充足的需求，因此，技术进步的作用，是为资本发现新投资机会创造条件。当技术进步或创新不足时，能保证充分就业的储蓄水平就能转化为投资，即被生产性地吸收。显然，工业化国家只要其生产水平能够依赖技术进步不断扩大，就无须关注投资资本的来源保证问题。“只要使投资机会不致枯竭，就会在或多或少的基础上自动得到投资资本”（Raines，1982）。但是，对于发展中国家，情况就大相径庭。在世界经济环境中，发展中国家面临的现代技术，不过是工业化国家在某一时刻所证明、完善和采用的完整的一套已知的产业技术，发展中国家可以从这套技术系统中引进、改造这些技术；或者自主进行技术创新。但无论如何，发展中国家会由于缺乏投资资本进行创新或技术引进，这样资本的瓶颈总是先于技术瓶颈而存在。

只要资本问题解决，一般而言，技术进步和创新的最大障碍就得以克服，因此，工业化国家新的技术进步或创新的发现会引致新的投资活动。而在发展中国家，技术进步的发生常常必须等待积累足够的资本，面对这样一种颠倒顺序，发展中国家的国际直接投资形式引进的资本，只能是给定技术的资本流入，从而资本的“使用效率”与发展中国家丰富的人力资源如何结合就面临选择的问题；并且，越是处于低发展阶段的国家，这一问题就越突出。

特点之二：国际直接投资只是整个资本形成的一小组成部分

“尽管外国直接投资一直都很重要，尤其在其他形式的国外储蓄流入有限时，但跨国公司并未对发展中国家的国内储蓄产生什么重大影响”。这表明，为增长和工业化所需的大部分储蓄是在每一个国家的内部产生的。下表提供的国际直接投资占国内生产总值的比重说明，无论在处于高发展阶段的国家或地区还是发展中国家，国际直接投资所占比例都是有限的。但国际直接投资的实质意义是否大于统计上的份额或两者一致呢？即是说，从对经济增长的影响角度看，国际直接投资在发展中国家的资本形成中的贡献是否比资料显示的大？一般认为，这取决于国际直接投资是否进入到关键性产业，或是否产生大量购买活动从而刺激发展中国家自身投资的增长，以及国际直接投资对东道国产业结构和配置效率的影响。而一国的资本吸收能力，对国际直接投资在资本形成中所占比重具有重要意义

表 4.3-1 1981 ~ 1992 年外国直接投资占国内总固定资产形成的比例 %

东道国（地区）	1981—1985	1986—1990	1991	1992
所有国家	1.9	3.2	3.5	3.7
发达国家	2.3	4.4	3.3	2.9
发展中国家	2.4	2.7	4.0	7.8
非　洲	2.5	3.7	4.7	10.5
发展中欧洲国家	0.2	0.3	0.8	10.4
东、南亚	2.0	3.5	4.1	15.4

资料来源：UNCTC，世界投资报告，1994 年

特点之三：国际直接投资对资本形成具有不同的直接间接效应

大多数经济学家都认为，国际直接投资的直接效应即弥补了发展中国家储蓄缺口，并不一定对长期资本形成和供给起稳定的作用。由于存在利润回流的现象，国际直接投资产生的资本净流入数额会比预期要少，而且从长期看，其流出数要大于其流入量。英国经济学家瑟尔瓦尔用以下表说明了这一问题[①]。

表 4.3–2 国际直接投资对一国国际收支的影响（虚拟）

年 序	资本流入（毛额）	时期开始时的国外投资	时期结束时的国外投资	外流的利润	资本流入（净额）
1	100	100	110	10	90
2	100	210	231	21	79
3	100	331	364.1	33.1	66.9
4	100	464.1	510.5	46.4	53.6
5	100	610.5	671.6	61.1	38.9
6	100	771.5	848.7	77.2	22.8
7	100	948.7	1043.6	94.9	5.1
8	100	1143.6	1258.0	114.4	–14.4

资料来源：Thirlwall,《增长与发展》中国人民大学出版社 1992 版。

假设一国每年都有 100 个单位的国外资本流入，资本的生产率为每年 20%，其中有一半（10%）用在东道国进行再投资，另一半汇出。8 年之后，国际直接投资就会成为造成国际收支逆差的因素。但是，这仅仅是国际直接投资对东道国资本形成的直接效应，即根据一定时期外国资本投放与利润汇出的比较数来评估。由于任何国际直接投资所获得的资本收益额都可能大于初始投入的资本额，从而外汇流出最终超出流入几乎不可避免，因此，国际直接投资对发展中国家资本形成的作用重要性主要体现在间接效应上。

什么是对资本形成产生积极影响的间接效应？就是在国际直接投资进入

① A P 瑟尔瓦尔（1983）：《增长与发展》，中国人民大学出版社 1992 版。

之后，东道国的经济不仅出现量的增长，而且有可能出现质的变革。主要体现在：（1）国际直接投资与东道国之间产生产业关联，从而产生所谓产业带动作用；（2）国际直接投资在技术、管理、企业家精神方面产生溢出效应；（3）激励竞争机制。其中，产业关联效应的作用是第一位的，有人甚至认为，跨国公司通过利润汇回减少东道国投资基金的可能性，会因为本土企业与跨国公司之间递增的关联效应而被冲销（Balance and Ansari，1982）。

劳动力推动阶段的经济发展的基本特征，是以工业化带动人口的就业结构的转化，并在这一过程中充分利用劳动力这一比较优势，逐步改变要素禀赋结构。资本形成是其中的核心过程，由此也决定了在这一发展阶段国际直接投资所能产生的理想的预期效应：

（1）国际直接投资构成实质性资本的一部分，从而弥补储蓄缺口及其他要素缺口；

（2）通过国际直接投资的前向关联和后向关联，带动当地产业发展；

（3）采用适宜性技术，扩大直接就业效应；并依赖于前后向效应的程度，产生更为广泛的间接就业效应，从而充分利用劳动力这一比较优势。

但是，从国际直接投资资本形成特点和处于劳动力推动阶段的发展中国家的要素累积和结构特征来看，上述三个方面作用实现都将是一个困难的过程。

第四节　国际直接投资资本形成中的人力资本障碍

按照新古典经济学，国与国之间资本边际生产率的差异，是包括国际直接投资在内的国际资本流动的诱因；而资本的边际生产力在国际间平均化，则是这种运动的基本趋势。同样根据新古典收益递减规律，人均资本较少的发展中国家，其资本边际生产力要相对较高，在这样的前提条件下，发展中国家可望有国际直接投资进入，从而弥补储蓄等缺口，在这过程中，真实资本将会形成。但是，从新古典经济学推出的这一命题，与现实有相当的距离。其一，国际直接投资流动方向较多地是在工业化国家之间流动；其二，越是处于低发展阶段的国家，国际直接投资在其资本总量（例如固定资产投资）中比重就越小，亦即国际直接投资流入量少。究其原因，资本形成中的人力资本障碍，不能不是一个重要因素。这一因素，在劳动力推动的发展阶段比较突出。

新古典国际资本流动理论的上述特点，在麦克杜洛克——肯普对外投资模式中十分明显。麦—肯模式从其他条件不变的假设出发，论证了资本自由流动将推动资本边际生产力平均化，从而提高世界资源的利用效率。

假设世界是由投资国（I 国）和接受投资国（II 国）组成的。资本流动之前，投资国由于资本丰富，资本的边际生产力低于接受投资国。假定资本是受边际生产力递减法则支配的，同时，假定在两国国内实行完全竞争，资本的价格规定为等于资本的边际生产力。

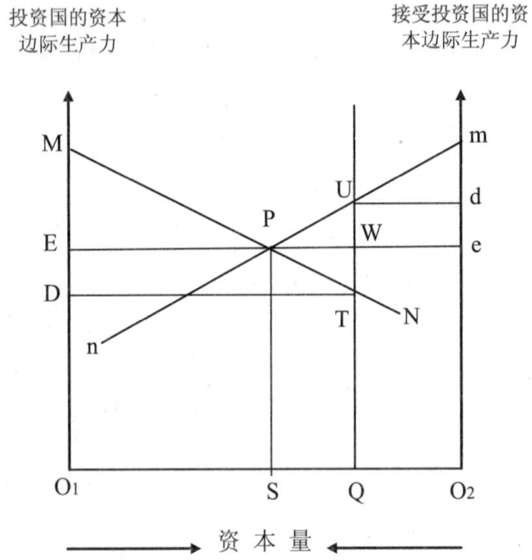

图 4.4-1 麦克杜洛克—肯普模式图示

图 4.4-1 中，假定 O_1 为投资国的原点，O_2 为接受投资国的原点，横轴为资本量，投资国资本量为 O_1Q，接受投资国资本量为 O_2Q，两者之和 O_1O_2 为世界资本总量。纵轴为资本的边际生产力。MN 线是表示资本边际生产力递减的投资国边际生产力曲线，也是资本需求曲线，mn 线是接受投资国边际生产力曲线和资本需求曲线。资本流动之前，投资国使用 O_1Q 量的资本与一定量的劳动，生产了 O_1MTQ 量的产品（如果考虑两国生产同一种商品，就更容易理解）；另一方面，接受投资国生产出 O_2mUQ 量的产品。资本的边际生产力

即资本价格在投资国为 QT，这低于接受投资国的 QU，由此引发前者向后者的国际间资本流动，直到两国的资本边际生产力均等，这种流动才会停止。这就是说，将有 SQ 量的资本由投资国（I 国）流到接受投资国（II 国），直至两国的资本边际生产力同为 $SP=O_1E=O_2e$。

资本流动的结果，投资国生产量变为 O_1MPS，接受投资国生产量变为 O_2mPS。与资本流动前两国总生产量 O_1MTQ+O_2mUQ 相比，两国总共增加了相当于图中三角形面积即 PUT 的生产量。这意味着由于资本的国际自由流动，提高了全世界的总生产量。

这对投资国有什么利害关系呢？由于对外投资，投资国的生产量确实减少了 SPTQ 量，但是该国的国民收入并没有随之减少。因为它可以得到对外投资量 × 资本边际生产力 (资本价格)=SPWQ 量的对外投资收益。只要对外投资收入量多于生产的减少量 (多余量是 SPWQ － SPTQ ＝ PWT 量), 投资国就能获得多于以前的国民收入。

另一方面，接受投资国生产增加了 QUPS 量，其中 QWPS 量支付给投资国，所以国民收入净增加了 PWU 量。由此可见，通过资本流动的自由化，在世界总产量增加的同时，投资国与接受投资国双方分享了这项利益。[①]

在麦克杜洛克——肯普模式中，资本流动的前提在于东道国的资本的边际生产率高于投资国，由此引起后者的私人投资流向前者，直到二者之间的资本边际生产率相等为止。可是，在现实的世界经济范围之内，一方面可以看到工业化国家的国际直接投资在流向发展中国家，另一方面国际直接投资流动并没有达到麦克杜洛克—肯普模式所描述的资本流动应达到的范围。大多数国际直接投资是在发达国家之间流动，而不是在麦克杜洛克—肯普模式中所暗示的是在发达国家与发展中国家之间流动。[②]

如何解释模型的结论与现实之间的冲突呢？如何回答“资本为什么不是从富国流向穷国”这一难点？

美国经济学家卢卡斯认为[③]，新古典关于资本流动的理论模式之所以不能

① Kojima, K. 1978. Direct Foreign Investment. Croon Helm, London.
② UNCTC：1992 年和 1993 年《世界投资报告》。
③ 卢卡斯（1990）：《资本为什么不是从富国流向穷国？》，《经济译文》1991 年第 2 期。

解释现实问题，在于其理论假设是错误的，从而结论难以成立。

按照上述的麦克杜洛克——肯普模式，东道国的资本边际生产率是引致国际直接投资流入的根本原因。而东道国（发展中国家）的资本边际生产率高推论是建立在一国资本劳动比率与工资报酬率相对应的原理上。假设两个国家按规模收益不变的生产函数生产同样的商品，投入相同的资本和劳力，就可得出相应产出；如果两国的人均产出不同，排除其他原因，那必定是两国每个工人资本水平不同。一般而言，发达国家的人均资本高于发展中国家，于是，按收益递减规律就是意味着发展中国家边际资本生产率要高一些，根据科布—道格拉斯不变收益率假设，发展中国家的边际资本产出就是发达国家同一指标的若干倍（例如印度的边际资本产出是美国的58倍）。在这种情况下，资本必定从发达国家流向发展中国家。但是，卢卡斯指出：

如果考虑到发达国家与发展中国家客观存在的人力资本方面的差额，那么，发达国家的劳动是一种效率型的劳动投入，而发展国家的劳动只是一般的劳力投入，二者之间的相对工资率差距就要缩小；同样，二者之间的资本收益之间的差额，并非如新古典模型推论的那样显著。“有效劳力代替普通劳力已消去部分边际资本产出的估计差额”。

如果考虑人力资本的外部效应（溢出效应）的话，新古典模型中对发展中国家的边际资本产出的高估还可进一步消除。卢卡斯指出，由于人力资本投入和外部效应，用丹尼森对美国1909 ~ 1959年的分析数估计，每一工时的产量比工时资本逐渐增快近1个百分点，这完全归因于“通过正规教育而积累的”生产率贡献，这样理论上的资本收益率差额还可以进一步消除，使其更加接近现实中国家之间资本收益率的状况。

如果考虑资本市场不完全性质，那么即便存在一定程度的资本收益率方面的差别，也会因为资本市场的垄断因素妨碍资本转移，进而因国际直接投资减少而更进一步被抵消。因此，国与国之间，发达国家与发展中国家之间资本收益差并非如新古典模型中所估计的那样大，即大到足以引致国际直接投资的流向和流量绝对地对发展中国家有利的程度。

卢卡斯的本意并非回答发展中国家通过国际直接投资形成资本的约束条件，但是，他指出了这样一个问题，即发展中国家相对于发达国家，国际直接投资的获得能力（Profitability）受到人均人力资本水平、资本市场不完全性等因素的限制，从而不可能有效地激励跨国公司进入。从这一角度看，卢卡斯的论点对我们分析发展中国家利用国际直接投资形成资本问题具有重要意义。按照统一的国际资本边际产出率，越是处于不发达状态，处于较低发展阶段的国家，制约国际直接投资获利能力实现的因素就越多。从更深更广的背景看，处于低发展阶段的国家往往不具备与发达国家从事一体化国际生产的条件，因此，凡归属于最不发达国家状态的亚洲、非洲国家，国际直接投资在其国民生产总值、固定资产投资中份额必然就很小，这种情况在世界投资报告中得到了充分的印证。卢卡斯的论点价值就在于他从利润产生的要素条件，否定了新古典模型关于资本充裕国资本边际生产力低、从而必然导致资本向发展中国家流入的"规律"。

卢卡斯论点价值的另一方面在于提示了人力资本累积程度对国际直接投资资本形成的重要性。由此给我们的一个深刻启示，人力资本累积程度不同，将是导致国家之间资本边际生产率差异的根本原因，因此，人力资本不足，必然构成国际直接投资进入发展中国家的重要制约因素；而发展中国家以国际直接投资形式获取外部资源的前提条件之一，则是国内人力资本的一定程度的积累。

我们知道，处于劳动力推动的发展中国家，相对于其他的增长要素，劳动力资源相对充裕，但在发展过程中，长期"对土地的作用估计过高"而对"人口质量的因素估计过低"（舒尔茨，1979），因此，这些国家对人力资源的开发远不如对增加物质资本感兴趣。人的能力没有与物质资本保持齐头并存，从而变成经济增长的限制因素，舒尔茨认为，传统经济学之所以忽视人力资本，根源在于把发展中国家的劳动假定成同质的、无差别的、而且是无限丰富的。从而"对能够并且愿意工作的人数进行计算，并把这种计算作为一种经济要素数量的尺度，就如同对决定其经济重要性的各种类型的机器数目，或作为资本存量或作为生产服务流量进行计算一样没有任何意义"（1961）。总之，在传统经济学中，未曾说明人力资本及其在现代经济的生产活动中所起重要作用，表明其理论构架中还缺乏一个完整的资本概念。

处于劳动力推动阶段的发展中国家，由于对人力资本投资不够，在人力资源方面的非对称性十分突出：从数量上看，大量的人力资源处于不得其用的状况；从质量上看，大量的劳动者素质很低，多处于非熟练、低技能的状态，其后果是这些国家吸收追加资本的能力很差。

应该看到，发展中国家轻视人力资本投入，从而造成人力资本累积不足的不良效应最终也体现在国际直接投资的利用方面。由于人们普遍相信国家贫穷主要原因在于极端缺乏资本，追加资本成为迅速取得经济增长的关键，外国投资通常用于增加货币投资、设备、购置存货，而一般不被用来增加人力投资。在现有的劳动者既缺乏知识的条件下，通过增加常规资本，显然也能够获取某些增长，但是，增长率则肯定十分有限，所以，仅仅增加某些非人力资源，一国的资本吸收率必然低下。二战以后欧洲经济和日本经济迅速振兴的史实表明：在那些具有较高文化教育水平和生产技能的国家，尽管在大战期间工厂、设备遭到严重摧毁，但由于人力资本的累积已经存在，一旦有大量物质资本可供利用，经济很快得到增长。在累积的人力资本尚存情况之下，只看到“建筑物、设备以及库存物资化为废墟”，就容易过高估计“这些损失对日后的阻碍作用”，相反，战后一些获得外援的发展中国家，并没有产生相应的经济业绩，由此我们可以得到的结论是，人力资本构成一个国家资本吸收能力的基础。在人力资源约束下，首先发展中国家难以引进外资，其次是引进外资并不能很快提高经济效益，所以，要想达到适度的外资投资率，就需要发展中国家把劳动者知识和技术增长作为一个关键投资变数。我们上述论点可以在国际直接投资现实运动中得到进一步证实。1994 年度的世界投资报告指出：“人力资源开发与跨国公司生产活动之间的关系是双向的，跨国公司大都会为那些能使它们获取所需要的资产的区位所吸引，由于这些资产是由高技能劳动者创造的，所以，是否存在这种劳动者就成为跨国公司区位抉择的关键因素。某些高技术产业尤其如此，换句话说，一国劳动力的技能和教育水平在很大程度上决定着该国吸引外来直接投资的数量和跨国公司子公司从事的经济活动的类型”[①]。

在劳动力推动的发展阶段，发展中国家的最丰富的要素禀赋为劳动力资

① 卢卡斯（1990）：《资本为什么不是从富国流向穷国？》，《经济译文》1991 年第 2 期。

源，按照新古典的假设，只有充分利用了这种比较优势，国际直接投资才具有大的发展效应，即是说，这一阶段从国际直接投资中资本的形成是与充分利用劳动力资源结合在一起的。但是，从跨国公司的角度看，在一个特定国家和产业中由国际直接投资形成资本程度和份额取决于：（1）跨国公司在生产投入获得方面的比较优势；（2）跨国公司分支机构在这些国家从事生产和加工中所具有比较优势。这构成了跨国公司区位优势考虑中基本出发点。从以上分析看，发展中国家的丰饶廉价的劳动力资源并非构成符合上述两方面的条件。

第五节　国际直接投资资本形成与关联效应

一、国际直接投资与关联效应的创造：理论背景

一般而言，所谓国际直接投资资本形成效应是以直接和间接两方式发生的。资本形成的直接方式主要指跨国公司从东道国以外把投资资本转移进来，这些资本可以来自于跨国公司自身的资本积累，还可以来自于国际金融市场的融资，这种方式的国际直接投资直接弥补了东道国的储蓄缺口；但是，以这种方式形成资本毕竟所占比例很小，即便在美国和英国的外来国际直接投资，大部分资本都在当地资本市场获得；而资本形成的间接方式则指通过国际直接投资关联效应而对东道国资本形成所产生的作用。在劳动力推动的发展阶段，第二种形式的资本形成效应被寄予较高的预期值，这是一种通过国际直接投资的关联效应，来达到提高东道国资源动员量和使用效率的资本形成方式，自然会引起那些资源还未被开发、又有大量剩余劳动力的发展中国家所关注。固然，在发展中国家以直接方式的资本形成十分有限，也是关联效应一度在跨国公司理论中受到重视的一个原因。但是应该看到，在理论上对关联效应的肯定，是很多经济学家主张在发展中国家引进国际直接投资的一个出发点，同时也构成了国际直接投资增长发动机效应的理论基础之一。例如，赫尔希曼就是从他的关联效应理论角度，较多地看到国际直接投资对发展中国家的产业带动、就业等方面的积极影响。

根据发展经济学的理论，在经济发展过程中，存在着两种诱导机制直接

对产业部门之间的经济关系发生作用：

1. 后向关联效应。后向关联效应是指每一非初始经济活动将引致国内生产部门产生向其提供所需投入的意图。[①] 简言之，后向关联指的是一个产业从哪里得到它的投入。第 j 个部门的后向联系可以用购买的中间投入品与生产总值的比率来计量，即：

$$LBj = \frac{\sum_i Xij}{Xi} = \sum_i aij$$

2. 产出利用，或前向联系效应。即利用某企业或产业的产出作为某种新生产活动投入的意图，这表明，产出并非只是满足最终需求，而是可用于其他部门作为中间品投入，从而一产业的产出可满足其他产业的生产持续需要，第 j 个部门的前向联系（LFj）可以用产业间需求对总需求 tt 率来计量，即：

$$LFj = \frac{\sum_i Xij}{Xi}$$

这里 Xi 是产业 I 的产业间需求 ΣXij 和最终需求的和，依照产业的后向和前向联系，或两者之和，可将各产业按顺序排序，从而显示出一个产业对其他产业的刺激程度的大小。

关联效应的重要性在于“理解经济发展中一事物如何导致另一事物……一个厂商或一种生产行为怎样能作为经济体系中的一个有效运行的单位而延续”（赫尔希曼，1984）。其中，后向关联比前向关联具有更高的重要性，“不仅在于第二产业反过来影响第一产业，而且还在于第三产业也反过来影响第一和第二产业”。当某种外来经济活动跨越了最小经济规模的“生产门槛”时，后向联系可以成功地引发更多的净资本形成。因此，即便跨国公司的国际直接投资活动只是聚集在某一“飞地”，对发展中国家经济也有积极意义，即便生产是处于最后加工阶段，通过后向联系，也可引致发展中国家中间产品制造和原料产品发展起来，这表明，后向关联在广度和深度上实际没有什么

① 赫尔希曼（1958）：《经济发展战略》，经济科学出版社 1991 版。

限制。基于这种分析，可以把后向关联可作为一种发展机制，通过一些产业建立或引进，实现一种“最大限度的后向联系效应及其相伴而来的资本形成”。

从关联效应理论出发，其一个必然的逻辑结果就是把国际直接投资看作一个东道国实施增长模式的一种有效途径。与此同时，关联效应，尤其是后向关联效应也被视为国际直接投资在东道国经济部门之间创造外部经济的一种方式，通过国际直接投资产生关联效应，成为赫尔希曼式的非平衡增长模式的一个必要步骤和机制过程。此外，之所以把国际直接投资看作资本形成的重要手段，还在于人们一般总是假定国际直接投资具有比本土企业较强的生存和发展能力，实质上把两类企业之间的不同之处作为一种质的差异来对待，进而假定二者对外部变化具有不同的反应机制。邓宁在“跨国企业与东道国资本”一文中肯定了这种假定在经济发展初期的合理性(1981)。这是因为，通过国际直接投资促进资本形成之所以重要，不仅在于国际直接投资对于弥补储蓄短缺，而且还因为跨国公司所提供的除货币资本外还有其他的构成成分，因此对处于工业化初期阶段的发展中国家而言，国际直接投资具有外部性，这种外部性之所以得以成立，既是因为工业化初期东道国企业发展不足，此时跨国公司进入还不会产生对本土企业替代效应；更重要的是，与当地弱小的企业相比较，跨国公司分支机构还有以下四方面的结构方面的差别：

1. 行为模式并非由自身决定，而是由母公司的利益取向决定；

2. 其经营活动在 定程度受到母公司的矫正和调整；

3. 在它们自身范围之外，能够通常以较低的成本获得各种资源，如知识与管理经验；

4. 由于在不同的国家市场中经营，它们在得到各种要素投入如劳动力、融资资金和技术方面的机会大大超过当地企业，同时，它们进入各种市场的机会也大于当地企业，而且，它们还能够跨越国界转移其中间产品。

以上几方面的几方面的结构特征表明，跨国公司在投资函数方面不同于当地企业，由此也决定了它们对东道国的宏观政策有更灵活的反应机制和适应能力，并且强于本地企业的资源配置能力。然而，这些分析只是从跨国公司角度看问题。事实上，通过国际直接投资的发生，进而在产业之间出现关联效应，产生间接的资本形成机制，是一个复杂的过程，涉及到多种相互关系。对此既要有一般分析，也要针对不同的国家进行特殊的历史和制度分析。[①]

二、国际直接投资资本形成中的关联效应障碍

在国际直接投资发展中国家资本形成过程中，通过国际直接投资产生的关联效应的范围是确定的，可定义如下：

1. 国际直接投资前向效应。前向效应是指跨国公司向东道国企业出售其产品，并作为这些企业生产过程的投入而产生的一种经济联系；

2. 国际直接投资后向效应。后向效应是指跨国公司向东道国企业购买其产品，并作为其投入品而产生的一种经济联系。

前者为发展中国家的经济提供了一种产出的供给，有利于当地企业克服生产过程中的瓶颈；而后者则创造了对当地产业的需求，从而刺激了当地产业的发展以及实质性的投资活动。根据以上的分析，对于发展中国家资本形成而言，后向关联效应更具重要性。同时，对大量的跨国公司在发展中国家从事国际直接投资的案例研究也表明，前向关联效应十分微弱。因此，我们把分析的重点集中在国际直接投资后向关联效应方面。

在现实的运行中，产业部门间关联效应是客观存在的，它表明了一种客观存在的产业之间的投入产出关系。一般而言，随着经济的发展，产业或部门间的关联程度便随之增强，与此同时，关联效应本身也会反作用经济增长。但是，这种递增的趋势建立在两方面的因素之上：其一，部门之间相互购买增加。随着新的部门增加和部门之间联系的密切，中间产品的交易范围和交易环节不断扩大和增多，从而使生产结构变得比以前更迂回了。从投入产出角度来看，这种部门之间相互购买，主要表现为投入产出之间广度和密度增加。其二，制成品投入对初级产品投入的替代。钱纳里等人的人口工业化模型表明，初级产品直接作为中间产品的使用数量将逐步下降，制成品的中间使用量将迅速上升。工业化越加速，这种替代趋势表现将越为明显。从而也

① UNCTC. 1992.《1992 年世界投资报告—跨国公司：经济增长的引擎》，对外贸易教育出版社 1993 年版。

可说明，处于低发展阶段的发展中国家，部门中产业间的关联程度不会太大。比如，在一些货币化程度不高的发展中国家，许多产品直接满足最终需求，或者是很多初级产品被直接用于出口，就谈不上有较高的关联效应。因此，“除了由初始资本所决定的资本和劳动的能力的程度外，跨国公司能否增大东道国资本存量，取决于东道国的环境”（邓宁，1981）。

根据我们在第三章对经济发展阶段与国际直接投资基本关系的研究，以及前面作出的分析，可以这样认为：在发展中国家，跨国公司或国际直接投资创造的关联效应的程度取决于东道国国内企业的发展阶段，取决于当地技能和技术的可得性，取决于东道国的制度及政府采取的政策，世界市场上需求和技术上的变化，以及由此而产生的对跨国公司的吸引能力。这一结论对于我们下一步的分析十分重要。发展中国家通过关联效应扩大资本形成的规模，这一过程中是否能顺利推进，关键仍在发展中国家自身的结构特征和要素累积程度，东道国政策和战略的选择，首先是以此为基础的，一般说来，关联效应引致资本形成是从两个层次上发生的，而处于低发展阶段的东道国从国际直接投资的利益主要来自于这两方面：

1. 跨国公司的国际直接投资活动扩大了对东道国产品或原料的购买，从而创造对当地产业和产品发展的需求；下表提供了日本的跨国公司对不同东道国地区和不同产业的采购情况。

从整体上看，日本跨国公司分支机构在投资地区采购比重是随当地经济发展程度而变化的。但是，在分析表中所体现的经济关系时，应该看到表中所列的地区是发展层次多元化的两个地区，一些国家仍处于劳动力推动阶段，而另一些国家的发展则已进入到劳动力——投资混合推动阶段；同时，从表中不可能看到日本子公司所采购的物资构成。然而，作为资源短缺型的国家，资源型原料的购买应当有相当的比重，从而真正的关联效应就会相对弱化。

表 4.5-1 1981 和 1988 年日本子公司按地区和产业统计的当地采购比重（占总采购的百分比）

产业	拉美		亚洲		亚洲新兴工业化经济体[①]
	1981	1988	1981	1988	1988
所有产业	28	30	29	44	43
制造业	48	51	52	47	50
食品	93	100	93	87	78
纺织	88	94	61	49	55
木材和纸浆	100	99	61	82	35
化学产品	69	94	57	60	69
钢铁	66	67	29	29	29
有色金属	31	100	73	69	83
普通机械	20	63	47	44	46
电器	27	50	45	44	46
运输设备	45	33	54	48	61

资料来源：日本通产省（1990 年）

注释：①香港、韩国、新加坡、中国台湾省。1995 年世界投资报告，350 页。对外经济贸易大学出版社，1996。

2. 在购买当地原料和制成品基础上，在发展中国家的国际直接投资将产生就业效应。一般情况下，跨国公司每创造一个直接工作岗位就可能间接产生一到两个就业机会。[①] 下表说明了跨国公司在东道国的间接就业创造的机制过程。

上述两方面的关联效应为东道国投入和劳务创造了前所未有的需求。在需求既定情况之下，由东道国经济发展阶段所决定的供给方面的反应能力，就成为制约关联效应到间接资本形成这一过程的约束因素。一般而言，这种反应能力体现在东道国的产业技术结构、固定资产结构和中间要素投入结构的系统性方面。从经济发展与结构演变的相互关系的一般性规律看，处于劳

① UNCTC：《1994 年世界投资报告》。

动力推动的发展阶段的国家和地区在以下几方面很难达到相对理想的水平。

表 4.5–2 跨国公司在东道国的间接就业创造效应

效应的类型	说　　明
垂直 上游（后向）联系	外国附属企业在其原材料、零部件以及服务等当地供应商处间接创造就业。
下游（前向）联系	外国附企业在其当地消费者（如分销商、维修代理商等）处间接创造就业。
水平 狭义	在那些与外国附属企业进行同一产业竞争的当地企业处间接创造（或减少）就业。
广义	在那些不与外国附属企业从事同一产业活动的当地企业处间接创造就业。
宏观经济上	外企工人或持股者的消费为整个东道国经济间接创造就业，而外企生产中进口成分的不断提高则会减少东道国就业。

资料来源：国际劳工局，1984 年。1995 年世界投资报告，284 页，对外经济贸易大学出版社，1996。

首先看产业技术结构。由于技术进步是时间的函数，它只会随时间推移不断发展，各产业之间尽管有技术差距，但总体的技术结构是随发展阶段的演进而变化的，由此也决定了各产业部门之间的投入产出系数在较长时间内也会相对稳定。因此，一般说来，技术结构是一个比较稳定的变量。而经验也表明，跨国公司采购水平是依国别技术水平而变化的。在亚洲，跨国公司在所谓新兴工业化国家的采购水平就高于其他亚洲国家，“跨国公司的本地采购程度必定受被采购国现有技术能力的影响”①。从而也说明为什么在发展程度低的国家不易从跨国公司的采购活动中得到一种关联效应，为发展所急需的资本形成过程进行得十分缓慢。

再看固定资产结构。在这里，固定资产结构具有广义概念，既包括机器设备及厂房等资本品在各产业的配置构成，也指各种社会再生产所必需的基础设施的配套及系统化。固定资产结构是一国产业生产能力的物质基础，从

① UNCTC. 1992.《1992 年世界投资报告—跨国公司：经济增长的引擎》，对外贸易教育出版社 1993 年版。

而代表着产业潜在生产能力，并且，在某种意义上，固定资产结构是社会范围内收益递增的物质基础。杨格曾经指出，一家厂商递增收益的增长，不仅要伴随其自身规模的扩大，而且还要伴随着该工业部门的扩大乃至整个工业体系的增大（1928）。发展中国家的固定资产结构对于通过国际直接投资形成资本的意义是双重的：对于初始的国际直接投资进入而言，它是一基本的前提条件；而对于间接的通过关联效应而形成资本，它是关联效应能够连续作用的基础。早期发展经济学家用不可分性（indivisibility's）概括强调固定资产结构的系统性，从一个侧面说明了形成固定资产结构的长期性。由于“跨国公司造成的产业关联关系的有效程度视当地条件而定”[①]，这样对于处于较低发展阶段的国家而言，固定资产结构既构成了增长的瓶颈，也成为外资难以产生较强的关联效应的原因之一。

最后，看中间要素投入结构。与上面两种结构不同，中间要素结构可视为短期内可变要素，但其变动的程度是受限制的。因为从长期看，中间要素投入结构是由产业技术结构和固定资产结构共同决定的，值得注意的是，中间投入要素的组成，如企业家才能、劳动者的素质与技能仍需一个长期培育的过程，并受一个国家经济社会总体发育程度的制约。企业家才能稀缺这种特征，往往会导致在发展初期出现瓶颈现象。从最一般的含义看，企业家才能就是把握市场机会和需求，并配置资源满足市场机会和需求的能力。企业家才能的含义也可延伸到很多管理方面的职能，如采购投入物、营销产品、处理各种财务问题、对雇员客户和供给商关系的协调管理，对生产过程的控制等方面。因此，发展中国家的企业家或企业家才能和累积程度，成为跨国公司判断区位优势最重要的一个标志。跨国公司的国际直接投资活动实质上就是为厂商特定资产在东道国区位加以运用，而这个过程是否对东道国有利或利益大小，在很大程度上都取决于东道国企业家或企业家才能的情况。在国际直接投资进入之后，无论是出现前向关联效应还是后向关联效应，若没有相应的企业家或企业家才能的供给，这一过程将难以为继。关于企业家在

① UNCTC. 1992.《1992 年世界投资报告—跨国公司：经济增长的引擎》，对外贸易教育出版社 1993 年版。

中间要素结构中的重要性，在东亚地区就可找到案例得以说明。

案例 1：世界银行的资料表明，在新加坡和中国台湾地区，外国企业逐步扩大了在当地采购比重；而且，新近加入的跨国公司的采购比例高于原先的国际直接投资，这充分说明当地供货能力在不断加强；而且，在这事实后面是国际直接投资与当地企业家的一种互为促进的关系：一方面，国际直接投资生产增长激发了当地企业家才能；另一方面，当地供应商的不断增加又吸引着更多的外国投资。①

案例 2：同样根据世界银行的资料，在印度尼西亚和马来西亚，跨国公司与当地企业之间只存在很微弱的技术、管理和资金联系，跨国公司与当地产业关联效应较弱，原因在于缺乏强大的企业家阶层。在这种情况下，跨国公司只能在邻国方可寻到合适的资源（UNCTC，1992）。可见，企业家或企业家才能的强弱，直接与发展中国家能够从国际直接投资中获得资本形成效应相关。而在发展的初期，东道国的企业家才能是十分有限的一种资源。

概言之，在劳动力推动的发展阶段，由于发展中国家自身的结构状态和工业化要素累积不足，不可能从国际直接投资中获得较强的关联效应。这种情况制约了国际直接投资从弥补储蓄、供给资本角度产生的增长推动。同时，在这一阶段，总体上国际直接投资不会构成发展的外部资源主体。

在本章中，我们讨论了经济发展的初期阶段——劳动力推动阶段的国际直接投资与经济发展之间的相互关系，可从以下方面概括：

1. 在这一发展阶段，经济发展的中心任务是通过资本形成把较多的劳动力从传统经济部门转移到工业化过程中来，资本形成的紧迫性和资本形成过程中企业的重要性，突出国际直接投资这一外部资源形式的特殊地位，以及融资金、技术、管理和市场的一揽子性质在弥补工业发展中的重要性。一定规模的并适应于这一阶段要素禀赋的技术为基础的国际直接投资符合发展的需要，并有利于推进工业化进程。因此，资本形成的需求强烈与国际直接投资有限供给成为这一阶段的一对特殊矛盾。

---

① UNCTC. 1992.《1992 年世界投资报告—跨国公司：经济增长的引擎》，对外贸易教育出版社 1993 年版。

2. 在这一发展阶段，尽管对国际直接投资存在需求，但国际直接投资的规模难以达到一种期望水平。由于这一时期发展中国家没有相当程度的人力资本与技术的积累，新古典经济学关于不发达国家资本数量少从而资本收益高的假说就丧失了客观基础，在现实经济中，国际直接投资很少进入到那些发展程度低的国家，经济发展阶段对国际直接投资作用的规定首先从外国直接投资进入的数量上体现出来。

3. 经济发展阶段对国际直接投资增长效应的制约也从间接的资本形成方式——国际直接投资关联效应体现出来。有限的国际直接投资进入，但通过国际直接投资的后向关联可以产生更大产业和就业带动作用，这是结构主义对国际直接投资增长效应途径的一种理论假设。然而发展中“国家缺乏改变其生产结构以满足变化着的内部和外部需求格局的能力”，以及来自于熟练劳动力、企业家和投资过程中互补性投入的供给，还有市场规模等方面因素，都形成了关联效应过程中的制约条件。在劳动推动阶段，试图以关联效应间接形成资本，其效果是十分有限的。

我们在这一章的前两部分对技术进步对劳动力的吸收机制作了分析，但后面没有把这种机制过程与国际直接投资联系起来，其原因在于：现实的资本形成总是“携带”着技术进步，在这一发展阶段国际直接投资数量和关联效应都十分有限的情况下，由国际直接投资产生的技术进步及相关影响自然也受到局限；只有当国际直接投资达到一定规模时，这一问题就会突出。因此，随国际直接投资而来的技术选择等问题我们将放在下一阶段的国际直接投资与经济发展中研讨。

第五章 劳动力—投资推动阶段（Ⅰ）国际直接投资与经济发展

在前面劳动力推动阶段的国际直接投资与经济发展之间关系研究中，我们的分析突出了这一阶段区位因素中的劣势。这种劣势决定这一阶段的发展中国家很难利用国际直接投资来推动本国经济的增长，而跨国公司则难以实现企业的所有权优势。传统的经济发展理论和跨国公司理论指出，在这一发展阶段的国际直接投资进入，一般均以资源开发为目的，由于缺乏关联效应产生的条件，这种以特殊资源的开发为目的国际直接投资极易产生飞地经济和二元经济强化现象。总之，经济发展阶段的差异性太大，导致了以国际直接投资为形式的国际间产业转移的困难，导致了以国际直接投资为诱导机制的资本形成的困难。本章分析新的一个发展阶段—劳动力和投资共同推动的混合阶段中国际直接投资与经济发展之间的相互关系，重点在于国际直接投资与发展中国家的技术进步问题，这种重心的转移符合一个典型的刘易斯或经济发展过程中各个阶段的矛盾转换规律。资本形成是经济发展初期的中心问题，随着发展中国家生产贸易的增长，储蓄的累积，利用金融体制动员资金能力的加强，资本短缺得到缓解，有效使用资本的即对技术的需求和供给的矛盾则突出了"资本的有效使用取决于技术的日益进步"。[1]刘易斯曾经认为，只要技术是按要求引进的，资本形成就迅速扩大而无具体限制（1955），但现代跨国公司技术转移行为肯定悖于这种假设。在第五章中，我们首先概括这一发展阶段的结构特征和要素累积程度，然后转入分析这一发展阶段的前期阶段，即阶段（Ⅰ）的国际直接投资技术转移的需求模式、跨国公司技术转移行为与结构特征的矛盾，从而强调通过国际直接投资获得技术进步的条件。

---

① W·阿瑟·刘易斯（1955）：《经济增长理论》，上海三联书店1990年版。

第一节　劳动力——投资推动阶段的结构特征

劳动力—投资推动阶段是一比较长的历史时期，正在积累资本和熟练劳动力的发展中国家，基本都处于劳动力—投资推动阶段。但是，这种资本和熟练劳动力的积累的进行发生在"起飞"之后的阶段，与发展初期的要素积累有很大的差异。这一阶段，类似地等同于邓宁在国际直接投资周期理论中划分的第二阶段，即人均国民生产总值为 400 ~ 2500 美元的发展阶段。也相当于钱纳里经济发展的第二至第四个时期。从大量的国际经济发展比较的文献中可以看到，这一发展阶段是经济结构和各种要素积累比例变动最活跃的时期，其推动力来自于各国的工业化进程。这一阶段的结构特征和要素特征是什么呢？我们将引用以下各表分别对这一阶段的经济结构、要素使用及变动作出说明。

经济发展是一个结构全面转变的过程。但是，在这个过程的不同阶段，结构变动的速率是不同的。根据钱纳里等人的研究，从不发达经济过渡到成熟的工业经济，可分成六个时期，每个时期由人均国民收入为基准，这六个时期的分段如下：

第一时期：人均国民收入 140 ~ 280 美元；

第二时期：人均国民收入 280 ~ 560 美元；

第三时期：人均国民收入 560 ~ 1120 美元；

第四时期：人均国民收入 1120 ~ 2100 美元；

第五时期：人均国民收入 2100 ~ 3360 美元；

第六时期：人均国民收入 3360 ~ 5040 美元。

钱纳里等人认为，从第二个时期到第四时期，属于传统工业化时期，无独有偶，钱纳里传统工业化这一阶段与邓宁的国际投资周期理论中的第二阶段是吻合的，这从一个侧面表明，这一发展阶段有着一些内在的共同点值得人们注意。在这一发展阶段，人均收入水平、GNP 结构和就业结构的平均水平如下表所示。

表 5.1–1 人均收入水平、GNP 结构和就业结构

	400 美元	600 美元	1000 美元	2000 美元
第一次产业占 GNP 比重	26.7	21.8	18.6	16.3
第二次产业占 GNP 比重	25.5	29.0	31.4	33.2
第三次产业占 GNP 比重	47.8	49.2	50.0	50.5
劳动力在第一次产业中的比重	43.6	34.8	28.6	23.7
劳动力在第二次产业中的比重	23.4	27.6	30.7	33.2
劳动力在第三次产业中的比重	23.0	37.6	40.7	43.1

资料来源：李长明：《产业结构与宏观调控》，《数量经济与技术经济研究》1994 年第 12 期。

表中的数据表明，在这一发展阶段就业结构和国民生产总值在三次产业间分布符合库兹涅茨总结的结构变动规律，即：（1）第一产业实现的 GNP 在整个 GNP 中的比重同第一次产业劳动力在全部劳动力中的比重一样，处于不断下降之中；（2）第二次产业的国民生产总值相对比重，处于上升趋势，第二次产业劳动力相对比重同样保持上升势头；（3）第三次产业劳动力相对比重和其在国民生产总值中相对比重均呈上升趋势，但前者略慢于后者。这种对应性的结构变化表明，在传统工业化阶段，经济发展取得了根本性的结构质态进展，一种主要由农业部门提供人均国民生产总值的经济结构，已经转变为主要由工业部门提供人均国民生产总值的经济结构。但结合论文的主题，我们更关注这一阶段的增长要素的变动情况。表 5.1–2 是塞尔昆的多国模型中所反映的每一单位总产出的劳动和资本需求。从中可见，从人均收入 280 美元到 2100 美元阶段，单位产出所需的资本数量和每 100 万美元产出所需的工人数量。

表 5.1–2 多国模型中每一单位总产出的劳动和资本需求

部　门	人均收入（美元）				
	140	280	560	1120	2100
资本系数（单位产出所需的资本数量）					
农　业	1.00	1.20	1.44	1.72	2.03

续上表

部门	人均收入（美元）				
	140	280	560	1120	2100
采矿	0.70	0.86	1.06	1.31	1.58
制造业	0.63	0.66	0.69	0.71	0.74
食品加工	0.45	0.45	0.45	0.45	0.45
消费资料	0.70	0.70	0.70	0.70	0.70
生产资料	1.00	1.00	1.00	1.00	1.00
机械	0.65	0.65	0.65	0.65	0.65
社会基础设施	4.30	3.88	3.50	3.15	3.00
服务业	1.30	1.27	1.24	1.21	1.19
资本产出率 (K/X)	1.44	1.45	1.43	1.37	1.32
资本附加价值率 (K/V)	2.17	2.34	2.43	2.43	2.40
劳动系数（每 100 万美元产出所需的工人数量）					
农业	3610	2150	1280	685	300
采矿	2100	917	400	175	84
制造业	678	343	167	85	45
食品加工	280	168	98	63	42
消费资料	1155	540	252	126	70
生产资料	770	315	133	57	28
机械	980	413	175	76	35
社会基础设施	840	470	260	140	84
服务业	890	590	385	252	160
参与率	0.352	0.388	0.419	0.426	0.400

资料来源：钱纳里等《工业化和经济增长比较研究》，上海三联出版社 1989 年版，316 ~ 317 页。

表中数据表明，在这一发展阶段，每单位产出所需的资本数量在大多数产品中相对稳定，略呈上升趋势；社会基础设施资本系数呈较快下降趋势，从而导致总体平均资产系数略有下降。而每 100 万美元产出所需工人数量则呈快速下降之势。为了进一步说明这一阶段的要素使用情况，我们利用表 5.1–3

引用了塞尔昆（Syrquin，1986）的多国模型中要素增长率的数据。

表 5.1–3 增长要素对产出的贡献率

时期	人均收入（美元）	部门	年增长率 (%)		对产出增长的贡献 (%)				
			产出	全要素生产率	全要素生产率	资本	劳动	土地	资本弹性
0	100—140	农业	2.98	0	0	39	47	14	0.40
		采矿业	4.31	0.75	17	54	29	--	0.50
		制造业	5.36	0.53	10	59	31	--	0.60
		社会基础设施	4.15	0.72	17	48	35	---	0.50
		服务业							
		总数	3.81	0.44	11	48	36	5	0.47
1	140—280	农业	3.90	0.11	3	48	41	8	0.40
		采矿业	5.51	0.90	16	56	28	---	0.50
		制造业	5.65	0.91	16	54	29	---	0.54
		社会基础设施	5.36	0.88	16	57	27	---	0.60
		服务业	4.97	0.69	14	44	42	---	0.45
		总数	4.80	0.72	15	49	34	2	0.47
2	280—560	农业	3.92	0.23	6	58	30	6	0.43
		采矿业	6.50	1.43	22	57	21	---	0.50
		制造业	6.79	1.61	24	51	25	---	0.51
		社会基础设施	6.19	1.41	23	54	23	---	0.58
		服务业	5.80	1.20	21	39	40	---	0.40
		总数	5.67	1.40	25	47	27	1	0.46
3	560—120	农业	3.53	0.86	24	68	8	---	0.46
		采矿业	7.26	1.81	25	59	16	---	0.50
		制造业	7.57	2.11	28	47	25	---	0.46
		社会基础设施	6.59	1.96	30	50	20	---	0.55
		服务业	6.28	1.66	26	34	40	---	0.35
		总数	6.30	2.28	36	43	21	---	0.43

资料来源：钱纳里等《工业化和经济增长的比较研究》，上海三联出版社 1989 年版，第 333 ~ 334 页。

从增长要素在不同收入阶段贡献率看，在发展初期，资本和劳动的作用较大，全要素生产率贡献较低；但随着收入增长到较高水平，这种情况发生了变化，即资本和劳动作用递减，而全要素生产贡献率上升。总之，在人均收入 2100 美元之前的发展阶段，劳动力与资本投入，一直是一国经济增长的主要因素。那么，处于这一发展阶段各种产出和投入增长率如何呢？我们进一步引用多国模型中的一些数据

表 5.1-4 多国的总产出和总投入的增长率

时期	初始年价值			年增长率（百分比）					劳动生产率	时间间隔长度	阶段
	人均收入	净投资份额	ICOR	人口	人均收入	附加价值	资本	劳动			
0	100–140	s	2.20	2.55	1.26	3.81	3.90	2.56	1.25	27	I
1	140–280	10	2.30	2.78	2.02	4.80	5.03	3.06	1.74	35	I
2	280–560	13	2.42	2.50	3.17	5.67	5.84	2.85	2.82	22	II
3	560–1120	15	2.45	2.20	4.10	6.30	6.29	2.30	4.00	17	II
4	1120–2110	16	2.40	2.00	4.58	6.58	6.52	1.81	4.77	14	II

资料来源：钱纳里等《工业化和经济增长的比较研究》，485 页，上海三联出版社 1989 年版。

一个十分明显的趋势是，随着人均收入从低水平向高水平移动，净投资额、人均收入、附加价值、资本、劳动生产率的年增长率均趋向于上升；而人口、劳动力增长率则放慢，显示出工业化时期的一般特征和规律。

上述分析及引用的数据对于我们分析劳动力——投资推动阶段的国际直接投资问题有很重要的意义。这是因为，以上无论从哪一方面来看，都表明处于这一发展阶段的国家，是跨国公司从事直接投资的重要对象。

第一，处于这一发展阶段的国家和地区，具有吸收和利用外国直接投资的国家层次上的潜力。国家层次上存在的潜力体现在两个方面：（1）发展水平（以人均国内生产总值衡量）、市场规模（以国内生产总值或人口衡量）和市场成长（按不变价格计算的国内生产总值增长速度）等因素是跨国公司

区位决策中的显性决定性因素。[①] 处于这一发展阶段的国家，通过不同的发展途径和工业化战略，经济生活中已具备库兹涅茨所强调的现代经济增长六个方面的特征。[②]

尽管各国自然禀赋不同，社会经济制度不同，但进入现代经济增长之后，其发展过程必然是同一的（见图 5.1–1，石川滋发展过程模式）。在这样一个大的主流趋势作用之下，发展水平、市场规模和市场成长的递增态势成为吸收更多国际直接投资的潜力。（2）处于这一发展阶段的增长要素的累积，也达到一个足以便利跨国公司从事国际直接投资的程度，如自然资源的可得性、基础设施的完备及质量、劳动力的熟练程度等都较之劳动力推动阶段有很大提高，从而国际直接投资的吸收能力也处于提升过程中。

第二，处于这一发展阶段的国家，普遍存在部门和产业层次上吸收和利用国际直接投资的潜力。这种潜力体现在初级产品行业开发的经济可行性；制造业方面的后向关联优势；劳动力的低廉以及市场准入方面的优惠条件。部门和产业层次上的潜力还体现在第三次产业的发展而产生的对外国直接投资的需求，这一发展阶段的一个特征是大规模的基础设施建设，从而也产生了利用国际直接投资的需求与可能。

第三，处于这一发展阶段的国家，在企业层次上也存在吸收和利用国际直接投资的潜力。由于增长要素的累积，产业之间、部门之间的结构协调能力进一步改善、企业经营的外部环境和政策风险降低，各种投入要素贡献率开始趋向一个稳定状态，一个平均化企业的利润率机制已形成，从而有利于保证国际直接投资的投资收益率的实现。

---

① UNCTC：《1995 年世界投资报告》。
② 库兹涅茨（1971）：《各国的经济增长》，商务印书馆 1999 年版。

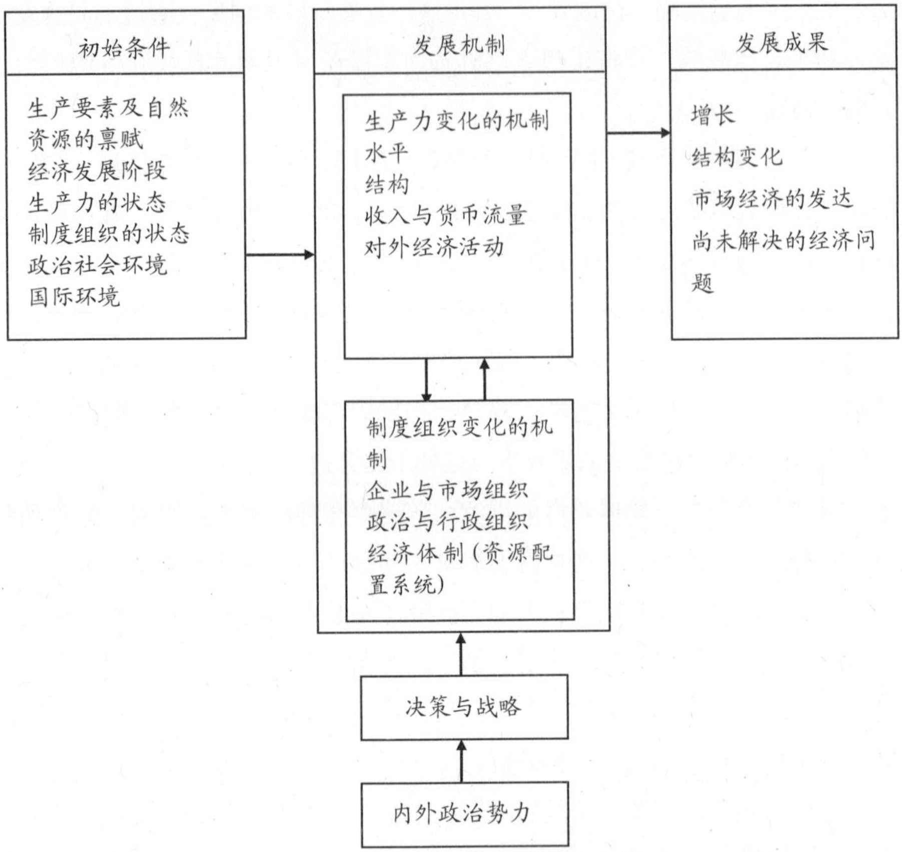

图 5.1-1 发展过程模式

资料来源：石川滋《发展经济学的基本问题》，经济科学出版社 1992 年版。

在劳动力——投资混合推动阶段，由于发展中国家经济处于从起飞转折点向工业化阶段演进，结构变动和要素累积的方向和程度均有利于东道国区位优势的增强，从而在国家、产业和企业的不同层次上对国际直接投资的吸引力也随之增强。处于这一发展阶段的东道国面临的问题是如何有效地从国际直接投资中获得一种经济增长中的短缺要素，弥补自身的比较劣势，形成一种竞争力和收益递增的发展机制。这里包括两方面关系：一是处于这一发展阶段的国家如何使闲置的或效率不高资源进入到充分利用状态；二是在国际经济环境之下如何缩小与发达国家之间的生产率差距，二者都涉及到技术进步问题。

其实，发展中国家的主要矛盾从资本短缺让位于技术的短缺，这种变化很大程度上是由经济发展过程中要素增长率规律所决定的。技术的进步，一方面体现在新的产品和产业的出现上，更重要的是体现在利用资本和劳动的效率方面，即全要素生产率的变化方面，表 5.1–3 中的数据表明，全要素生产率的作用是与发展阶段并行不悖的。人均收入越高的阶段，由广义的技术进步决定的全要素生产率的贡献率就越大。因此，发展中国家的阶段升级，建立在劳动、资本到技术的贡献份额的依次替代速度。

然而，应当看到从人均国民收入 140 元到 2100 美元是一跨度极大的时期，分阶段的结构变动及性质差异很大，从而会导致问题的分析缺少针对性。为了避免这种情况发生，我们首先把劳动——投资推动这一过程分为程度不同的两个阶段。在下面的分析中，我们首先以劳动——投资推动的先期阶段即阶段 I 为分析重点，到下一章再转入对阶段 II 的国际直接投资进行研究。

第二节　劳动——投资推动阶段的国际直接投资与技术发展

一、劳动—投资推动阶段的技术缺口

现代经济增长的本质就在于实用的知识存量的增加以及知识运用范围的不断扩大。从历史上看，技术的进步和社会制度方面的创新都是在不同的国度中发生的。因此，所有国家的经济增长，都是在某种程度上依赖于对国外的知识存量的成功利用。换言之，任何一个国家的现代经济增长，实际上都与成功的技术国际转移联系在一起的；而国际经济则通过两条途径促成了经济增长：其一是提供了国际专业化的机会；其二是充当了在国际之间传播技术或利益的机制。然而，在看到现代经济增长一方面是在国际间相互依赖关系中发生的同时，也应当注意到在一定的时点上，国际间技术转移具有明显的单向性，即，工业化国家是主要的技术生产者或传输者，而发展中国家主要是技术的接受者或消费者，认识这一点，对于我们下面的分析是十分重要的。

根据经济发展中总量与结构变化之间的相互关系，一旦越过人均国民生产总值300美元这一转折点之后，一国的经济便处于结构变动相对剧烈的时期，相对地，对包括管理知识在内的技术要素需求也就随之扩张，其重要性也日益明显。除了表现为技术递增导致全要素生产率上升外（见表5.2–3），技术进步成为劳动力转移和吸收的重要基础（见第四章相关内容），其作用程度与资本积累作用难以区分。应该看到，在这一阶段，增长过程的实质是非熟练劳动力从生产率低的自然经济部门转移出来，并与熟练劳动力相结合，为现代部门所雇佣。

在这一过程技术的作用究竟如何？“现代部门由于在利用现代技术的新资本品上的投资，正在不断扩展。在能够从传统部门中获得非熟练劳动力的充分供给，并且教育体系能造就熟练劳动力的充分供给时，增长过程便能奇迹般地维持在6%以上的水平。……因此，技术进步是投资过程统一组成部分，……是经济增长必不可少的条件”。但是，随着技术的重要性递增及对技术的需求上升，由经济发展阶段差异所决定的技术缺口（差距）也就随之凸现出来。因为“……持续增长是因为以知识储备的增加为基础的技术被大量应用和这种知识储备进一步增加之间的相互作用造成的”。[1] 因此，发展中国家知识储备不足，必然有一技术缺口问题。技术差距是国与国之间经济发展不平衡所导致的历史结果。对于后发展国家，技术差距或技术缺口的存在对其经济发展具有双重性。

技术缺口或差距的积极意义在于，“越迟进入现代经济增长阶段的国家，其初期发展速度一定越高，因为时代越迟，技术资源越丰富，选择性就越大”[2]。而按照后发优势的理论，发展中国家的技术差距的存在，更多地表现为一种赶超的机会，尽管发展是要付代价的，但后发优势总的倾向是强调其积极意义。但是，我们会发现，现实的国际竞争态势已充分表明，对于处于低发展阶段的国家而言，面对工业化国家的技术优势，更重要的影响在于技术差距对经济所产生的压力，即技术和实用知识方面的压力，这种压力表现为一种

① 西蒙·库兹涅茨（1966）：《现代经济增长》，北京经济学院出版社1989年版。
② 西蒙·库兹涅茨（1966）：《现代经济增长》，北京经济学院出版社1989年版。

技术和实用知识的赤字，从而反映在国家的竞争力上，反映在贸易条件恶化，最终反映在一个国家的国际收支的账面上赤字。一般认为，压力的大小是与发展中国家进入现代经济增长行列的时间有关。这正如库兹涅茨十分敏锐所指出的，“……目前迅速增长的实用知识领域和技术社会变化领域从一个阶段到一个阶段地不断改变，那么国家进入现代经济增长过程的时间，会引至一个知识和技术进步的特殊时期：在现在利用知识和技术要比过去更具有适宜性和紧迫性”[①]。发展中国家由于经济落后之故，需要利用技术和知识的压力就大。显然，如果纯粹从后发优势出发，不看到劣势有循环的可能性，不看到较早进入新技术系统是追赶过程能否成功的决定因素，那是十分片面的。正因为如此，我们必须看到差距到达一定程度之后，就会有一个质变的转折点，正如欧洲与美国之间的技术缺口不能与工业化国家和发展中国家之间的技术差距同日而语，前者所面临的是相同的科学与技术需求而言的差距，而后者之间的差距是“如此之大以致于难以弥合”，二者对科学和技术的需求已经不是在同一层次上的需求了。在表 5.2–1 中，提供了六个工业化国家的十二个部门的显示性技术优势指数，各国之间的技术差距是一种部门间竞争能力的体现，指数大于 1，表示在这一领域拥有技术优势；而指数小于 1，则表示处于相对技术劣势。

表 5.2–1　12 部门显性技术优势　1972 - 1982 年

	美国	西德	英国	法国	意大利	日本
1. 食品	1.09	0.60	1.12	0.83	0.70	0.96
2. 化工	0.91	1.17	1.04	1.04	1.29	0.89
3. 金属	1.08	0.89	1.02	1.08	0.85	0.81
4. 机械	0.97	1.10	0.96	0.96	1.18	0.79
5. 电器	1.01	0.85	0.98	1.09	0.82	1.30
6. 汽车	0.93	1.19	0.99	1.03	0.82	1.10
7. 其他运输工具	1.01	1.07	1.27	1.31	0.85	0.88
8. 纺织	0.92	1.23	1.24	0.92	0.79	0.94

① UNCTC：《1995 年世界投资报告》。

续上表

	美国	西德	英国	法国	意大利	日本
9. 橡胶	1.01	1.06	1.09	0.96	1.06	1.11
10. 非金属矿产	0.99	0.85	1.42	1.06	0.71	1.00
11. 煤与石油	1.32	0.64	1.36	1.42	0.66	0.72
12. 其他制造品	1.05	0.85	0.88	0.85	0.77	1.21

资料来源：Cantwell, J.A.. 1989. Technological Innovation and Multinational Cororations, Oxford. Blackwell.

后一种技术差距即工业化国家与发展中国家之间的技术差距，我们可以用两类不同国家之间研究与开发在国内生产总值中所占比例间接表示，因为研究与开发是技术创新的重要组成部分。表 5.2–2 中数据表明，在经济发展水平处于领先情况之下，工业化国家研究与开发支出比例仍大大高于发展中国家，从而形成了技术差距长期存在的基础。

表 5.2–2 部分国家研究与开发占国内（民）总产值比例

工业化国家	百分比	年份	发展中国家和地区 *	百分比	年份
加拿大	1.3	1989	阿根廷	0.5	1988
法国	2.3	1989	巴西	0.4	1985
西德	2.6	1989	墨西哥	0.6	1984
意大利	1.3	1989	印度	0.9	1986
日本	2.7	1989	印度尼西亚	0.2	1988
荷兰	2.1	1989	韩国	1.9	1988
瑞典	2.9	1989	马来西亚	Na	Na
瑞士	2.9	1986	泰国	0.2	1987
英国	2.4	1988	中国台湾	Na	Na

资料来源：《92 世界投资报告》（UNCTC，1992）145 页，对外经贸大学出版社，1993。

*：发展中国家和地区的开发与研究是占国民生产总值（GNP）中的比例。

从表 5.2–2 中的数据可以看到，在发展中国家，越是处于发展阶段低的国家，其开发与研究在国民生产总值中所占比例越低，从而决定了不可能依靠自身的力量改变技术方面的差距。另一方面，在发达国家中，“跨国公司在其母国的研究与开发占了研究与开发支出的大部分，因此成为全球技术进步的领头人”[①]。因此，工业化国家和发展中国家之间的技术差距，在很大程度上不过是发展中国家和跨国公司之间的技术差距的一种反映。

应该看到，自从技术差距理论提出来后，其积极意义方面被过分强调了。在很多文献中，技术差距的存在，甚至成为技术赶超或经济赶超的出发点。事实上，这需要一系列的前提的存在。同时，由于跨国公司在国际技术转移和传播中充当了三方面的角色，即新技术的主要生产者，技术创新主体和技术扩散的载体，发展中国家不得不注意到，跨国公司在推动东道国技术进步过程中的作用的重要性也日益明显化了。因此，关键最终落在技术应用问题，即外部技术来源对发展中国家的有效性和代价问题，这又在很大程度上取决于技术引进国的发展阶段和由此决定的技术吸收能力。从此出发，一些经济学家发展了适度技术差距或适度技术缺口概念（Optimal technological gap），其基本含义就是一种能够保证技术转移和吸收过程得以进行的一种差距程度。而且，我们从国际技术转移过程也可以发现，处于劳动力——投资推动阶段的发展中国家，通过自身结构变动和要素积累，把差距调节到适度水平，已构成从跨国公司的国际直接投资获得技术转移的利益的一个基本条件。

一、国际直接投资技术转移与适宜性

跨国公司通过国际直接投资进行的技术转移的适宜性，一直是跨国公司理论文献和发展经济学中一个争议很大的论题。这一问题首先涉及到适宜性技术的定义，即究竟什么是适宜性技术？关于这一问题，体现在两个方面，利用转移的技术生产的产品适宜性和使用要素的适宜性。从后者出发，主要有以下两种定义和两种思路：

——所谓适宜性技术是指在一确定环境条件之下能使可获得的资源最佳使用的技术。就每一具体的项目或过程而言，如果在影子价格条件下，它是

① UNCTC. 1992.《1992 年世界投资报告—跨国公司：经济增长的引擎》，对外贸易教育出版社 1993 年版。

一种社会福利最大化的技术。一般而言，在劳动力剩余的发展中国家，它是指利用更多的非熟练劳动力的技术（Morawetz，1974）。

——所谓适宜性技术，就是那种能产生最大利润的技术。在人均劳动力资本很少但同样利润率很低的情况下，适宜性技术，并非是那种劳动密集型的技术，劳动密集型从来没有被证明过是成本最小的技术……因此，从效率和可持续长期增长和发展的角度看，只有那种能够获取利润的技术，才是适宜性技术（Pack，1981）。[1]

这是两种完全截然不同的定义。前者主要以要素比率作为衡量技术适宜性的尺度。但是，相对要素价格在适宜性决定中的作用并不清楚，有时只能借助于影子价格的概念；后者的基础是获取利润的能力，这种观点可以追溯到熊彼特那里，他曾经指出，在特定的时间，每一种生产的方法必须服从于经济的适宜性（1954）。关于什么是技术适宜性的争论，并不是学者们坐而论道的一个纯学术问题，而是集中反映了发展中国家内部发展目标之间的冲突，跨国公司企业目标和东道国经济发展目标之间的冲突。在劳动力——投资推动阶段，它涉及到引进什么类型的技术对经济发展最为有利的现实问题。

从劳动力——投资推动阶段的经济发展水平、市场规模和市场成长状况看，以及增长要素的累积情况看，已经具备了一定规模国际直接投资进入的潜力。但是，就发展中国家内部结构和要素比例情况看，劳动力转移过程并没有完成，从而在要素价格上反映出来的是资本昂贵和劳动力便宜，大量廉价的非熟练劳动力仍然是处于劳动力——投资阶段的最重要的比较优势，在对外贸易产品构成中体现出的显性比较优势（RCA）就充分说明了这一点。由此出发，很多发展经济学家认为国际直接投资只有在充分利用这种比较优势才具有发展效应（Singer and Ballance，1982），进而主张国际直接投资的技术不应当是资本密集性的，而是一种能与廉价的非熟练劳动力相结合的技术。这一主张的另一派的观点是从发展的紧迫性角度提出的。“要素比例问题对发展中国家十分重要……如果跨国公司把资本密集型技术引入这些国家，就会严重限制那里的劳动力可吸收的程度。然而，大规模的低就业和失业或

① Ahiakpor, Jamas. 1990. Multinational and economic development, UNCTAD.

许是发展中国家面临的最主要问题。过分引进资本密集型技术还可能有其他不利的影响：加剧收入不平等……”。[1]关于东道国在特定的劳动力剩余条件

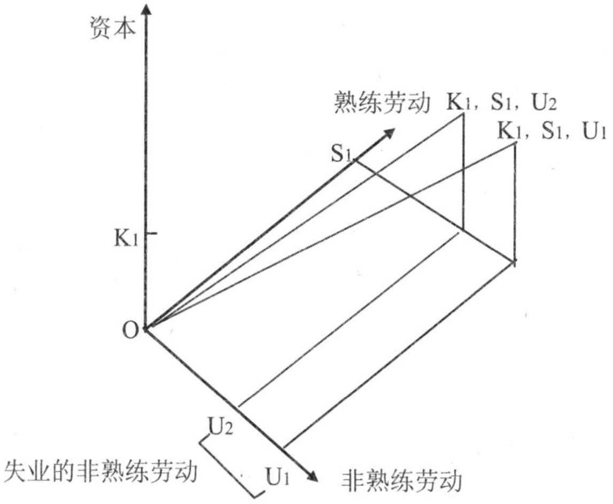

图 5.2-1 要素比例与技术适用性

下的国际直接投资技术适用性，我们可以借用下图形象地说明了问题。

假定有三种生产要素——资本（K）、熟练劳动（S）和非熟练劳动（U）。从 O 到 K_1、S_1、U_1 的对线表示在特定时期的要素可得性。从理论上讲，具体的国际直接投资项目应使三种要素得到充分利用。但是，如果该项目使用不适用的技术，例如资本和熟练劳动密集型技术，非熟练劳动就可能出现失业现象。图中，如果某种产品使用的要素投入组合以从 O 到 $K_1S_1U_1$ 的对线表示，那么 U_1U_2 量的非熟练劳动就会失业。在这种情况之下，国际直接投资的技术转移就被视为不适宜的。

关于国际直接投资引进的技术适宜性问题，引起了学术界旷日持久的争论。但是，只有在劳动力——投资混合推动环境之下，这种争论的政策含义尤为强烈。在这一阶段，伴随结构的急剧转变，产生了外部资源的较大需求。

① Hood, Neil and Yung, Stephen. 1979. The Economics of Multinational Enterprise. London & New York, Longman, 1979.

争论实际上只表明一个主题，即在这一发展阶段国内资本品生产部门缺乏的情况下，国际直接投资技术选择受到国内外两方面的约束或限制：跨国公司带进的国际直接投资要素组合高阶段性；东道国要素组合的低阶段状态；前者更多反映了节约劳动的倾向，而后者则更多出现劳动使用不足的状态。

但是，上述的举例纯粹从要素禀赋比例论证国际直接投资技术与丰裕劳动力资源结合的合理性，并且存在着暗含，即技术选择是东道国单方面拥有主动权，跨国公司是被动的，这一假定显然是悖于现实经济的。从接近市场现实的角度看，把生产的特点和企业获利能力结合起来考察国际直接投资技术适宜性，更具有经济的理性性质。事实上，即使存在自主选择国际直接投资技术的条件，在生产特点和企业性质基础之上，发展中国家技术选择方向也有可能向资本密集型技术倾斜。其一，发展中国家劳动力的相对货币价格虽然较低，但由于生产率低，每单位产出的工资成本耗费并不比发达国家低（Pack，1981）；其二，劳动密集型技术要求大量的技术工人，而资本密集型技术则要求大量的技术中等的工人承担日常生产任务。在技术（熟练）劳动力短缺条件下，资本可以替代技术工人；其三，鼓励利用劳动力这一充裕生产要素，可能导致效率与发展之间的矛盾、现期消费与未来消费水平之间的矛盾。发展中国家如果对提高现期就业和消费水平的评价越高，就倾向于引进劳动密集型技术[①]；而对未来的产出或增长评价较高，就会重视资本密集的生产方式的技术；其四，发展中国家出于长期战略考虑，热衷于优先建立需要采用高度进步和复杂技术的资本密集型工业，在二元经济情况之下，对资本密集型技术偏好是“节省资本的极为正常途径的偶然结果”[②]，我们以下图说明了为什么赫尔希曼认为在两种成本条件下选择资本密集型技术反而是相对节约的生产方式：

① A·P·瑟尔瓦尔（1983）：《增长与发展》，中国人民大学出版社1992版。
② 赫尔希曼（1958）：《经济发展战略》，经济科学出版社1991版。

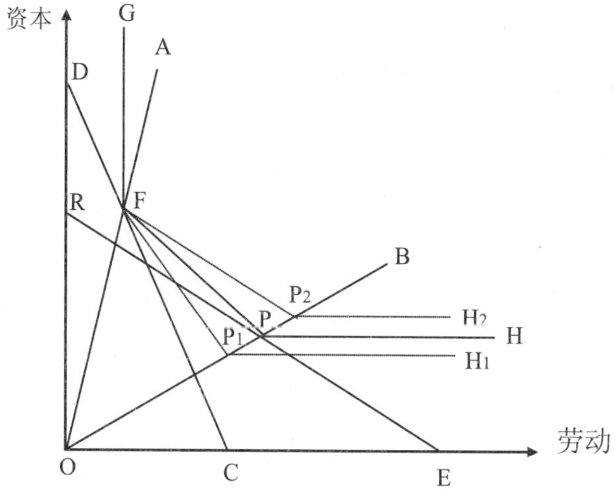

图 5.2-2　两种成本条件下的技术选择

图 5.2-2 中，横坐标代表劳动投入，纵坐标代表资本，二者都以实物单位计算。我们假定工资与资本费用有两种不同的水平，因此等量劳动与资本的费用，在工业部门与传统部门并不相同。为了便于论证，假设生产同一商品，有二种方式可供选择：工业部门所采用的方式资本较为密集，而且必须使用“昂贵的”劳动和“低廉的”资本，其扩展途径为 OA；传统部门则采用劳动密集的生产方式，使用“低廉的”劳动和“昂贵的”资本，其扩展途径为 OB。现在，我们将划出一条代表劳动与资本不同组合的常数支出线，以表述我们所说的二元性状况。假设 DC 为工业部门生产过程的常数支出线，设传统部门的劳动费用与资本费用分别为工业部门的 50% 和 150%，则我们可以推导出传统部门生产过程相对的常数支出线 RE，即：使 CE 等于 OC，OR 等于 RD 的 2 倍。

基于这些假设，DC 线和 RE 线上的每一点上，劳动与资本的各种组合，都需要相同的支出，DC 线为工业部门的情形，RE 线为传统部门的情形。如采用工业方法生产，在这一支出水平下，其可能的产量为 OF；如以传统方法生产，则在同样的支出水平下产量为 OP。如果 OF 产量正好等于 OP 产量，即如果固定产出线为 GFPH，那么，不论采用什么方法，其产量都将不分上下。而另一方面，如果通过 F 点的固定产出线为 GFP_1H_1，则传统生产方法将因成本低廉而被采用；而如果固定产出线为GFP_2H_2，则在同样的产出水平上，采取劳动密集的生产方式要比工业方法更为昂贵，因此，后者被采用。

因此，资本密集型的技术选择倾向，并非只是跨国公司的行为趋向，在很多情况下，东道国自身也有寻求资本密集型技术的强烈动机。从而产生了一个新的问题，即，如果东道国自身就已经存在对劳动节约型的技术需求，如何判定适宜性问题？一种可能的解释是，在发展中国家增长要素积累到一定程度之后，会产生从一般比较优势到寻求动态比较优势的冲动，技术选择的准则由此也会发生转变，假如还有技术适宜的尺度决定问题，合理的解释是把适宜性与动态比较优势，或竞争优势结合起来考虑。事实上，东亚各个国家和地区的技术模式就与其选择基准相关，对东亚经验的总结与分析，也肯定了技术选择与动态比较优势结合的益处所在。

除了上述考虑的因素外，发展中国家从国际直接投资中转移技术的适宜性，是否应当与东道国技术吸收能力和选择能力结合起来考察，也是值得我们分析的问题。对这一问题的觉察与重视，实际在曼斯菲尔德的“技术与技术变化”一文中已见端倪（1974）。大多数从要素比例角度讨论技术适宜性的观点更多从劳动力要素数量方面考虑，而较少数谈到劳动力素质在技术吸收、扩散和选择方面的决定性作用。“发展中国家缺乏一种技术能力能够对适应技术产生影响”（Mansfield，1974）。只有当劳动力素质从各方面提高，技术的适宜范围才会扩大。在劳动力素质相对高情况下，技术的引进会激励学习机制的产生，因此，“外在化技术转移对增长的作用在很大程度上取决于当地企业家作出正确选择和有效地使用获得的技术以及不断改造、创新的能力”[①]。即是说，发展中国家自身条件的进步，就能在更大范围和更深程度上适应跨国公司技术。

同时，我们还应该看到，从获利能力角度判断技术适宜性观点，有其合理内核。这是因为，只有那种能够从其使用中获利的技术，才有可能持续地用在东道国的其他要素上，从这过程创造的利润方可产生更多的再投资，并

① UNCTC. 1992.《1992年世界投资报告—跨国公司：经济增长的引擎》，对外贸易教育出版社1993年版。

将有助于东道国最为丰饶资源的开发与使用。[1]这种分析思路，与刘易斯论证现代工业部门在发展过程中对剩余劳动力的吸纳作用，有很大的近似之处。

适宜技术论的主要理论依据是国际贸易中的要素禀赋理论，强调国际直接投资转移技术的类型应与发展中国家现有比较优势、或可用资源禀赋状况相一致。但相对较高的现有资源利用率如何与市场条件之下的资本或技术的回报率结合，一直是技术适宜论难以回避、却没有明确答案的难题。同时，适且技术论的静态理论特征，也是一很大缺陷。动态地看，一国的土地和自然资源禀赋基本是一给定的量，只会越用越少，而资本和劳动力资源则会随经济发展而逐步增长和积累。根据国际经济学中的罗勃斯基定理，在两种生产要素的条件之下，假定价格固定不变，一种生产要素的增长实际上会减少另一种要素生产的商品数量，即密集使用的增长要素的商品生产量会有较大地增加，而密集使用另一种要素的商品会绝对地下降。因此，如果国际直接投资对发展中国家所偏好的技术类型形成有效转移机制，会在很大程度上影响发展中国家要素禀赋构成朝着特定方向变化，而这种变化又会影响技术发展的方向和技术进步的程度。

由此我们可以得到的一个重要结论就是：在劳动力——投资推动的特定历史阶段，如果国际直接投资转移的技术偏向于劳动密集型，在初期可能有利于剩余资源的动员；但从长期看，资本和熟练劳动力在要素使用中比率过低，则会不利于这一阶段特定的结构变动效应的发生，从而迟滞技术发展和经济发展的过程。

第三节　劳动力——投资推动阶段的国际直接投资技术转移行为

一般认为，评价国际直接投资技术适宜性有三条衡量的准则。其一，国际直接投资使用的技术是否适应于发展中国家劳动力丰富和低工资的条件；第二，国际直接投资技术是否通过改造以适应于当地的条件；其三，国际直

① Ahiakpor, Jamas. 1990. Multinational and economic development. UNCTAD.

接投资引进的技术的使用单位的选择，即究竟是让跨国公司使用好，还是让当地企业使用更好一些。很明显，这些准则是以国际直接投资推动东道国经济发展为出发点的，其要素禀赋比例成为适宜性评判的主要依据，所要强调的是，“以市场为基础的偏好的实现，不能成为福利的最终尺度，对富国尤其如此……”[①]。然而必须看到，国际直接投资是跨国公司为主体的一种跨国投资行为，这一基本特征决定了在技术转移中跨国公司的投资行为很难与东道国发展目标相吻合。

首先，跨国公司是从全球范围内考虑生产要素的可得性，而不仅仅从单独某个发展中国家要素状况来考虑这一问题。一般说来，跨国公司与国际资本市场和金融组织的联系较东道国广泛得多，很少面临资本约束的瓶颈现象，因而在要素替代方面并没有十分强烈的以劳动替代资本的需求。

第二，同时也要看到，生产中使用的各种要素并非是同质的，跨国公司的资本密集型技术是以半熟练劳动力和高水准的人力资源使用相结合的一种特定模式，而劳动密集型技术主要大量使用熟练的和不熟练劳动力。然而，在大多数发展中国家，尤其是处于劳动力——投资推动前期阶段的发展中国家，熟练的劳动力相对短缺是一常态，跨国公司由此会倾向于使用那种只需少部分高级技术人员，而需要大量半熟练劳动力的资本密集型技术。对于投资决策而言，这是一种十分理性的选择。

第三，根据斯蒂沃特研究，“生产确定的物质产品，一般只有一种方法是最可行的”（Stewart，1972）。因此，产品的选择对于所采用的技术的选择更具决定性意义，技术选择也就转化为产品的选择；当跨国公司在东道国的生产产品一旦决定，技术选择就成定局，生产中使用的要素比例自然也就确定，从而技术使用选择的刚性进一步强化了。

第四，在跨国公司企业特有优势中，技术垄断和所有权控制是最重要的两个方面。跨国公司在发展中国家的国际直接投资必然充分发挥这两方面的优势。要求国际直接投资技术与东道国要素比例吻合，对技术作出调整和改造，实质上要求跨国公司在特定的发展中国家放弃在世界上其他地方所拥有的优

① Lall, Sanjaya and Paul Steeten. 1978. Foreign investment, transnationals and developing countries. The Macmillan Press LTD.

势。一般而言，越是高级的技术，越具有“一揽子”性质，即含组织、融资和营销甚至文化等方面的因素，从而使跨国公司在国际直接投资活动额外成本降低到最低程度。但是在另一方面，发展中东道国的市场规模以及变化中的发展阶段，都不足以刺激跨国公司开发那些只针对各个市场和区域的产品，譬如那些完全符合发展中国家要素禀赋条件的劳动密集型产品。

但是，应当看到，在劳动力——投资推动阶段，由于经济发展、市场规模和收入增长都呈现一种向上的趋势，东道国对国际直接投资吸引力增强了。在这种情况之下，跨国公司之所以偏好在发展中东道国使用资本密集型技术，有其更为复杂的原因。很多经济学家也在这一方面作了大量的系统化归纳和分析，有诸多结论。然而研究表明，在准工业化或半工业化的东道国，政府对市场人为干预、市场竞争和市场进入壁垒三个方面可能是导致跨国公司在国际直接投资中使用资本密集型技术的重要原因（Katrak，1991）。

在一些发展中国家，东道国政府会规定最低工资法，以及高估的汇率，当这两个因素结合在一起的时候，会引致跨国公司采用资本密集型技术、而不倾向于使用劳动密集型技术。在一般情况下，当东道国采用旧的、传统的技术时，我们可以假设与这种技术相对应的生产设备也是较旧的设施。在没有政府人为干预工资率和汇率时，使用旧设备、同时汲取工资较低的劳动力进入生产，将具有成本的优势：而规定了最低工资法，同时高估汇率之后，成本优势就大大降低。但是，只要发展中东道国工资率仍保持在低于母国的工资率水平，使用旧的设备将仍然具有较低的成本；只要跨国公司在母国的劳动生产率和东道国子公司劳动生产率差距不大，或保持在一个水平时，工资法和汇率高估都不至于引致跨国公司采用新设备和新技术。然而在现实当中，发展中国家劳动生产率普遍低于工业化国家，这一客观事实必然导致跨国公司放弃传统的技术，此时，引入新设备和新技术则更符合成本原则。

同时，我们也必须看到，基于这一阶段东道国市场规模和市场增长方面的背景，跨国公司为了争夺市场控制权、取得垄断优势，采用资本密集型技术的战略更贴近市场竞争博弈的现实。为此，我们可以利用两个简单模型，分别对为对付同一市场的竞争对手、以及为阻挠对手进入市场而在对外直接投资中进行技术选择的两种情况进行分析。

情况之一：跨国公司利用技术选择在发展中国家市场进行竞争。跨国公司在东道国的产出量和技术选择的决策要受到发展中国家市场竞争的影响。竞争者主要有：a. 已设立的企业；b. 潜在的市场进入者；c. 东道国生产者；d. 有竞争力的进口品供给者。但首先必须考虑已存在的竞争者的影响。市场的竞争程度对跨国公司在东道国的收益和成本的决定有决定性作用。下图描述了在有无竞争状况之下跨国公司的边际收益和成本的两种态势。

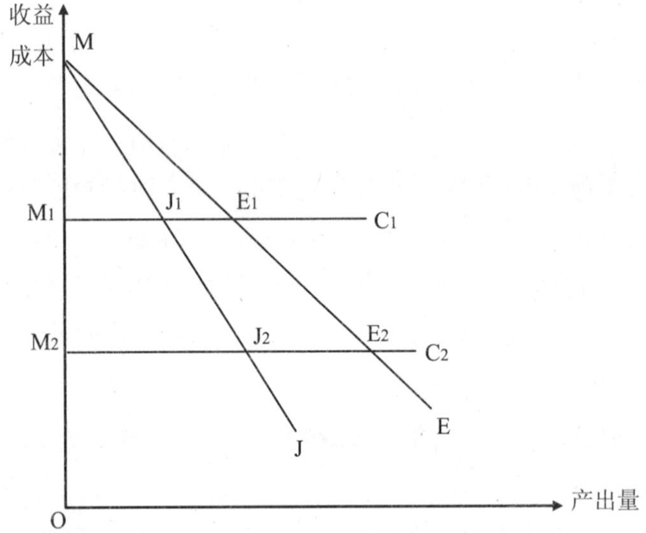

图 5.3-1　有无竟急两种状况下的国际直接投资边际收益与成本

图 5.3-1 中，直线 M_1C_1 为国际直接投资或子公司（外资企业）使用较旧的、劳动密集程度较高的技术的边际成本。M_2C_2 是子公司使用资本密集程度较高技术的边际成本。ME 表示当子公司认为竞争者对它产出量变动没有反应时的边际收益，MJ 是当子公司认为竞争者会随着它的产出量增加而增加产出量时的边际收益。竞争者对产出量变动反应越强，与 ME 有关的可观察到的边际收益曲线 MJ 就越倾斜。

假若外资企业认为竞争者对它的产出量增加没有反应，使用劳动密集型技术时它的均衡产出量为 M_1E_1，使用资本密集型技术时它的均衡产出量为 M_2E_2，它们相对应的经营利润（定义为超过变动成本的超额收益）分别为

M_1E_1M 和 M_2E_2M，因而 $M_1E_1E_2M_2$ 表示使用资本密集型技术比使用劳动密集型技术所多获取的经营利润。

相比之下，如果外资企业认为竞争者的产出量随着自身产出量的增加而增加。M_1J_1 和 M_2J_2 分别是它使用劳动密集型和资本密集型技术的均衡产出量。同样，使用资本密集型技术所获取经营利润较多，这时两种技术获利之差仅为 $M_1J_1J_2M_2$。

接着，我们假设从经营利润中扣除新机器设备固定成本和旧机器设备的残值，就得到总利润，定义 β 为新机器设备的固定成本与旧机器设备的残值之差，即 β>0，这样就可能有以下有意义的结论：

在缺乏市场竞争的条件下，资本密集型技术获得较高的总利润，即是：

$M_1E_1E_2M_2>\beta$ （1）

随着来自于竞争性企业的竞争性产出量反应，使用资本密集型技术所获总利润变得较低，即为：

$M_1J_1J_2M_2<\beta$ （2）

这说明，外资企业进入市场竞争或对竞争对手产出量作出反应，能引致转移劳动劳动密集型技术；但由于缺乏充分的竞争，会导致外资企业选择资本密集型技术。

更进一步地说，如果外资企业预期到竞争者产出量反应越大，那么图中可观察到的边际收益曲线 MJ 就越陡，$M_1J_1J_2M_2$ 的面积就越少，满足不等式(2)的可能性就越大，因此，外资企业就越可能选择劳动密集型技术。反之，外资企业则倾向使用资本密集型技术。

情况之二：跨国企业利用技术选择形成市场进入壁垒。

前面我们假定外资企业面对的许多竞争者是给定的，并且不能阻止其他企业的进入。然而产业经济学文献已表明，已设立企业能够阻止潜在竞争者的进入。并且，对进入壁垒的考虑将对外资企业技术选择产生影响。在分析中，我们假定已设立的企业为一个跨国公司子公司。

根据微观经济理论，每个企业承受确定的固定成本和不变的边际成本（固定成本是购置新机器设备的成本或是转移旧机器设备的机会成本）。固定成本的存在意味着企业为了赚取一定利润，必须保持一个最低产出量，固定成本越高，企业所必需的最低产出量越大。

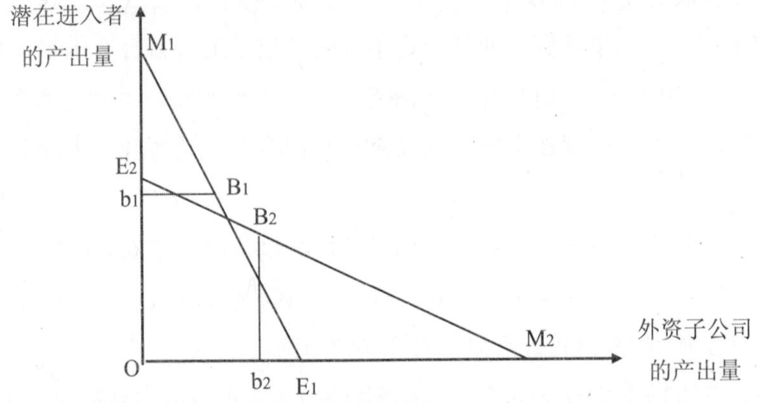

图 5.3-2　进入壁垒与外资企业技术选择

图 5.3–2 中的 OE_1，是外资企业垄断产量，即是在假定没有竞争者情况下的总产量。$E_1B_1b_1$ 表示在竞争所选择的产出量已确立条件下，外资企业在利润最大化下作出的产量反应；$E_1B_1b_1$ 在 B_1 点间断，它表明外资企业至少产出量达到 b_1B_1 才能盈利。

$E_2B_2b_2$ 是潜在竞争者的反应形态。此图形在点 B_2 间断，其意义是：如果外资企业的产量等于 Ob_2，那么进入者能进行生产的最低产出量水平为 B_2b_2，但如果外资企业的生产超过 Ob_2，那么潜在竞争者的反应是零产出，也就是不打算进入。因而，如图 5.3–2 所示，如果外资企业垄断产量超过 Ob_2，它就能够按它的产出量水平放心生产，同时其他企业也不试图进入。于是，竞争者被拦阻在市场之外。

这一切对外资企业技术选择的含义是很明显的。外资企业希望阻止潜在竞争者的进入，宁愿选择一种技术，能使它的生产达到相对高水平的垄断产出量。产出量水平越大，点 E_1 位于 b_2 右侧的可能性就越大，外资企业阻止潜在竞争者进入的可能性也就大。由于资本密集型技术有较高的产出量水平，市场中的现存企业的进入壁垒策略，决定了它们对资本密集技术选择的偏好。

以上对两种情况的分析，揭示了跨国公司在发展中东道国的国际直接投资行为完全是按利润最大化的准则行事的，技术的选择自然也服从于这一准则。跨国公司之所以偏好于资本密集型技术，根源在于竞争的需要和对利润目标的追求。因此，在东道国经济发展的特定目标和跨国公司技术选择之间不可能存在必然联系。有人指出，“不应直接责怪跨国公司没有给欠发达国家带来经济发展。它们的目标并不是促进欠发达国家的经济发展，而是在全球范围内实现利润最大化，它们的一切活动都是围绕这个目标而展开的。如果它们引进的技术和知识是不适宜的……欠发达国家的政府所能做的就是执行可以消除产生这些问题根源的政策”（Colman and Nixson，1978）。我们认为，这是十分中肯和清醒的认识。

第四节　劳动力——投资推动阶段的技术发展与国际直接投资

技术发展在经济发展过程中的重要意义，已经无须多作论证，但劳动力——投资推动阶段的技术发展，对于一个国家能否较快地完成传统工业化进程，则有特殊的作用。一般而言，在这一阶段从外部汲取技术资源，通过一个内在的学习机制，逐步有一技术能力的累积，是很多国家必经的路径。在后发优势理论的基础之上，我们对技术发展的内容可概括如下：

$$\alpha = \sum_{i=1}^{5} e_i d_1$$

其中：　α：某一后发展国家的技术变化

ei：要素对总技术储备的相关指标

d_1：资本和劳动力向技术方面的转移

d_2：劳动者的日常性学习实践

d_3：引进专利及特许所带来的技术推广

d_4：科技情报的自由交换及自然性推广

d_5：技术化资本和中间资料的技术推广

值得注意的是，我们在这里把一个发展中国家的技术变化归因于两个方面，即技术变化既取决于国内因素（如 d_1, d_2），又取决于国外因素（如 d_3, d_4, d_5）。前者体现了一个发展中国家结构变动过程和增长要素的累积和递增，后者则反映了外部技术资源的具体构成和表现形式，二者之间是一相互作用和相互依存的关系（哥穆尔卡 ,1987；金泳镐，1987)。

其实，从技术演变的内在关系出发，技术发展可定义为四种形态，或四个阶段。第一阶段是技术发展的基础阶段，其特征是操作或经营知识的进步，即技巧性的知识（Know—how）的发展。在发展中国家，进口的技术是Know—how的最具有价值的来源。第二阶段是对基本工艺和产品技术的性质理解的阶段，通过这一阶段，对技术过程和产品技术达到完全适应、改进，并最终由新的工艺和产品对原有的技术进行替代。这一阶段为Know—why发展阶段。这一阶段与Know—how阶段是相互联系的前后过程，是由对各种专门知识和技巧深化之后才发生的，同时也是人为努力的结果，如研究与开发等。在Know—why发展阶段之后是应用研究阶段，即把已知的科学知识应用于商业化的创新过程。美国经济学家劳尔曾经认为，这一阶段如何从上一阶段演变过来的路线并不十分清晰（Lall,1985）。但是在发展中国家，这一阶段区分还是有质的变化作为标志——由于发展中国家的背景，Know—why阶段的成果，如研究与开发中出现的成果很难通过风险投资和其他努力实现其商业化。因此，反而在发展中国家，技术发展的这两个阶段的质的差异较为明显。技术发展的最后一阶段是从产业技术应用回溯到基础科学研究去，此时反而对专门的商业化应用较少考虑。这样，技术发展可分为四种形态或四个阶段，即:

1. 专门知识与技巧（Know—how）发展阶段；
2. 性质研究（Know—why）发展阶段；
3. 应用研究（Applied research）发展阶段；
4. 基础科学研究（Basic scientific research）发展阶段。

在发展中东道国，跨国公司的投资活动可以在不同阶段对技术发展有所贡献或产生作用。然而，跨国公司在一个阶段对技术发展生产正向效应，并不等于在其他阶段跨国公司者会对技术发展产生正向效应。而且，在一个既定的发展阶段，跨国公司的国际直接投资在一个公司对技术发展产生了正的贡献，也可能在另一企业中，会产生完全不同的负面效应。因此，跨国公司对技术发展的作用要根据具体条件作具体的分析。

同时，在技术方面，跨国公司具有主动权和竞争优势。技术对于跨国公司而言，是其无形资产最重要组成部分，也是其企业优势的主要来源。一般情况下，跨国公司总是通过内部化手段把技术优势保持在系统内部，从而从根本上不利于发展中国家的技术发展。表 5.4–1 概括了跨国公司两方面的优势，二者的结合形成跨国公司特有的竞争优势。

表 5.4–1 跨国公司竞争优势类型

A 类：技术优势
(a) 工业的所有权，例如专利、注册的商标和品牌；
(b) 在组织和管理方面的经验
(c) 产品的差异性，产品更新和产品销售能力；
B 类：内部的优势
(a) 垂直和水平生产一体化；
(b) 生产的规模性；
(c) 产品的多样性和产品的多元化；
(d) 企业总经营的规模和范围；
(e) 资本市场内部化的机会。

资料来源：UNCTC，1987

在发展中国家技术发展过程中，面对跨国公司的竞争优势，如何尽可能从国际直接投资中获得更多的直接或溢出的技术效应，是发展中国家面临的重要任务。

就一般而言，跨国公司有十分充分的经济方面理由把技术发展的核心部分——创新活动集中在发达国家，但是，随着发展中国家经济增长，也会产生在东道国建立研究与开发机构的内在需求。首先，随着各种专门知识方面的技术日益复杂，其转移过程对东道国自身技术能力（如 Know—why 能力）的依赖程度加深了；其次，东道国的市场需求结构与发达国家有很大差异，从而决定了一些特定产品在东道国有很大需求，而发达国家则未必如此；大的东道国市场的存在，往往起到调整跨国公司在当地的研究与开发投资的作用；第三，跨国公司对当原材料的使用或者在试制符合当地需要的产品，也会强化这种需求。如果这些活动发生在发展中国家，将有利于技术转移的加速。

但是，从一些大国和小国分别的情况看，大的发展中国家比较容易得到这种机会，因为在发展中大国拥有“熟练的人才库，相对的研究能力聚积，研究的最小规模需求，动态的学习效应和外部化”。

上面关于大国宜于跨国公司移植研究与开发活动的情况，实际上已蕴含了技术发展中更深层次的问题。值得我们注意的是，尽管发展中国家利用国际直接投资的目的的重要方面在于技术进步和技术发展，缩小或消除技术缺口，但是，在发展阶段较低，增长要素积累不足的情况下，即使有一定规模的国际直接投资进入，由于技术吸收能力与技术发生的国家不处在同一层次，还存在技术转化、吸收方面的困难，即“技术接受方面的吸收能力差距”（金泳镐，1986）。这是一种需求方的“技术熟练程度的差距”。如何认识差距的作用？假设移出国的技术指数为100，移入国的技术指数为60，而转移技术的指数为80，转移技术指数低于技术移出国技术指数20单位，即为低转移差距；而移入国技术指数低于转移技术指数20单位，即为低熟练差距。当后者经过努力达到80单位的技术指数时，移出国的技术指数已经升至120单位。

从大量的案例来看，发展中国家通过技术引进实现技术发展的困难可以归纳为五个方面，即：（1）技术供给方面缺少协作；（2）回避转移核心技术；（3）适用技术的人力不足；（4）储备技术水平低下；（5）引进技术有关联的原材料困难。前两种属于技术转移差距方面的原因，后者则属于吸收能力方面的原因。一般而言，通过跨国公司转移的技术所形成的差距，东道国很难克服。但是，属于吸收能力的差距则取决于发展中国家自身的增长要素的积累。还有人指出，从技术差距二元差距论的观点来看，发展中国家国内技术储备越低，越难弥补所接受的技术和国内技术水平的差距；熟练程度上的差距越大，发展中国家受制于技术差距的危险就越大（金泳镐，1987）。技术二元差距论可用图式作进一步分析。由于第一种技术差距即供给方的技术转移差距的产生，在于跨国公司按技术生命周期精心安排的技术转移过程（早期日本式的国际直接投资这一特点十分突出），因此我们可以在纵轴上由上而下规定技术生命的四个周期，离原点越近的技术差距越小。在横轴上表示技术熟练水平，也可以合为几个阶段，离原点越远，表示技术熟练水平越高，吸收能力越强。

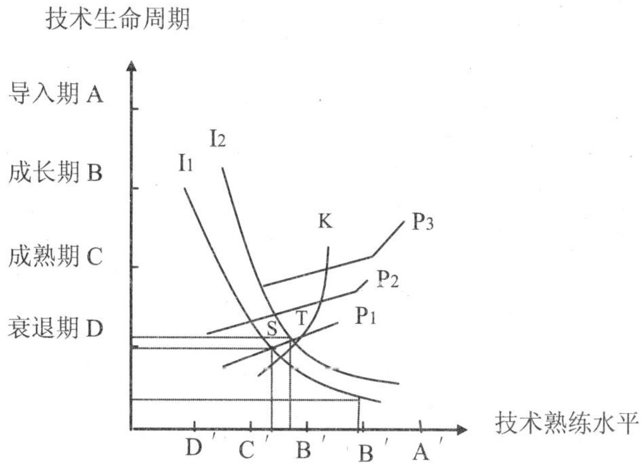

图 5.4-1　技术生命周期与技术吸收能力结合模式

图 5.4-1 中纵轴呈由上向下移动，越是接近上方（A）的技术，就越是倾向于扩大市场而不出售该技术，属于卖方市场。相反，越接近下方（D）市场就越饱和，该技术就不得不出售了，属于买方市场。但是技术不同于一般商品，一般说来技术这种特殊商品常常具有偏向卖方市场的性质。因此，由跨国公司转移到发展中国家的技术大多是衰退期或接近该期的成熟期的技术。这样，发展中国家若是引进 C 点的技术，其与跨国公司的技术差距即为 AC；如引进 D 点的技术，其与“中心”部的技术差距即为 AD。这是属于供方的问题。

横轴上的技术熟练水平也有一个阶段递进的关系。生产操作技术的掌握是引进期的主要矛盾，设备制造技术是消化吸收与应用期要解决的问题，改良期主要针对设计技术的改进，研究开发期的焦点是研究开发的技术能力。反映在横轴上的技术差距主要是接受方的问题。D′ 说明生产操作技术人员不足，C′ 说明制造、工程技术人员不足。改良期主要问题是设计技术人员不足，研究开发期内最大的问题是研究开发专家不足。由此造成的技术差距就是技术积累程度上的差距。

曲线 I_1、I_2 表示技术水平越高越难掌握，越低越好掌握。曲线 I_1 上的点 S 与曲线 I_2 上的点 T 联结起来形成曲线 P_1，表示技术跟踪。当跨国公司由于技术生命周期的作用创造出新技术，不久该新技术转移到发展中国家时，又形

成新的曲线 P_2，其后依此类推还可以有 P_3、P_4……。曲线 P 表示技术的周期性，新旧技术交替过程的技术消耗性，以及引进更新的技术时与原来的旧技术之间的脱节。曲线 P 充分表明发达国家与发展中国之间技术差距以及要缩短差距的艰巨性。①

二元技术差距论对于发展中国家技术发展有十分重要的意义，并突出地表明了先行工业化国家和发展中国家之间在技术发展方面的差异。在先行的工业化国家，技术的发展一般总是伴随着人力资本的积累和技术储备的加强，或者说，技术创新和技术进步不过是后二者达到一定水平的结果。然而，在依靠国际直接投资来推进技术发展的条件之下，吸收能力或熟练程度差距一方面是总体技术水平的体现，另一方面则构成从国际直接投资中获得技术进步大小的条件。其根源在于，技术发展中存在一个模仿、吸收和学习的过程。在国际直接投资技术类型同一的情况下，技术吸收能力差距是解释发展中国家之间技术进步程度不一的重要变量。在这一差距太大的情况下"……技术进步将不会发生，因为该区域如此落后，且技术能力的差异如此之大以致于没有可能应用技术和扩散先进的技术"②。

值得重视的是，技术吸收能力也构成跨国公司在发展中国家进行技术选择重要因素之一。跨国公司以国际直接投资形式向东道国转移技术的一个因素是产品或技术的生命周期，而另一重要因素就是东道国的技术吸收能力。一般而言，技术吸收能力是我们在第三章中强调的外资吸收能力的核心，并且也是与东道国经济发展阶段的结构特征相对应的。③ 从跨国公司的角度看，其内容主要包括：（1）熟练劳动和管理人员的可得性；（2）可以得到的技能的范围；（3）要素价格的扭曲程度。前二者对于发展劳动密集型技术是完全必需的，而后者则必须保持一个最低程度。实际上，我们从邓宁的折衷理

① 沈越等：《国际技术转移概论》，中国时政经济出版社 1989 年版。

② Chen, E. K. Y. 1990. Foreign Direct Investment in Asia:Development Country versus Developed Country Firms. in Chen, E. K. Y. ed., Foreign Direct Investment in Asia. Tokyo: Asia Productivity Organization:1–27.

③ Chen, E. K. Y. 1990. Foreign Direct Investment in Asia:Development Country versus Developed Country Firms. in Chen, E. K. Y. ed., Foreign Direct Investment in Asia. Tokyo: Asia Productivity Organization:1–27.

论那里也可以得到一个逻辑答案，这就是技术的适应、扩散和应用需要有一种最低限度的技术能力、基础设施和必要的物质和人力资本方面的禀赋。

另外，我们也要看到这样一个事实，即在技术吸收能力强的地方进行技术转移，符合跨国公司的战略目标。世界投资报告指出，“跨国公司为了保持和增强自己的竞争力，利用其他地方存在的科学技术能力，利用不同国家研究与开发成本差异，获得研究与开发的规模经济与范围经济效益，跨国公司将研究、开发活动在地理位置上更广泛地散开，其所带来的好处越来越大。研究与开发活动的分散化意味着跨国公司体系将自己发明能力与其他地方的技术力量结合在一起，创造了更多的技术，增加了自己的竞争优势”①。跨国公司在分散研究和开发活动时，十分注重发展中国家两方面的区位因素。其一是当地人力资本构成和成本。“对于发展中国家来说，大量低成本科技人员的存在形成一个拉进的因素；而许多发达国家研究人员的匮乏构成一个推出因素。”其二是相关的其他因素。大量的经验已证明，“东道国企业管理及技术力量的集中，支持性基础设施完善，最具有发明精神和生产效率最高的地区，通常对跨国公司高附加值技术或研究与开发活动最有吸引力”（UNCTC，1995）。

可见，在劳动力——投资推动阶段（Ⅰ），国际直接投资是发展中国家技术发展的重要来源，但是，获得这种外部技术资源的前提，不仅在于第一种技术差距的存在和国际直接投资形式的类型，还取决于第二种差距递减的趋向。实际上，这一前提不仅对于直接的技术转移是重要的，而且对于技术溢出效应的获得，同样也是必要的。

一般认为，如果跨国公司不能在东道国全部取得由于跨国公司的进入所带来的较高生产率或者其他效率方面的收益，就表明技术溢出已经发生。技术溢出一个最简单的形式，就是当地企业通过模仿那些在当地市场上经营的跨国公司的分支机构所采用的技术而提高了生产率。另外一种技术溢出途径相对较为间接：跨国公司分公司使东道国的市场竞争加剧，从而迫使当地企业更有效地利用现存的技术和资源。第三种技术溢出的形态表现为竞争迫使

① UNCTC：《1995年世界投资报告》。

当地企业寻求更有效率的新技术，由此推动了技术的进步。这些技术溢出效应既可能发生在国外分公司所在的行业，也可以发生在其他行业，如分公司的供应商或者消费者。因此，技术溢出要比模仿或者技术扩散（虽然技术是技术扩散的核心内容）有更深的内涵，它主要与生产率联系在一起。但是，现在我们必须首先讨论一下，为什么技术溢出能够成为技术发展的重要渠道。

首先我们必须明白，跨国公司分公司所使用的技术不可能在市场上获得。跨国公司在国际上利用其技术优势的方法有三种：利用先进技术在本国生产然后出口；向国外转让技术；或者建立国外分公司而直接控制国际生产。然而，现行的技术市场总是存在着缺陷，从而导致在外部市场进行技术交易的成本相当高。例如，很难评估某一特定技术的价值，买卖双方因而难以达成双方可以接受的价格。买方需要详细的信息资料来评估某项技术的价值，但是当他获取到这些信息以后（经常等同于取得了这项技术），愿意支付的价格会变得很低。因此，跨国公司充分利用技术优势的首选手段更倾向于在外国直接投资，而不是许可证安排。而且，技术越新，取的利润的潜力越大，在外国直接投资的动机就越强烈，这样东道国的竞争厂商就不可能通过许可证安排取得国外分公司的关键技术。当地厂商取得这项技术的渠道，就只局限在仿制或雇佣具有特殊技能的跨国公司前雇员，以及其他形式的技术溢出。

技术溢出效应之所以重要还有另外的原因。经验表明，与一项技术的使用者直接接触，可以构成获得技术扩散利益的主要手段。在一种新产品或者新工艺被人们广泛接受之前，关于它的经济效益的信息将十分有限，因而这种技术投资有很大的风险。随着与使用者接触的增多，获得的各种信息也增加，风险下降，采用这项技术创新或者进行技术仿制的可能性也逐渐增加。通过这种方法，国外分公司实际上已经向当地厂商展示新技术及其获利情况，当地厂商就会逐步采用新技术。对于经济发展水平较低的东道国来说，这种“触媒”效应要重要得多，因为国内缺乏技术溢出效应产生所需的技术和信息。

另外，我们还可以从其他角度认识外国直接投资对技术溢出效应的重要性。在很多发展中国家，由于特定的社会政治经济因素，通常存在一些具有较高进入壁垒、较高集中度等行业，这些行业竞争程度低，必然会带来了低效率、技术进步停滞不前的后果。东道国的新企业一般也很难进入这些行业打破停滞状态。然而，根据新古典的跨国公司理论，跨国公司能够克服这些进入壁垒的限制，从而改变市场竞争结构。跨国公司的典型优势主要体现在规模经济、高资本投入、密集的广告以及不可缺少的先进技术等方面。因此，在理论上，如果规模经济是重要的进入壁垒，那么，跨国公司可以协调国际生产格局，把生产集中在少数几个地点进行；如果进入壁垒是高资本投入造成的，它们可以在国际资本市场上融资；最后，与差别产品和技术有关的进入壁垒，也不可能阻止跨国公司的进入，因为这些本来就是跨国公司固有的特征。

传统理论假设，跨国公司向当地企业的技术溢出是两个相互联系过程的结合。首先，技术差距产生趋同效应（Convergence Effect）。韦布伦（Veblen）和格尔申克龙（A.Gerschenkron）对19世纪和20世纪初欧洲工业化和发展水平趋同的研究结果表明：由于发达地区和不发达地区经济发展水平差距越大，落后地区内部寻求变化的压力就越大，因此发展中国家的经济增长速度就要快一些，所以，跨国公司分公司和当地企业的技术差距越大，技术溢出效应就越大。其次，跨国公司进入所产生的触媒效应（Contagion Effect）。这种触媒效应是东道国资本存量中外国资本份额的函数，也就是说，外国资本的份额越大，触媒效应就越明显。触媒效应产生的前提在于，外国直接投资必须是相对先进的技术的载体，从而发达国家流向发展中国家的直接投资成为了技术转移的主要渠道。跨国公司在发展中国家的分支机构通过在当地使用先进技术、向当地企业展示新技术等方式，扩散了工业化国家的先进技术。

但是人们要问，这些假设究竟在多大程度上与现实的技术溢出过程相吻合？实际上，无论是趋同效应还是触媒效应，一些外生经济变量的变化，例如发达国家的技术进步率，对跨国公司征收的税负，东道国的教育水平及其储蓄倾向，都会影响技术差距和外国资本在东道国资本总额中的份额，进而影响技术溢出效应的大小。同时，企业的内生变量究竟在技术溢出过程中起什么作用，还有外资进入以后市场竞争加剧对当地企业的影响，也是必须考虑的问题。

为了进一步考察，我们以技术力量的相对强弱对比作为基准，并假设在跨国公司普遍进入一个发展中国家之后，多数产业或行业中的外国企业和当地企业将分别处于三种状态，然后根据基本的市场与竞争机制对其变化趋势作一些判断。第一种状态是在一个行业或产业中，外国企业具有较强的竞争力，而当地企业处于竞争劣势。在这种情况下，当地企业不可能从外国投资得到技术溢出的好处。相反，外国企业可能引起某种“恶性循环”，即在外国企业的竞争态势下，当地企业的市场变得更为狭窄，采用国外新技术的可能性不是扩展，而是逐渐减少。第二种状态是国外企业进入之后没有体现出明显的竞争优势、而国内企业具有较强的实力。在这种行业里，国内企业面对外国企业进入的压力，被迫充分利用它们的技术力量来保持竞争能力。因此，竞争压力是当地企业技术进步的主要推动力。在第三种状态下，当地企业与国外企业都有竞争能力，所在的行业及其产品有足够的市场空间，从而当地企业与国外企业能够在相互竞争中共存。因此，如果随直接投资而来的国外新技术对现有的技术专业化格局是互补的，新技术很容易被吸收，外国直接投资及其产生的竞争机制将会使两者之间出现连续不断的技术溢出、技术转让和行业内贸易。结果，在这些行业中新技术的产生和扩散，必然建立在竞争、创新和扩散三者相互依赖的“良性循环”的机制之上。

从以上的分析来看，技术溢出及其程度主要是由内生因素决定的，同时竞争也是技术溢出的一个重要决定因素。有学者这样指出，企业内的技术发展是一个累积的过程，技术进步是逐步递增的，是过去技术积累的反映，因而在不同企业之间的技术优势格局相对稳定。[①] 技术的发展史表明，这一观点有其合理的内核。因此，在国际直接投资进入情况之下，东道国企业自身技术发展水平与获得国际直接投资技术溢出和转移效应之间只能是一种正相关的关系。企业技术积累越弱，越不可能从跨国公司分支机构中得到技术方面的正向效应。这一论点，可以从另一侧面补充了技术二元差距理论。同时也说明，技术二元差距在发展中国家具有普遍意义。发展中国家要缩小第一种差距，即技术转移差距，其条件之一是有效地消除第二种差距。总之，成功的技术发展必须把对国际直接投资的技术选择和东道国技术促进结合在一起。

技术转移的机制和条件，是在劳动力——投资推动阶段（Ⅰ）发展中国

① Cantwell, John. 1993. Transnational corporations and Innovation Activities. UNCTAD.

家利用国际直接投资促进经济增长的一个主要问题。之所以在这一阶段要突出分析国际直接投资的技术转移，是根据经济发展各个阶段增长要素积累的动态变化的阶段特征而定的。按照一般经济发展规律，发展初期由于资本匮乏，必然以资本积累为中心。经济起飞之后，尽管仍面临资本积累和劳动力转移的重任，但毕竟随着经济增长和国内储蓄的递增，资本形成程度有所提高，资本短缺已不构成主要矛盾，而技术因素则日益重要起来。因此，在分析利用国际直接投资创造资本形成效应的条件之后，转而研究技术转移的条件和机制，符合历史与逻辑统一的基本方法。对应一下现实的经济发展过程可以发现，通过国际直接投资得到较为先进的技术，是大多数越过起飞阶段的发展中国家吸引外国直接投资的基本出发点。在本章结尾时，我们对分析的问题作如下的概括：

1. 技术缺口的存在为发展中国家在技术上实现赶超提供了机会。但是，象任何事物一样，技术缺口也具有明显的负面作用。一是技术缺口的存在表明需要利用技术和知识的压力大，易造成处于技术劣势的一方对技术供给方依附；二是当技术差距大到一定程度之后，将会形成国际直接投资技术引进和转移的障碍。因此，技术差距的存在，一方面显示了技术上追赶的紧迫性，另一方面则反映技术转移中的困难。

2. 国际直接投资技术转移未必能与发展中国家劳动力资源禀赋优势相一致。技术适宜性问题上集中地反映跨国公司目标与东道国发展目标之间的冲突。但是，在技术选择问题上影响因素是多元的，处于劳动力——投资推动阶段（Ⅰ）的发展中国家出于效率方面的考虑，也有选择资本密集型技术的内在冲动；同时跨国公司出于自身技术特征，出于市场竞争的需要，往往多选择资本密集型技术。因此，通过国际直接投资技术选择的适宜性来解决劳动力转移并不现实。

3. 技术发展是发展中大国必经之路。如何在自立的技术发展和借助跨国公司技术之间协调是这一阶段的国家必须面临的问题。一般而言，跨国公司的国际直接投资活动只能有助于 Know—how 阶段的技术进步。而且，如何从这一层次的技术转移获得较大成效，取决于发展中国家自身的技术积累能力和技术吸收能力。因此，劳动力——投资推动阶段（Ⅰ）的一个重要目标就是在结构转换过程中不放弃自主的技术发展的努力。二元技术差距论突出地表明，发展中国家技术积累和人力资本的积累是有效缩小技术差距的基础。同样，国际直接投资技术溢出效应大小也是建立在东道国一定技术发展基础之上。

第六章　劳动力－投资推动阶段（Ⅱ）国际直接投资与经济发展

在前一章，我们主要分析劳动力－投资推动的初期阶段国际直接投资与经济发展之间的关系。国际直接投资技术对发展中东道国的适宜性，国际直接投资技术转移与发展中东道国比较优势背离和结合的原因是我们分析的主题。劳动力－投资推动阶段（Ⅱ）是阶段（Ⅰ）的继续，它既有这一发展阶段的共同基本特征，又在程度上显示出明显的一些差别。例如，工业化程度提高，人均 GNP 超过一定的转折点，在贸易商品体现的要素禀赋中劳动和资源比重下降，而资本、技术等要素作用增强，劳动密集型产品呈现出资本化态势等。总之，这一阶段是劳动力－投资推动阶段向新阶段变动的过渡时期。对于这一阶段，我们分析的重点放在国际直接投资与东道国的结构升级之间关系上。但每一阶段的经济增长，都必然伴随着部门结构和要素结构两个方面的变化。一般说来，部门结构变动体现为一种产业结构变动，它是要素结构变动的载体，没有这种部门结构变动，要素结构变动是十分有限的。但是，反过来，部门结构的变动需要要素结构的支持。因此，在前两章讨论了国际直接投资与资本形成和技术进步的相互作用之后，我们转入讨论国际直接投资对产业升级作用，在这一章中我们将分析劳动力－投资推动阶段（Ⅱ）国际直接投资与结构变动或产业的相互关系，将从国际直接投资与结构升级的一般关系作为分析的起点，逐步研究如何通过国际直接投资加快国内产业升级的条件，及其可能面临的问题。

第一节　国际直接投资与结构升级的一般关系

尽管在前面章节中，我们已多次反复使用过“结构”或“结构变动”等概念，但为了以后分析，就必要作一区分或定义。在发展经济学和经济史中，结构变化这一概念的基本涵义就是指经济中各个部门在生产和要素使用方面的相对重要性而伴随经济发展所具有的各种互相关联的过程。物质资本和人力资本的积累以及需求、贸易、生产方面和就业构成的变动，是结构变动的经济核心。一般认为，工业化是结构变化的中心过程。

结构变化的两个重要方面是由要素结构和部门构成，在结构变动的总趋势下，二者并行不悖地演化：增长要素处于一个累积和递增的过程，而部门构成则依据一定的法则产生一个高度化或升级趋势。

所谓产业的高度化或产业升级，主要指一国产业结构根据经济发展的历史和逻辑序列顺向演进过程中所达到的阶段和层次。它主要包括三方面内容：（1）在整个产业结构中由第一次产业占优势比重逐渐向第二、第三次产业占优势比重演进的历史过程；（2）产业结构中由劳动密集型，特别是初级劳动密集型产业占优势比重逐渐向资本密集型、技术密集型产业占优势比重演进的历史过程；（3）产业结构中制造初级产品的产业占优势比重逐步向制造中间产品、最终产品产业占优势比重演进的历史过程。从近代以来的各国经济发展史来看，经济发展水平越高，产业结构高度就越高；产业结构高度从结构上规定并体现着经济发展水平。如原以人均GNP水平作为经济发展的水平的量的标志，那么，结构高度的变化便从质的方面解释为什么会达到这样的发展水平。很明显，结构高度化的过程就是工业化的过程。从历史上看，工业化一直是发展的中心内容，而制造业在经济结构中的比重上升对工业化具有决定性的意义。卡尔多（1967）指出：“高速增长几乎总是与第二产业，主要是制造业的高速增长联系在一起……”。为什么出现这种情况呢？钱纳里等人概括为四方面的原因（1987）：

（1）工业的需求收入弹性较高。

（2）工业的可贸易程度大，但在国内产品和国外产品之间替代性程度不同。

（3）按照比较优势建立的工业部门，允许劳动和资本向生产价值较大的部门重新配置，并且从专业化和规模经济中获取潜在收益。

（4）制造业增长是技术变化的主要原因。

这四方面因素中，两个是内部因素，两个是外部因素。经验表明，国际贸易和国际投资能使一个国家的生产得以加快实现专业化，进而超越那些由有限的国内需求和生产及创新能力不足所形成的限制，扩大一些特殊部门的生产。反过来，由国际直接投资所推动的制造业出口的扩张，也能促进规模经济和由此而来更迅速的工业化。因此，一个国家的经济扩大对外联系，是产业升级的重要条件。

在劳动力–投资推动阶段，国际直接投资与产业结构转换或产业升级的关系就是建立在上述概念基础之上。应当指出，结构转换与产业升级两个概念仍有一些差异。一般而言，结构转换主要指部门或产业之间比例变动，而产业升级是指这种变动朝一定的方向转换。从部门特征看，是从一次产业向二次产业，三次产业过渡；从要素特征看，是从劳动密集向资本密集、技术密集型产业过渡；从价值构成看，是从低附加值朝高附加值产业过渡；从劳动生产率来看，是从低劳动生产率向高劳动生产率行业和产业过渡。产业升级的发展轨迹具体表现形式是由轻工业、重化工业，再到高加工度工业的结构变动形态；其间，工业结构进一步趋向技术集约化，微电子产业、机电一体化产业、生命科学产业、新材料产业、新兴能源产业等高精尖产业群的出现与发展，预示着新的产业革命正在形成，在此基础上产业结构将进一步高度化。但是，如何通过国际直接投资来推动发展中国家的产业升级，则要作进一步的分析。

至今为止，国际直接投资与东道国产业升级之间的关系，一直没有上升到经济发展理论和跨国公司理论的主流高度。不过，日本经济学家已经在这一领域作了十分有益的探讨。日本经济学家赤松在他所创造的雁行模式理论中对此有较多的论述。在雁行模式中，开放经济的国内产业升级的动力和空间，是由雁阵中的各国的产业转移所决定的。赤松提出雁行模式“（Flying-Geese Paradigm）就是一种产业结构升级的理论分析模式。按照该模式，一国产业成长经历了进口产品、进口替代、出口导向等几个阶段，而产业结构升级依次分为劳动和资源密集、技术和资本密集三个梯级。随着外资的进入及一国工业化的发展，某一产业会逐渐衰落，并将转移到低一个梯级的国家和地区，通过产业转移形成产业替代，推动产业升级。

“雁行”的实质是在“雁阵”中的成员国的经济活动按循序排好队。这种顺序安排允许在雁阵中的成员国可以利用或通过技术转移、贸易，尤其是直接投资，使在参与国间发生的经济交换而引起的外部收益和关联效用最大化。它包括两种类型的循序安排，一种是在每一个经济中的顺序安排，也就是经济发展的内部顺序安排；另一种是构成雁阵的各成员国经济的顺序安排，也即经济间的顺序安排或经济发展的排序。内部排序是指伴随一国生产要素及技术禀赋状况的变化而发生的产业渐进式演化，如低附加值的劳动密集型产业到高附加值的资本密集型产业。一国产业结构的顺序演进的进程是能够产生自我维持、自我推动的力量沿着比较优势的路径依次升级。在整个演化过程中，“领头雁”的产业升级是一种跳跃式增长，从而经济中先期的一些竞争性的产业变为相对不太具有优势的产业，从而能够把没有优势的产业移植到尾随国经济中即雁阵中的“尾随雁”中去。

各国经济实力的排序变动，往往意味着在“雁阵”位置的变化。可以直接投资的产业，移植到那些拥有资源和技术能力并最适宜移植的尾随国经济中，是“雁阵”变化的重要的推动力量。一般而言，系统性的产业移植除了外国直接投资外，必然伴随有许可证制度、转包、技术援助合约、营销协定以及金融支持等一系列因素，它们对于整合东道国的产业结构十分必要。“领头雁国”的产业国际转移，就要把直接投资和这些具有实质意义的无形资产以一揽子投入的形式，转移到尾随国经济中。总之，根据日本学派的理论，驱动雁阵往前走的原动力是领头国内部产业结构重构或工业发展顺序推移——从劳动密集型产业向资本密集型产业转换，而这种产业结构的顺序推移就成为次一级尾随国产业成长的重要源泉和产业发展空间。这样依次循环，尾随国自己也将积极赶超领头国产业重构的努力，最终把这种互补优势转化为本国产业成长的原动力，而随着本国某一产业的衰落，又可以把这一产业转移到再次一级的尾随国。

尽管日本的经验已经充分证明一个国家可以通过其海外直接投资把比较

劣势的产业转移出去，实现其产业升级，但是现存的理论文献却很少强调国际直接投资在这方面所起的关键作用。这种情况之所以发生，有着深刻的国际经济的背景。其一，日本经济学家强调的国际直接投资对产业升级的促进作用，主要从日本经济成功这一历史条件下出发的。长期以来，日本与东亚国家和地区之间形成了一种相对特殊的国际分工关系，并从中获得了大量的利益，实现了国际价值的大量转移。但是，日本的经验对其他工业化国家并无普遍意义。日本的国际直接投资模式与美国不同，与西欧工业化国家的国际直接投资模式也不尽相同，因此，日本式国际直接投资一直没有成为主流的跨国公司理论的研究对象。其二，日本模式的推行与成功需要一系列的内外部条件，需要特定的国际或次区域的经济环境。离开了这种经济环境及相应的战略，很多内在关系就会发生变化。例如，日本在国际投资格局中角色的转换，以及新兴工业化国家对日本角色的替代就是一些重要的条件。其三，对日本模式的研究，更多的是从投资国角度研究如何通过向海外投资引致国内产业升级，而东道国在这一过程中如何利用外来的国际直接投资加速国内产业升级研究则相当薄弱，从而国际直接投资与产业升级的重心局限在资本输出国一方。上述三方面的原因，决定了日本学派所强调的国际直接投资产业升级关系的研究，上升不到国际经济一般理论的范畴。

同时我们也要看到，日本学派和跨国公司理论主流学派尽管在很多方面有所分歧，但在回答或讨论发展中国家在国际直接投资条件下东道国产业升级的限度问题，却趋于一致。一般而言，国际直接投资条件下东道国产业升级的限度是由跨国公司主导之下的国际生产和国际分工格局所决定的，其产业升级的高度必须服从于跨国公司的内部分工。美国经济学家维农的产品生命周期理论和日本经济学家小岛清的边际产业转移论尽管没有直接论及这一问题，但根据其理论内含，已规定了通过国际直接投资方式东道国产业升级可以达到的限度。

维农把客观存在的产品生命周期分为产品创新阶段，成熟阶段和标准化阶段。他认为，在创新阶段，企业主要通过出口满足国外市场的需求；在成熟阶段，生产成本成为企业考虑的首要因素，开始向成本相对低的国家进行直接投资，以弥补出口减少的损失；而到了标准化阶段，企业的寡占优势已不复存在，此时企业最关心的是寻找成本更低的生产区位；于是劳动力资源丰饶且工资低的发展中国家是国际直接投资选择的较佳的生产区位。为了更好的解释跨国公司的投资行为，维农发展了他的产品生命周期理论，即以“创新为基础的寡占”、“成熟的寡占”和“老化的寡占”替代原来的阶段划分的标准。相应地，跨国公司是在不同阶段以不同方式成为寡占者。第一，在创新期，通过在生产新产品上拥有技术垄断优势由此来获得垄断利润；第二，进入成熟期以后，出现了技术扩散，从而其技术优势有可能减弱，并且由于贸易壁垒等因素引起了出口成本增加，从而引致跨国公司对外直接投资。这种对外投资同时又是一种技术转移，技术优势企业通过由自己控制的技术扩散获取垄断利润；第三、趋向衰老期的寡占。此时技术创新优势和技术转移优势相继丧失，从而垄断利润逐步递减（Vernon, 1991）。维农的生命周期理论分析重点是跨国企业在决定对外投资时所面临的商品生产配置问题。但是在这样的过程中，通过国际直接投资转移在东道国产业的相对梯度、产品的技术密集程度和价值构成也就相应决定了。因此，尽管生命周期理论不可能完全解释跨国公司市场垄断型的投资，但却揭示了发展中国家利用国际直接投资实现产业升级的局限性。由此我们可以得出一个重要结论，即尽管发展中国家可以引进通过国际直接投资来建立国内尚未建立的产业，或生产国内市场没有的产品，但绝不可能完全依赖国际直接投资跨越产业或技术差距，达到与发达国家同样的产业高度。因此，在理论上，跨国公司的产业层次是发展中国家利用国际直接投资可能达到的产业高度。

无独有偶。除了维农的生命周期理论外，小岛清的国际直接投资理论通过国与国之间产业转移的次序的分析，事实上也间接地规定接受日本式国际直接投资的发展中国家产业升级的高度。“小岛理论”的核心是，对外直接投资应该从本国已经处于或即将处于比较劣势的产业、亦可称为边际产业依次进行。[①] 边际产业不仅包括已趋于比较优势的劳动力密集部门，还包括某些劳动力密集的生产过程或部门，本国所有趋于比较劣势的生产活动都应通过直接投资顺序向国外转移。显然，产业高度只是一个相对概念。若按照小岛

① Kojima, K. 1978. Direct Foreign Investment. Croon Helm, London.

理论模式，发展中国家的产业结构高度不仅取决于跨国公司所进行的产业的结构高度，而且还取决于转移产业的比较劣势程度。于是，依赖跨国公司的国际直接投资进行产业发展，将不可能缩小工业化国家与发展中国家之间的产业结构差距，进而是技术差距。这是我们从小岛理论中可直接得出的结论。

可见，无论是哪一学派的国际直接投资理论，都充分反映了国际经济中跨国公司在对外投资方面保持自身的产业高度优势、技术优势的战略趋向，也反映了发展中国家利用外资推进产业升级程度的现实。发展中国家要想从引进外资的过程中获得更大的增长效应，必须依赖于自身的条件和引进外资的战略选择。

第二节　国际直接投资条件下东道国产业升级的条件

如何利用国际直接投资实现东道国产业升级？其所需要的条件是什么？在这方面有很多参考文献，但可概括为三个基本条件。

其一，一定的工业发展基础。

钱纳里等人在研究了多国制造业扩张案例之后指出：一个国家在它能够通过出口扩大制造业部门之前，必须发展国内的工业基础，因为经验证明，出口扩张时段起始于较高的制造业初始份额，没有国内的工业一定程度发展，不可能有相应的制造业基础。[①] 这一结论对于利用国际直接投资推动东道国产业升级同样是有效的。一定程度的工业发展之所以对于国际直接投资条件下产业升级十分重要，原因在于，只有经过一定时期的工业发展之后，才有可能解决规模经济和互补性投入问题，有许多生产资料，尤其是资本密集型的资本品，只有在工厂和市场规模达到适当水平时经济上才是可行的。规模经济是引致产业升级过程中关联作用中断的因素之一。同时，互补性问题同规模经济一样，在生产过程中起着类似的作用。产业升级意味着从劳动密集型产业向资本密集型产业发展，但是，在许多资本密集型产业中，原材料的种类、零部件、维修设备和劳动技能与资本密集程度低的生产技术所要求的是不同

① 钱纳里、塞尔昆等（1986）：《工业化和经济增长比较研究》，上海三联出版社 1989 年版。

的，而且更加专业化。没有工业一定程度的发展，发展中国家不能产生为各部门所需要的所有这些互补性要素。“缺乏互补性投入，反映在生产函数和技术进步的性质之中……因为缺乏互补性投入而造成不能采用的生产技术，将不会出现在生产函数曲线上”（罗宾斯坦，1981）。

其二，适时调整的工业化战略。

在开放经济条件之下，发展中国家产业升级依赖于以不断变化的国际经济环境而进行选择、并以实施不同的但又相互转换的工业化战略为条件的。进口替代和出口导向是典型发展中国家经常选择的两种方式。所谓进口替代，是通过进口先进技术设备而生产的产品，替代原先依赖于进口的各种工业化。经验表明，在一国发展初期，实施进口替代的战略对于奠定工业化基础是必要的。发展的关键在于保持对外均衡的同时，充分调动起国内经济的潜在能力，而进口替代符合这一目标。并且，“……收入增长对最终需求的影响，只说明了工业化的20%。还应加上从最终需求增长中产生的中间需求，使纯粹需求效应增加到对总比例偏离的32%。总供给中国内生产份额的增加……加进口替代，说明了工业化的50%”（钱纳里，1970）。但是，70年代以来的东亚和拉美的经验表明，进口替代只能是一种阶段性的战略，随着时间的推移，各种代价或成本都趋于递增；而且经验还表明，只有在出品导向工业化情况之下，持续、高速的经济增长才能实现，而任何基于进口替代的成功则是短暂的。出口导向工业化比进口替代工业化之所以会导致更佳的增长实绩，因为它“导致经济实体根据比较利益来配置资源，容许利用规模经济，产生技术改良，通过以上方式对国外竞争作出反应，在劳动力剩余经济中对就业增长作出贡献。”而且，出口工业的资本——劳动比率比进口替代的各种活动的资本——劳动比率要低，从而鼓励了国际直接投资进入。

从某种意义上看，通过进口替代建立起来的工业部门只有转换为出口导向产业部门，才能真正实现产业升级。仅仅替代进口产品，在国内市场上销售与竞争，很难显示出低劳动力成本的竞争优势。只有在国际市场上，发展中国家才能体现劳动力的比较优势，从而能够利用世界市场推动结构和产业的升级。这与发挥了比较优势国际直接投资才具有增长效应的命题是一致的。同时，在钱纳里等人提出的双缺口的模型中隐含的一个前提就是，发展中国家要提高生产率并由此增加收入，出口的增长就构成其为了保证进口资本和中间产品以及技术的基本条件。一般而言，这些关系在发展中国家是存在的。由于利用国外资源是一种具有约束力的限制因素，它迫使发展中国家的出口增长建立在一个资本积累和技术进步的相互作用过程之上，因此出口导向促进了发展中国家比较利益动态化。

跨国公司在发展中国家的国际直接投资，一方面依靠外向型经济环境，另一方面又扩展了一国经济的外向程度，加速了一国参与国际分工的进程：（1）当跨国企业在世界范围内开展经营活动时，能够用全球眼光看待一切，从而扩大产出，或者在成本最低的地方进行生产，这就扩展了国际分工；（2）即使跨国企业经营活动还不是全球性的，但只要转移其资本和技术，并将它们与不可流动的劳动力或自然资源相结合，便会增强比较利益；（3）国际投资比出口更能促进专业化，因为纯粹出口商必须承担不同的出口销售成本，而跨国公司则可以免去这笔费用（希尔施，1976）。事实也充分表明，世界贸易和跨国企业内部贸易是随对外直接投资的增长而扩张的。①

其三，东道国的环境、体制和政策（ESP）范式。

国际直接投资条件下的产业升级，也取决于发展中东道国不同发展阶段下的经济环境（environment）、体制（system）和政策（policies），即ESP范式。环境因素指一国资源，包括现行的技术，企业在国内外市场利用资源能力。体制所指的是组织结构，既定的组织结构决定了资源的分配。政策所指的是政府的战略目标，执行各种战略的手段，以及相关的推行和促进这些目标所需的规则。ESP是一种比较经济学提出的分析模式（Koopman and Montias, 1971），邓宁在1988年把这一模式用于研究跨国公司与东道国之间相互关系(1988)，并强调跨国公司或国际直接投资的效应在很大程度上取决于东道国的ESP范式。图6.2-1为ESP范式的主要构成和相对应的结果。

（1）环境、体制与政策三个方面彼此相互关联并相互作用，“对各国ESP方面的特点的详尽认识，有助于人们理解跨国公司与东道国之间的相互作用”；（2）在分析国际直接投资经济影响时，尤其分析国际直接投资与国

① UNCTC：1992年和1997年《世界投资报告》。

际生产关系时，不能只注意E变量，而且必须关注S和P变量所起到的作用，在发展中国家的国际直接投资决定因素中，S和P有很重要的解释能力；（3）ESP范式及变动与区位优势有很密切联系，但较少地与企业所有权因素相联系；（4）ESP范式中三个变量在不同的发展阶段具有不同的重要性，其作用程度是动态发展的。在发展初期，E变量最为重要；随着经济的发展，对一国结构变化、竞争力大小的影响力从E和S变量转向P变量。越是发展阶段高，P变量作用就越大。

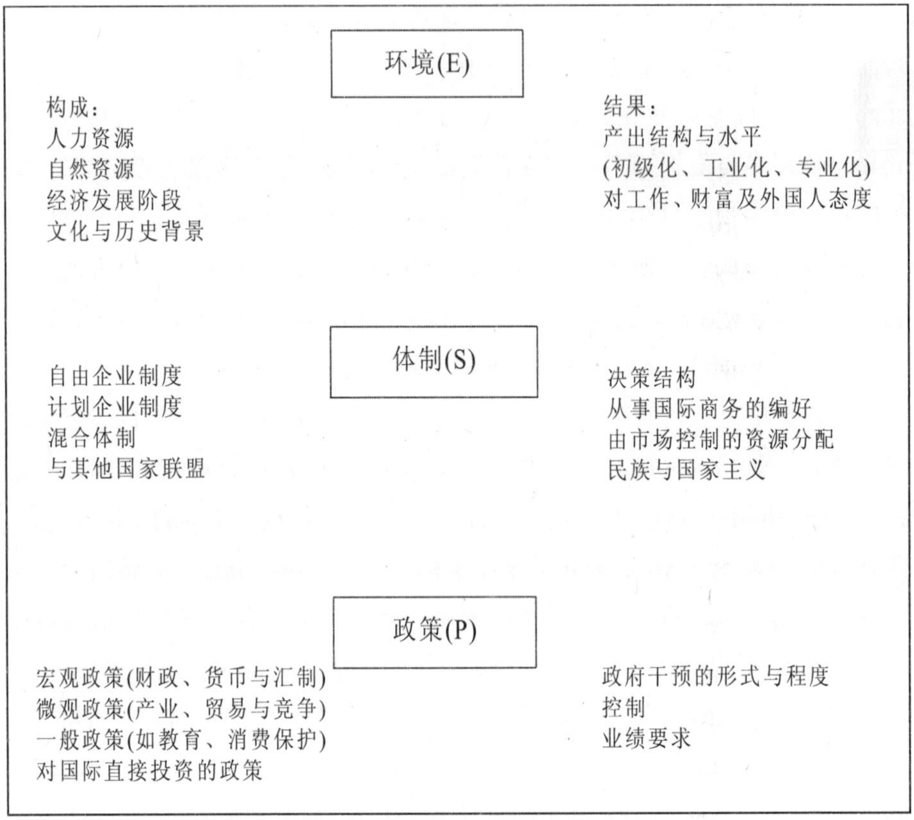

图 6.2 — 1 ESP 范式

国与国之间国际直接投资会有不同的效应，其影响因素是多元的，但如果认为这主要取决于国际直接投资的类型和东道国ESP变量的相互关系，就是一种较为泛化的结论。在现实的经济生活中，ESP中某一变量对国际直接投资效应有时也会产生决定性作用。一些经济学家在分析了印度的国际直接投资、结构变动和竞争力的相互关系后得出的结论认为，印度E和S变量符合国际直接投资产生正向效应的条件，但是P变量却偏离了国际直接投资发生正向效应的范围，因而在利用国际直接投资加速产业升级方面印度丧失了机会，“在政策方面印度走得太远”（Lall, 1985）。一些人则从日本经验的角度出发，强调了在建立国际直接投资与产业结构调整之间内在关联方面、以及ESP和国际生产的所有权、区位和内部化（OLI）决定因素之间配合的重要性。根据日本经济学家的研究，日本在结构调整和升级方面之所以胜于美国、英国等西方国家，原因在两个方面：其一是充分利用外部商业往来、技术转移和直接投资作为产业升级的重要手段；其二是在国际生产活动中从自身利益出发，尽可能发挥ESP结构作用和OLI系统的力量，并使二者相互配合（小泽辉智，1985）。

然而，在发展中东道国，ESP范式与OLI系统之间协调并不一定和谐。这种和谐的实质在于：一方面要鼓励更大的外国直接投资，一方面保证国际直接投资对于东道国的发展目标作出最大可能的贡献，这本身蕴含着利益的冲突。事实上，要达到这种协调，跨国公司必须了解东道国的发展目标和偏好，懂得自己的投资怎样才能与东道国的发展目标相配合。这意味着，国际直接投资的贡献必须超越厂商利润的标准去理解。同时，东道国也必须认识到如果投资风险太大或收益过低，国际直接投资就无法对发展作贡献，从而对ESP产生进一步调整的压力，应该说，这将产生一种为获得国际直接投资增长效应的社会成本。

其四，关联效应的广度和深度。

与国际直接投资相关的产业升级大致有这样几种情况：第一，通过国际直接投资，发展中东道国建立起原先没有的产业；第二，国际直接投资进入之后，推动了原先拥有比较优势产业的升级换代，保持了竞争力；第三，基于国际直接投资的效应，相对比较劣势的产业向比较优势的产业转化。在劳动力——投资推动阶段Ⅱ，由于处于结构变动剧烈时期，且有经济增长、市场规模和市场成长等吸引外资的有利条件，在国民经济一些部门中产生上述现象是可能的。但是，要通过国际直接投资创造一种相对比较普遍的产业升级带动，国际直接投资必须在东道国产生具有一定广度和深度的关联效应。

（1）通过有一定广度和深度的关联效应，与东道国经济内部建立一种一体化的过程，从而使国际直接投资的效应不仅仅限于引进国外资本的部门，在经济中的其他环节也产生一种反应机制。这种情况正如世界投资报告中所指出的一样，跨国公司国际化生产在保证和扩大自己市场的同时，也对东道国其他企业的市场机会带来很大影响。通过跨国公司体系生产和经销过程中的前后的联系，通过与市场进入有关的溢出效应和外在效应，这类影响被扩散到其他企业中去。

（2）通过生产方法或结构方面的级差对发展中国家产生一种外部经济效果。与国际直接投资相关联的产品的加工程度和生产方法，在产生外部经济中是极其重要的因素。如果跨国公司用现代方法对初级产品进行加工，可以通过技术知识的扩散，劳动力的训练，新生产技术的示范，组织和监督技能的加强来获得外部经济，从而有益于其他生产活动。相反，如果国际直接投资的生产技术与其他部门正在使用的技术相同，如果国际直接投资进入的部门的扩张只是建立在简单生产规模扩大上，则其产生的关联效应是微不足道的（Caves, 1978）。

（3）通过国际直接投资创造产业升级效应，客观上要求跨国公司在东道国的投资项目具有“发动机单位”的职能（Meier, 1989）。在前后关联基础上，“发动机单位”将产生两种效应：规模效应，即一个企业对另一个企业的需求的扩大，可以使后者供给增加；创新效应，即引进一种创新，使给定数量的生产要素按较低的价格和较好质量提供相同的生产数量。

第三节　国际直接投资与东道国产业升级机制

什么是国际直接投资条件下东道国产业升级的基本前提？不仅在国与国之间存在发展阶段的差异，而且在其经济结构方面也有明显的不同，这是国际直接投资产生产业升级的基本条件。应该看到，这种情况不仅存在于工业化国家和发展中国家之间，而且，在同属于发展中经济的国家之间，这种情况也同样存在。正如拉尼斯指出，所有发展中国家不会同时达到经济发展的同一阶段，并且生产相同类型的工业产品；即使在新兴工业国中间，也存在明显的产业和产品的差异（1985）。表 6.3 — 1 是一些学者对亚太国家（或地区）目前和未来发展阶段差异的判断。

表 6.3–1 亚太国家（或地区）目前和未来工业发展阶段 1986 ~ 2000 年

国家（或地区）	阶段	
	1986 年	2000 年
印度尼西亚	早期至中期	中期至后期
菲律宾	中期	后期
中国	早期、中期和后期	后期至高技术
泰国	中期	后期至高技术
马来西亚	中期至后期	后期至高技术
香港	后期	后期到高技术
韩国	后期至高技术	高技术
台湾	后期至高技术	高技术
新加坡	后期至高技术	高技术
日本	高技术	高技术

资料来源：根据 F.C. 罗和 B.N. 宋的《东业和东南业经济的产业调整》一文改编；该文为 1986 年 11 月在北京召开的“2000 年亚太经济研讨会”论文。

以亚太地区为例，国家或地区间存在着明显的发展阶段的差距。有人认为，即使这些国家都采取出口导向工业化战略，由于在这种工业发展的过程中经济会出现互补的可能性，这些国家仍能在同一时期实现经济的增长。这种互补性是由“不同国家经济发展处在不同阶段和各国的比较利益随时间推移发生变化所造成的”（Chen, 1989）。阶段性差异和结构性差异同时并存，不仅为区域外跨国公司按照价值链安排国际生产、也为区域内国家之间以国际直接投资形式实行产业转移创造了可能。在这一过程中，跨国公司得以通过国际直接投资推动东道国产业结构升级。

一般而言，与经济发展相关的结构升级有三种不同的类型：（1）产业部类升级。从初级产业向制造业、再向服务业调整；而工业化是指从初级产业向第二产业转变。（2）产业内部升级。从低生产率、劳动密集（低技术含量）轻工业向高生产率（高技术含量）、高智能行业调整。（3）行业内部升级。从低技术含量、低附加值商品与服务生产向高技术含量、高附加值商品过渡。不言而喻，一个国家一旦进入现代经济增长过程，即工业化过程，产业升级迟早会发生。但是，由于跨国公司始终是新技术和新产品的主要来源，始终拥有企业垄断优势并使之内部化的能力，因此，国际直接投资在推动东道国产业升级具有特殊地位。

在国际直接投资条件下，发展中东道国产业升级效应建立在如下机制和过程之上：

1. 投资国产业具有较强的升级换代能力，从而始终相对于发展中国家保持一种产业高度。在这里投资国大致有两种情况。其一，具有较强创新能力和产业生产能力，同时又具备灵活的市场经济制度要素的国家，这些制度要素包括全社会形成一种具有完全自主权的企业制度，并使企业组织形式多样化；发育和完善具有选择竞争和配置功能的市场体系；技术创新，关键在于在科学与工业之间形成密切联系；政府管理方式有利于创造一种促进和保障创新的环境。其中，对研究与开发大量投资，并能够将成果转化为产业能力和商业化用途尤为重要，而跨国公司在这一过程中发挥了重大的作用。跨国公司发明技术，并根据需要在体系内传播，通过国际化生产将技术能力付诸实际使用，因此增强了竞争力。[①]一国经济中技术先进型企业化的出现，无论属谁所有，都将对一国总体经济业绩产生积极的影响。

其二，尽管在上述方面有所欠缺，但具有较强的技术累积能力和工业生产组织能力，从而也能依赖竞争力的递增而保持投资国所具备的产业高度。坎特维尔[②]在“技术累结和第三世界的跨国企业”一文中所提出的两个命题多少反映了这一类国家的特征。美国是更多具有第一种情况特征的投资国，日本则两种情况下的特征兼而有之，很难对其归类。事实上，日本这种“兼容”

① UNCTC：《1995年世界投资报告》。

② Cantwell, J.A. and Tolentino, P.E.E. 1987. “Technological Accumulation and Third World Multinationals”, paper presented at the annual meeting of the European International Business S.,eds., The Nature of the Transnational Firm, London: Routledge.

的发展特征，是其产业升级、赶超能力的重要基础。以制造业为核心的产业升级速率，确保了日本相对于其他亚太国家具有一个产业的绝对高度差，图 6.3–1 刻画（Ozawa and Hine, 1993）的战后日本制造业升级换代的顺序生动形象地概括了这一过程。

概言之，投资国保持较强的产业转换能力是国际直接投资条件下实现产业升级的外部条件。

2. 东道国具有较强的产业转移的接受能力。具体而言，东道国通过一个增长要素累积和学习过程，善于在产业转移中缩小或弥合技术差距，结构差距和技术差距，并在此基础上改造和提升贸易构成。应该看到，产业转移中的各种差距是客观存在的，特别在文化、社会背景不同的情况下，产业转移过程中还会产生相当程度的制度方面的冲突。由于国际直接投资条件下的产业转移在很大程度上实质上是一种企业行为，因此一些经济学家认为不同国家中有差异的企业家文化同样构成了决定国际直接投资效应的重要因素之一（Casson and Buckley，1991）。而小岛清命题中的一个重要内涵就是，由边际产业转移到东道国的比较优势产业，差距障碍会缩减到最低程度，故而从边际产业转移到东道国的国际直接投资容易产生产业升级的预期结果，从东亚地区的产业转移和产业升级情况看，东道国的接受能力起到了举足轻重的关键作用。这种情况可从产业升级中的贸易结构构成变化和技术差距的变动两个方面分析。表 6.3–2 表 6.3–3 别表明日本向邻近国家或地区制造业投资的构成，以及这些国家或地区向日本的出口构成情况。日本向这些国家或地区投资构成不断从劳动密集型产业向资本密集型产业过渡。当新的产业转移以高技术的劳动密集型产业和传统资本密集型产业为主时，东道国的出口结构就会逐步发生变化，即原来的低技术密集型产品为主向中高技术劳动密集型产品和传统资本技术密集产品的方向过渡。

表 6.3–1 后日本制造业升级换代顺序

产业升级换代	制造业赶超阶段			
	第一阶段	第二阶段	第三阶段	第四阶段
	20 世纪 50 年代至 60 年代中	20 世纪 60 年代后期至 70 年代初	20 世纪 70 年代初期至今	20 世纪 80 年代初以后

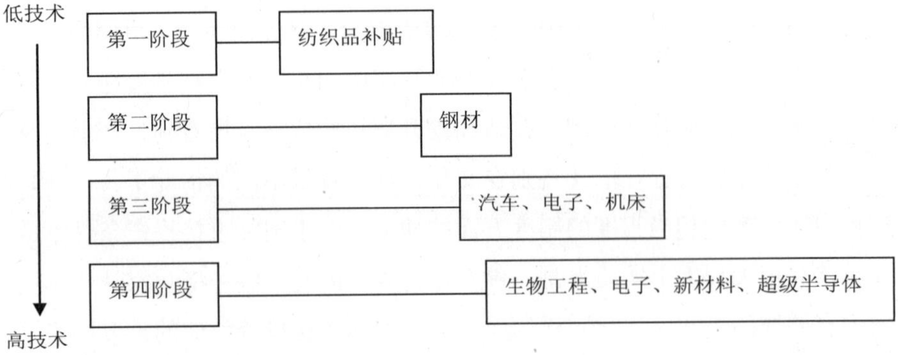

资料来源：Ozawa 与 Hine(1993)。

注：第一阶梯为劳动密集型轻工业；第二阶梯为重化工业（无差别性）；第三阶梯为装配导向型产业（差别性）；第四阶梯为发明密集型产业。

表 6.3–2 日本对邻近国家或地区的制造业投资构成（1987 年）百分比

投资结构	新加坡	台湾	韩国	香港
劳动密集型轻工业	17.1	24.3	28.0	67.8
资本密集型机械工业	46.3	58.2	37.0	24.1
资本密集型原材料工业	36.6	17.7	35.0	8.1
资本密集型工业合计	82.9	75.9	72.0	32.2

资料来源：大藏省：《财政金融统计月报》（1987 年 12 月）；《外国贸易概况》（日本）（1988 年）。

到了 1987 年，“亚洲四小龙”对日本的出口品中已程度不同地发生了资本密集型工业比重上升的现象，从而表明，这些国家或地区所吸收的日本新转移产业，已经成为其贸易结构变化的基础。

表 6.3–3 1987 年“亚洲四小龙”向日本出口的产品结构

日本的进口结构	新加坡	台湾省	朝国	香港
劳动密集型轻工业品	12.3	41.2	56.5	64.0
资本密集型机械工业品	15.5	16.4	13.3	16.4
资本密集型原材料工业品	16.2	3.7	4.9	(6.9)
资本密集型工业品合计	31.7	20.1	18.2	16.4

资料来源：同上表。

产业转移的接受能力的另一方面标志，表现为东道国利用国际直接投资缩小技术差距的程度，这既取决于跨国公司国际直接投资类型与采用的技术，但更重要的是东道国自身学习机制、技术累积能力和所选择的政策。由于相对要素成本在不同国家确实存在差异，如果政策鼓励要素流动，跨国公司便利用国家之间成本差异，在国际范围内调配和使用自己的资产。与此同时，东道国利用与跨国公司的联系，特别是采用国际直接投资方式获得先进设备和技术，在引进国际直接投资过程中获得技术能力和创新能力不断提高，就能不断缩小技术差距。表 6.3 — 4 映了韩国这一方面的突出的特点。

表 6.3–4 韩国在芯片生产上的技术差距

	64K	256K	1M	4M	16KM	64M
发达国家	1979	1982	1985	1987 年后期	1990 年初	1992 年后期
韩　国	1983	1984	1986	1988 年初	1990 年中	1992 年后期
差　距	4 年	2 年	1 年	6 个月	3 个月	0

资料来源：韩国工商能源部 1995 年在香港发布的资料，第 47 页。

从发达国家的产业转移中调整自身的产业结构，到形成以此为基础的贸易结构，东道国必须有一产业接受能力增强的过程，这就涉及到东道国深层次的内部条件问题。有学者指出，发展中国家和地区进入世界市场的时机以及它们确有能力从结合于其中获益，应该看作是一决定性问题，尤其从经验意义上说是这样的。[①] 显然，通过国际直接投资为形式的产业转移，发展中国

① 肖新煌：《变迁中台湾社会的中产阶级》，台北巨流图书公司 1989 年版。

家和地区面临一种产业升级的机会。但是，关键在于能否对这种机会和刺激作出反应。反应能力和从中获益的能力至关重要，世界经济史中不乏由此丧失机会的例子。一般认为，出口导向工业化的三个特点是：（1）出口具有比较优势的产品；（2）出口增长取决于市场需求；（3）出口的持续增长取决于企业家对市场变化的适应。与此相适应的条件是"充足的资本供给，大量勤奋守纪的劳工以及大批随机应变、具有灵活性的富有机智的企业家"（Chen, 1989）。当劳动密集型向资本密集型、技术密集型产业转移时，技术创新和改良，以及通过良好教育和培训的劳动力变得必不可少。只有具备这些基本条件，才可能面对世界市场的变化，形成有效的反应和接受能力。

3. 东道国通过国际直接投资关联效应形成产业带动。在新古典理论中，有关国际直接投资对东道国产业发展的关联效应的分析，主要侧重于外部性。在跨国公司文献中，关联效应通常被定义为外国直接投资与东道国企业之间相互关系的一种组合，后者是对前者所提供管理激励、营销以及技术的正向反映。从这一意义上讲，关联与在竞争市场上正常交易是截然不同的。从根本上讲，它涉及由于外国直接投资而对东道国产业所产生的外部性。赫尔希曼把关联作用看作是一个东道国通过有意实施其战略来创造一种"非均衡"，并充分使企业创新和增长的力量不断增强的过程。[①] 因此，关联也被视为外国直接投资在经济部门之间创造较强外部经济的一种有效的产业带动方式。

在一定意义上，外国直接投资能够创造更强的当地关联，而东道国促使外国直接投资者更多地购买当地产品与原料作为投入的政策，是实现东道国的产业关联的一个重要因素。外国直接投资者总的购买量占当地购买量的比例，在文献中通常作为关联度的一个指标。一些人认为，这种方法没有把外部性考虑在内，不能有效的估价关联创造的全部效率，它只能作为一个粗略的指标来评价外国直接投资对当地企业的关联作用。然而，在有些情况下，把外部性一同纳入对关联创造的分析，至少在以下几个方面不太恰当。首先是，如果东道国企业能在没有外资进入的情况下自我创立并发展，则其关联作用该如何说明；第二，如果外国直接投资进入东道国并成为其主要的当地购买者，

① 赫尔希曼（1958）：《经济发展战略》，经济科学出版社 1991 版。

则东道国企业是否会得到或失去其自我发展的条件；第三，如果东道国企业能够在很低成本的条件下创造同样的关联作用，那么可以说外国企业有可能会被国内企业所取代；第四，外国直接投资是否也会创造有损东道国发展的关联作用，也是必须要考虑的问题。因此，对关联效应在东道国产业升级中作用，必须结合实证分析，才能得出符合实际的判断。

按照一般的观点，在外国直接投资中，关联效应由三个决策阶段所决定：一是选择外国还是当地作为投入来源；二是对自己制造或购买当地投入品作出决策；三是确定在购买投入的企业与当地的供给商之间建立直接联系的方式。为此，关联效应可定义为从事纯市场交易以外的互补活动的企业所确立的直接联系。从这一意义上来讲，东道国产业结构升级的过程的一个重要方面就是外国直接投资最大限度地增加对当地投入购买的过程。显然，关联效应在一国产业升级中具有重要影响。但在不同情况下会产生不同程度的关联效用。

首先，在东道国采取外向的政策情况下，一些外国直接投资一开始就迎合东道国出口导向政策，其投资活动主要以比较成熟、但又不太先进的技术为主，来对拥有廉价但相对比较熟练的劳动力部门进行直接投资，而东道国则可以利用其营销及品牌进行出口活动。这些外国直接投资在早期阶段会形成了相当大的国内关联。但是，这些关联的范围、程度与特性将随东道国产业结构的变化而发生了相应的变化。

其次，如果外国投资企业只投资、生产和出口传统产品如纺织品等，对于这类投资而言，技术的应用程度或资产的专用程度比较低，并且产品的差异性不大，外国直接投资的进入比较容易，由于它们都是小型企业而不是大型企业集团，因而对这些企业来说，保持其产品较高的差异性，重视市场营销和技术革新是十分重要的。在这种情况下，也会产生与国内生产相联系的潜在关联 (Lall，1991)。

再次，新的外国直接投资介入现代工业部门，向东道国转移相当复杂的技术诀窍，并把产品打入世界市场。在大多数情况下，这类投资是被母公司严格控制的。但是此类外国直接投资一旦发生，就会与东道国有较强当地关联，并使当地企业得以再造，促进这些国家的现代产业的成长。

最后，资本密集型产业，如半导体产业，这类产业技术水平高，变化迅速，同时由于高技术产业不易被模仿，资产的专用性非常高，因而其关联性较小。

一般认为，在上述四种外国直接投资中，前两种的关联最大，第三种次之，最后一种最小。可见，国际直接投资在东道国产生的关联程度与东道国工业化发展阶段、劳动力的熟练程度技术、外资政策及需求变化密切相关；同时，关联程度的大小也与直接投资项目的性质和特征紧密相关。

总之，从国际经验来看，外国直接投资在经济规模较小或工业化程度较低的东道国，其关联度低；而在经济规模较大或工业化程度相对较高的东道国，产业关联度就比较大；同时，多数关联创造主要还是由政府外资政策作用的结果；此外，进口替代或出口导向战略选择对关联作用也有深刻影响。

第四节　经济发展阶段与国际直接投资条件下的产业升级

前面已经论及，国际直接投资如何影响发展中国家产业升级，一直是主流跨国公司理论中所忽视的问题。邓宁在 1981 年发表的“解释各国国际直接投资状况：一种动态或发展的方式”一文中，以及 1988 年发表的“投资发展周期与发展中国家跨国公司”一文，强调的都是一个主题，即随着国家的发展，国家的国际投资状况会经历几个不同的阶段，基本没有涉及国际直接投资与发展中国家产业升级问题。但是，如果把邓宁的国际直接投资阶段发展思想，以及小岛清（Kojima）、坎特维尔（Cantwell）、托伦悌诺（Tolentino）和小泽辉智（Ozawa）的思想作一综合，在经济发展阶段、国际直接投资流动因素和工业化战略之间的关系还是成立的，表 6.4 — 1 对此作了概括。

表 6.4–1 发展阶段、国际直接投资与工业化战略

以收入为基准划分的阶段	投资流动因素	战略选择
第一阶段	OF,IF 较强，LD 较强	以资源为基础的工业化战略
第二阶段	OF 较强，IF 可能下降，LD 上升	进口替代工业化战略
第三阶段	OF 下降，IF 增强，LD 下降	出口导向工业化战略或综合战略

这三个阶段，从要素推动角度来看，都在劳动力——投资推动阶段区间内。在经济发展的第一阶段，由于东道国经济水平低，所有权优势、内部化优势和区位优势都比较弱，对外资的吸引力较弱。为此多数东道国采取了以本国资源为基础的工业化战略来吸引外国直接投资。

进入第二阶段，通过前一阶段的发展，东道国的基础设施得到改善，区位优势有所增强，外资流入开始增加，但是其他优势却并没有得到根本的改善。为了更好地吸引外资，加快本国工业化升级，各东道国大都实行了进口替代工业化战略。

进入第三阶段，东道国的所有权内部优势得到较大增强。在这一阶段，为了更好地发现和利用外国的区位优势，各国基本上都选择了出口导向工业化或混合战略。

在第一阶段，由于东道国在工业化战略选择中擅长于利用本国的区位优势，因此依靠本地所特有的资源优势来寻求本国工业化的发展就成为外资进入的前提条件。对以资源为中心的投资而言，拥有自然资源或劳动力的禀赋状况就成为外国直接投资的动力。外资进入东道国主要与当地的资源禀赋以及当地的市场规模和市场成长直接相关。所以，区位优势更多地依托于东道国经济发展所处的阶段、发展路径以及工业化战略。

按照小岛清的理论，对外直接投资是从投资国的劣势部门即边际生产力递减的产业部门开始溢出的，而这些产业部门在东道国又是最具有比较优势产部门。然而如果没有国际直接投资的进入，东道国所应有的自然资源和低劳动力成本等优势就不能充分发挥出来。所以不仅资本输出国可以利用东道国的比较优势，而且东道国也可以采取积极的工业化战略来引进外国直接投资，从而推动工业化发展。这表明，外国直接投资是以东道国的不同的工业化战略为转移的。在以资源为基础的工业化战略条件下，外国投资主要是自然资源和劳动力导向型的。

实际上，在资源禀赋较为丰富的东道国，外国投资一般分布于附加值相对较高的行业。由于外国直接投资的介入有利于自然资源的深层开发，因而在以资源为基础的工业化战略选择中，国际直接投资的作用都是与原料的开发和加工以及与外部经济所发生的关联效用相联系的；并且产业关联主要以垂直联系为特征，因而其业务活动在东道国受到很大限制（Radetxki, 1977; Girvan, 1987）。即便如此，绝大多数东道国也都设法寻求一种较为成功的以资源为基础的工业化战略，并通过管理和技术援助合约来实现国内的产业关联。在以资源为基础的工业化战略选择中，主要的直接关联是和东道国的那些原材料深加工密切相关的。关联效应不仅使初级主品的附加值进一步增加，而且也使东道国政府的财政收入得以提高，无形中也会导致东道国极力推行以资源为基础的工业化战略 (Girvan, 1987; Jenkins, 1987）。

应该看到，以资源为基础的工业化战略选择下的外国直接投资也有其局限性。如果外国直接投资大都聚集在技术水平相对低、产品附加值也较低的资源性行业，同时，产品市场在外，这样对东道国工业化进程的影响也就弱。但是，小岛理论实际上已经指出以资源为基础的工业化战略与外国直接投资的形成，总是以东道国不同的经济发展条件为转移的。资源禀赋状况较好，市场潜力大的国家，无疑是跨国公司的首选对象；而资源匮乏、市场范围狭小的国家情况可能就大不一样。这样，[①] 在以资源为基础的工业化战略选择中，一国工业化的发展进程以及外国直接投资对该国工业化的推动作用，也就与东道国的资源禀赋状况直接相关（Kojima, 1993）。

实行进口替代战略阶段，外国直接投资之所以参与东道国进口替代工业化就在于利用它们的国内市场，这必然对东道国的国内竞争以及对其他企业的水平和垂直关联将产生重大影响。在发达国家，大多数情况下国际直接投资往往会降低产业的集中水平而强化竞争，但是在发展中东道国的情况却并非如此。市场集中并不仅仅是规模经济、市场规模、资本密集及广告密度等因素的一种综合反映；通过引入新的资本密集和经济集约生产方式或产品差别化策略，外国直接投资也能够提高其产业的集中度。

在这种情况下，外国直接投资对东道国内企业绩效的影响就显得尤为重要，外国直接投资能够促使东道国企业迫于外国竞争对手的压力，采用更为有效的生产方法，引进先进的技术，创造更多的利润，从而推动东道国工业化的发展。同时，在进口替代工业化战略下，外国直接投资，不仅使东道国

① Marton, Katherin. 1986. Multinationals, Technology & Industrialization. D.C.Heath & Company.

企业的生产能力满足了国内的需求，而且还产生了出口的动力，对于拥有重要国内市场的东道国来说，出口替代工业化仅仅是出口阶段的开始，在一定意义上东道国通过学习过程就可以使自己的产品变得更具有竞争力。就一般情况而言，东道国实行进口替代工业化战略的目的在于用国内生产的同等质量的产品来取代原来的进口产品，而要确保替代品的质量，东道国就会通过让拥有这种技术的跨国公司进行直接投资，建立合资企业，来实现技术上的连接。所以，在一个通过进口替代工业化的东道国中，限制进口与鼓励外国直接投资总是并行不悖的。

此外，进口替代工业化战略对外国直接投资也有很大的导向作用。东道国通常把外国直接投资引向国内最薄弱的部门，其目的在于增强本国的生产能力，限制进口，保护民族工业。因此，在拉丁美洲的一些国家以及亚洲的一些新兴工业化国家中，对“幼稚工业”的保护及优惠政策最多，外国直接对这些部门的投资也最多，其原因在于在工业化初期，由于民族工业的基础较弱，并且大都集中于传统部门，因而代表工业化方向的“幼稚工业”更需要外国直接投资的增加。然而，由于东道国的进口倾向往往难以控制，贸易逆差在所难免，因而进口替代工业化战略本身就存在较大的局限性，这种情况至少在拉丁美洲的一些国家是存在的（Lahcra, 1985）。

在经济发展的第三阶段，出口导向成为主导的工业化战略。在这一阶段，产业升级与跨国公司经营目标以及内外环境都会有所冲突。由于出口导向生产必须符合国际质量要求和价格竞争要求，外国直接投资也就需要最新的技术用于东道国的生产。然而，由于东道国当地化含量准则的不恰当的使用，与此同时，产品还需要去满足发达国家规格要求，这对于当地所能够运用的技术和对生产过程的改进空间就显得较为有限。同时，由出口导向所带来的外国直接投资趋向的这些变化，主要是由于新技术的出现（尤其是微电子）以及这些技术在工业和商业领域中的扩散。这种情况的出现自然也就引起了组织创新。而创新的影响也可能进一步弱化东道国的短期的主要优势，如廉价劳动力等，从而导致生产区位优势发生倒流。此外，迅速的技术和需求变化，也不利于跨国公司在发展中国家扩大在当地的采购额。因为在这种情况下，当地很难确保各种稀缺资源和零部件的供应，从而使跨国公司倾向于在本系统内采购，而不是通过本地厂商解决。因此，迅速变化的技术和需求，必然弱化由国际直接投资采购所引致的关联效应，而增强跨国公司部件生产内部化趋势。

一般而言，在出口导向工业化战略下，最初国际直接投资会把劳动密集型的生产直接引向东道国，参与这些国家的工业化，并使外国直接投资有利于东道国出口导向工业化的发展。但是外资的大量进入也使东道国一些产品生产的当地化含量的比率下降。此外，东道国企业出口业绩的改善，一方面说明其竞争能力的增强，另一方面，也有可能只表明东道国企业在享有各种贸易保护。因此，必须要对国际直接投资的实际效应作出准确估价。

从以上理论与实践的分析观察来看，国际直接投资的确在一定程度上推动了东道国工业化的发展，但是当东道国各种结构性失衡开始阻碍产出的进一步增长时，或国际直接投资无助于这一情况的改变时，对既定的理论模式进行修正，使之适应客观形势的变化也是十分必要的。外国直接投资及国际形势的变化，已日益使一些经济学家把出口导向增长战略视为与外资无关的命题。另外一个问题则涉及到工业化经验的特色问题。一些人认为，借助国际直接投资所实现的东道国的工业发展可能是“扭曲”或“不正常”（Sachs, 1980），并视为“依赖资本主义的发展形式”。之所以这样说，其原因在于在既定的制度背景下，东道国仅仅是被动的引进外资，仅仅依附国际直接投资，不可能使东道国产生一种可持续性发展，也不可能出现古典跳跃式的工业增长（Rweyemamu, 1993）。

就像我们看到情况那样，东道国产业发展的程度，一方面，取决于东道国工业化战略的选择下外资进入的直接作用；另一方面，也取决于东道国企业的回应能力。工业化战略选择，只为外国直接投资提供了一个可能的作用边界，在既定的工业化战略框架内，外国直接投资对东道国产业升级的影响程度如何，则取决于东道国外国直接投资政策的趋向。

第五节　国际直接投资条件下产业升级的局限性

邓宁在分析利用国际直接投资推动产业结构效应时，曾多次提到发展阶段低的国家如何通过ESP的安排或调整以便从中获得利益的问题，其中的暗含也十分明显，即越是发展阶段低的国家，ESP所要调整的幅度就越大（Dunning, 1992）。对此人们不禁要提出这样的问题：国际直接投资的增长推动效应是否值得使发展中国家值得对环境，制度和政策作全面调整？从更深的层次上，这一问题涉及到东道国对特定发展方式的认同和选择，另一方面，应当看到在国际直接投资条件下产业升级有其局限性。

其一，在一些发展中国家，通过国际直接投资的确会建立、增加一些现代工业部门和企业，亦能促进产业结构成长。但是，对大多数发展中国家而言，这些企业很不可能成为发展中国家主导产业，无论从产值比重、就业比重和出口额比重都构成不了国内最大的生产部门。对发展中国家进行的外国直接投资，资本数额是有限的，产业分布不可能十分集中，在时间上也不是持续发生的，因而不足以使一个国家产业结构发生根本变化。这里有一个从结构量变到结构质变之间的重大差异。一些发展中国家（包括我国）为了进一步发挥国际直接投资在结构升级中的作用，把国际直接投资项目纳入发展计划之中，但国际直接投资往往并不能进入到那些发展中国家最迫切希望发展的产业之中，从而不可能与国内产业资本一起形成一种持续不断的投资，直至一个或一群举足轻重的现代产业部门兴起来取代传统产业的支配性地位。简言之，大多数发展中国家的外国直接投资推动效应，只能局限于结构量变的范围之内。尤其在发展中国家，这种局限性更为明显。

其二，对于大多数发展中国家而言，依靠国际直接投资不可能根本解决所谓产业级差问题。自从国际分工发生之后，国家之间的产业级差就会存在，早期的产业级差表现为工业与农业之间的技术水平差距，而现今的产业级差则表现为劳动密集、资本密集、技术密集型产业内部及其之间的技术水平上的差距。从新兴工业国和地区与工业化国家的技术级差来看，有缩小的趋势，这在很大程度上归因于这些国家和地区建立在学习机制上的技术吸收能力和产业接受能力基础之上；而就大多数发展中国家与工业化国家技术级差来看，则有扩大的趋势。正如前面所作的分析，当这一级差扩大为一定的差距时，国际直接投资产业转移反而会出现停滞现象。一般而言，产业结构成长过程中固有的产业级差，是由跨国公司技术转移中保持技术垄断优势的基本倾向决定的。从国际直接投资带动的产业转移现实来看，由于技术转移级差的存在，跨国公司与发展中国家之间的产业级差往往趋向于相对稳定化。原有的国际分工格局对国际直接投资流向、结构会产生导向诱致的效应，第一产业的国际直接投资流入发展中国家，会起到强化第一产业比重的作用；劳动密集型国际直接投资流入发展中国家，强化了以劳动密集型产品为生产目的国际分工格局中的地位。除了上述国际分工的产业级差外，生产过程中分工级差将越来越普遍。在跨国公司日益将公司内部生产一体化和区域一体化结合在一起的今天，生产过程的分工级差成为国际产业级差的内在决定因素。[①]

其三，发展中国家从国际直接投资产业转移中所得到的利益与代价未必对等。一些发展中国家有可能从国际直接投资中得到产业升级的效应，但是如果这些产业属于发达工业化国家有害工业的转移，以环境恶化和生态恶化为代价，将产生严重的外部不经济。与此同时，由于产业级差和技术级差的存在，发展中国家在国际工业升级换代中的利益分配地位也处于不利地位，发展中国家为了加速本国工业化进程，不惜以全面的ESP安排和调整为代价，造成以优惠政策竞争国际直接投资，最终增加了利用外国直接投资的代价。

因此，从总体上看，发展中国家，尤其是发展中大国，只能把产业升级建在本国内部结构变化基础之上。在劳动力——投资阶段（Ⅱ），国际直接投资推动的产业升级有一系列的约束条件。这些约束条件，在多数情况之下，这些约束条件很难被满足。单纯依靠国际直接投资的产业转移，从中实现产业升级，并不能实现赶超工业化国家的经济发展目标。

到此，我们可以对上述的讨论与分析作一小结。劳动力——投资推动阶段Ⅱ是一个结构变动相对剧烈的阶段，加速结构升级，是很多发展中国家引进国际直接投资的目的之一。以上述分析看，我们可得出如下结论：

1. 除日本学派外，主流的跨国公司理论并没有把国际直接投资与发展中国家产业升级之间的关系作为主要研究的对象，在这一领域的理论是很薄弱的，但是从维农的产品生命周期理论，小岛清的宏观国际直接投资理论中，

---

① 冼国明：《跨国公司与当代国际分工》，南开大学出版社1994年版。

我们可以发现，在国际直接投资条件之下产业升级是有限度的，这种限度必须在跨国公司的利益目标之内和工业化国家产业调整范围之内。由此可推出的一个结论便是，大多数发展中国家最终实现产业升级，赶超工业化国家，国际直接投资只能是借助的手段之一。

2. 在一定条件下，国际直接投资可以推动发展中国家的产业升级，这些条件分别是东道国工业发展的基础，适时调整的工业化的战略，与世界经济吻合的ESP体系的建立和调整，以及国际直接投资进入之后所能产生的关联效应的深度与广度。从中可见，国际直接投资对产业升级的推动效应大小，是以东道国的发展阶段以及相应结构特征为基础的。对国际直接投资条件下产业升级机制的分析中，各国产业的比较优势及其变动是这一过程的核心内容。资本输出国的产业转换能力，东道国的产业转移接受能力，以及东道国产业的关联效应为中心的产业带动能力，贯穿国际直接投资推动下产业升级的全过程。

3. 在本章的最后部分，分析了发展阶段、东道国工业化战略选择和产业升级之间的相互关系。基本结论是，如果国际直接投资能够与发展中国家的适宜工业化战略融合较好，国际直接投资就能有效地推动东道国的产业升级。但是，也必须认识到发展中国家依靠从发达国家产业转移，从而实现产业升级的局限性。首先，在大多数发展中大国，国际直接投资进入并不可能使结构量变过渡到结构质变；其次，国际直接投资推动的产业升级不可能消除发展中国家与发达国家之间的产业级差；最后，发展中国家在这种产业升级中尚存一个收益与代价不对称的问题。

第七章　经济发展阶段与国际直接投资的互动关系

多年来，世界投资报告对跨国公司在发展中国家的直接投资的作用一直持积极肯定的态度。但是，这种情况近来有所变化。1999 年的世界投资报告认为，由于市场失败以及在全球化谈判过程中发展中国家的政府对外国直接投资的管制逐步被弱化，跨国公司的直接投资未必能够对发展中国家长期的动态利益产生积极的作用。因此，报告的作者期望跨国公司能够担负起对发展中国家的社会责任。然而，在世界经济的现实中，不存在强制性的理由使跨国公司对这种社会责任感兴趣，发展中国家也缺乏迫使跨国公司行为符合自己的发展目标的谈判实力；引进直接投资的效应取决于跨国公司行为与东道国发展进程之间的关系①（Gerald Epstein, 2000）。这些争论多少反映了国际直接投资对各国发展所产生的作用存在着明显的差异。在本章中，我们首先将对发展阶段与对国际直接投资的制约作用的基础和机理进行探讨，所要强调的是：在跨国公司影响日益扩张的今天，使国际直接投资推动发展中国家经济发展成为可能，正是由于内外因素的结合。其次，我们利用技术发展水平作为发展阶段的衡量基础，通过实证分析，进一步强调跨国公司的国际直接投资作用是随东道国经济发展阶段变化而变化，②其创造的效应差异在很大程度上取决于各国所处的发展阶段及其结构特征，而发展中国家自身的技术发展等增长要素的累积对此具有实质性意义。这部分以 R & D 占 GDP 比重为技术发展指数，应用计量经济模型把 54 个样本国的技术发展分成三个阶段，

① Burger, Bettina.1999. How Important is Foreign Direct Investment for Late Industrializing Countries. Intereconomics, 34(3):115-123.

② UNCTC. 1992.《1992 年世界投资报告—跨国公司：经济增长的引擎》，对外贸易教育出版社 1993 年版。

6个梯级水平，净吸收国际直接投资分成三个阶段，并对不同阶段吸收FDI和对外直接投资特点，净吸收直接投资关系进行研究。

第一节　要素积累与发展阶段推进

东道国的经济发展阶段之所以对国际直接投资具有制约作用，其重要原因在于跨国公司的直接投资所具有的特殊性质。长期以来，我们把跨国公司视为特殊的经营形式，但是从其行为模式和在全球化过程中作用来看，跨国公司更多地体现为一种组织，是为利润最大化目标设计的对社会与技术的要素配置所做出的制度安排（Marc T. Jones, 2000）。而跨国公司的国外直接投资的目的在于控制国外企业的经营与利润，通过资本运动从一个国家向另一个国家转移一揽子经营资源。经营资源从表面上看是以经营者为核心，但实质上是指企业经营管理上的知识经验，包括专利、技术秘密以及市场调查方法等技术性的专门知识，在市场上销售、采购原料、筹措资金的能力，以及所拥有的商标或信用、情报收集、研究开发等组织结构。在后起的发展中国家，经营资源相对于其他生产要素是一种短缺资源，从而具有较高的生产力。跨国公司的国际直接投资所具有的一揽子的性质，使其与其他资本流动形式之间的区别开来。（1）直接投资不单是资本流动，而是包括资本、技术、经营知识的总体转移。其核心不是货币资本的流动，而是体现在机器、设备等技术性的生产资料转移，以及技术培训、经营管理、市场销售等技能的转移。（2）直接投资的一揽子资源从投资国的特定产业部门向接受投资国的同一产业部门的特定企业的转移，所带来的先进的生产函数，将逐渐普及和逐渐固定下来，从而对引进外资的国家产生一种“生产函数改变后的比较优势”①。同时，跨国公司还利用其实力从东道国获得法制和政治方面的来支持其投资活动。可见，国际直接投资的一揽子的资源转移性质，是把社会经济与技术两方面的因素结合在一起，而跨国公司的竞争优势就在于在国际生产中能够通过直接投资形式并依赖非市场化手段与价值链调集“一揽子”与众不同的资源。

① 小岛清（1981）：《对外贸易论》，南开大学出版社1987年版。

国际直接投资的一揽子性质表明，直接投资的各个要素组成部分是在特定的市场条件和技术条件下产生的，各种要素之间存在着一种“不可分性”，从而不能单独构成一种可转移的资源。同时，跨国公司从自身利益最大化角度，不愿将“一揽子”资源分成个别要素进行转移，因为在很多情况下，作为整体的一揽子资源要比各分离成份的总合还有利可图。直接投资的一揽子性质对发展中国家产生了两方面影响：

其一，一揽子性质使跨国公司的直接投资在发展中东道国不仅产生资本转移效应，而且还会产生技术适应性问题，管理与组织形式的冲突以及跨国公司产品所带的消费示范效应问题，其影响范围大大超过了价值指标方面。在很多情况下，会产生其效应与发展中国家不相融的情况。因此，跨国公司的国际直接投资的一揽子性质本身就已包含了投资国与东道国在发展目标、经营理念和社会文化背景冲突的种子。

其二，假定一揽子资源转移对能够对发展中国家经济产生一种正效应，那么，国际直接投资一揽子投资中所决定的资本、技术、管理及市场进入等要素的系统性或“不可分性”，要求引进外资的国家本身存在着相应的一种能力结构。因为无论从资本的吸收能力，还是从技术转移、工艺传播和管理知识的引进上来看，对外外资与引进外资之间都是一个双向适应与协调过程。对于发展中国家而言，获得资本固然重要，但决定长期增长的因素在于技术、管理、市场等方面的改进，没有这种改进，引进外资很可能事倍功半。

这两方面的影响，决定了发展中国家要想从跨国公司的一揽子国际直接投资获得经济增长推动效应，系统性的、累积而成的能力结构体系就变得十分重要，而系统性的、累积而成的能力结构体系必然与东道国所处的发展阶段相适应。罗斯托早在1984年在“马歇尔：长期的政治经济学”这篇论文就明确指出：一个发展中国家在发展阶段所处的位置，是与它的技术吸收能力相一致的。从广义的角度看，这种吸收能力不仅包括对技术的吸收，还应包括对外来管理与组织系统的接受与融合，以及有利于知识与技术扩散的机制。经验表明，东道国与投资国所处的发展阶段差异越大，这种挑战就越明显。同时“差距越大，……从早期起步者那儿借鉴来的经验教训和本国的相关程度便越小”。[①] 显然，处于发展阶段较低的国家要从跨国公司的直接投资中获得较大的增长效应，自然会面临巨大的挑战。

国际直接投资增长效应与吸收能力结构之间的关系表明，一国经济一定程度的发展，是获得外国直接投资推动效应的初始条件。因此，在理论上，一个发展中大国在引进大量国际直接投资，寻求国际直接投资收益之前或同时势必要有一个内生性的发展过程。这一阶段的存在和持续，有利于形成一个增长要素的累积过程。跨国公司的直接投资自身就能对东道国的外资吸收能力结构有所贡献，但它们不可能全面推动发展中国家这一能力升级，跨国公司的直接投资对发展的贡献必须建立在东道国自身吸收能力升级基础之上。[②] 一般认为，与一国国际直接投资吸收能力相对应的则是增长要素的累积过程，即发展阶段的推进。

处于一个竞争性的世界经济中，发展中国家的增长要素应当包括什么内容呢？或者说发展阶段的变化以什么为衡量标志呢？波特[③]对一国的增长要素的归纳为人力资源、物质资源、科技资源、资本资源、基础设施等内容，事实上，这些要素可分为基本的（I 类）和可累积的要素（II 类）两类。由于基本要素与自然资源的禀赋相联系，更多地根源于一个国家的自然比较优势，从理论上看迟早将会出现收益递减的倾向；而后者则基本上属于经济发展过程中累积而成的结果，更多地体现了由不断增长的知识等无形资产积累带来的增长潜力，它的收益是随经济发展而递增的，具有阶段性累进的性质。在不同的经济发展阶段，增长要素不可能划一地产生和存在，从而造成某一要素或要素类出现短缺，成为瓶颈。但在现代经济条件之下和世界经济市场环境之中，一国增长要素的短缺可以通过以其他方式替代来解决，然而上述增长要素普遍短缺，就不仅仅涉及国际直接投资吸收能力问题，而且会导致全面的发展障碍。

笔者认为，上述增长要素的系统性和结构特征，决定了吸收能力结构发

---

① Lall, S. et al. 1989. Foreign Investment, Transnational and Developing Countries. The Macmillan Press LTD: 6.

② Burger, Bettina.1999. How Important is Foreign Direct Investment for Late Industrializing Countries. Intereconomics, 34(3):115-123.

③ 迈克尔·波特（1990）：《国家竞争优势》，华夏出版社 2002 年版。

展的阶段性。在经济发展初期，经济增长主要依靠劳动力与自然资源的投入，增长要素主要集中在I类，从而有限的国际直接投资 进入指向只能遵循历史格局，即农业或矿业；随着时间的推移，工业化过程中的溢出效应，以及投资的持续，第II类增长要素便开始累积，国际直接投资吸收能力结构开始逐步强化。因此，在国际直接投资吸收能力结构中，I、II类增长要素对于国际直接投资推动和增长效应有着完全不相同的作用。但从总体上看，对应国际直接投资的一揽子性质，II类增长要素的累积对东道国获得国际直接投资增长效应更具重要性。

第一，II类增长要素的累积有利于直接投资的资本效应发生。国际直接投资的资本形成效应主要有直接和间接两种途径。相对于任何国家的总资本，国际直接投资毕竟只是小部分。因此，通过国际直接投资进入新领域，造成产业关联效应，从而动员或集中本地区原先处于闲散状态，或原先投于较少生产性的项目的资本，是国际直接投资资本形成效应的重要方面。但大量的案例研究表明，国际直接投资的关联效应取决于本土工业的发展程度，取决于各地技能、技术的可得性，以及体制、政府政策和当地基础设施。①

第二，II类增长要素的累积有利于转移和吸收国际直接投资中的管理与组织资源。跨国公司对其经营活动的有效组织和管理，是其竞争力的重要组成部分；对于发展中东道国而言，有效的组织与管理资源则构成工业化过程中最短缺的经济资源。但是，人们发现，管理组织资源的转移和吸收过程有多种制约因素和障碍，有些可归因于体制差距和文化差距，但很多方面与东道国知识资源和人力资本不足相关。II类增长要素的累积无疑有助于减少这一过程的摩擦。

第三，II类增有利于通过国际投资直接转移与传播技术。技术扩散是知识传递的自然过程，而技术转移则是一种有意识有计划的行为。通过国际直接投资进行的技术转移是与跨国公司和东道国之间的产权安排紧密结合在一起，而技术溢出则是一种非正式的技术扩散。大量的实证研究表明，跨国公

① Lall, S. et al. 1989. Foreign Investment, Transnational and Developing Countries. The Macmillan Press LTD: 6.

司的国际直接投资推进东道国的生产技能、产生溢出效应是以东道国拥有足够受过训练的人力资源、巨大的市场规模、东道国企业家能够有效选择使用技术并加以改造为条件的。技术转移与溢出效应并不一定和国际直接投资数量成正比，在更多的情况下是与增长要素累积相联系。①

从上可见，无论从国际直接投资的资本形成、管理与组织移植、还是技术转移和扩散而论，II类增长要素积累不足，都是导致发展中东道国难以从国际直接投资获得正向效应的基本原因。

从世界经济史看，跨国公司的直接投资进入后发展的国家，使后者有可能从这一过程中实现自己的利益，获得某种国内经济发展要素的替代形式。但是要实现这样的目标，发展中国家对国际直接投资的反应能力和从中获益的能力就至关重要；增长要素的累积，尤其是II类增长要素的累积，构成了这种能力的基础。但增长要素的累积是与一个国家的总体发展相伴而生的，从一些增长要素的出现到相对、尔后集中密集地使用，本身就是发展阶段推进的标志。一国内部的发展不到一定程度，即使存在着对外部资源利用的机会，未必会出现一个较为理想的结果。

第二节　不同发展阶段的国际直接投资的作用

跨国公司的国际直接投资作为“增长的发动机”的作用，不仅依国家而异，而且在一个国家不同发展阶段也不尽相同，也就是说，一个国家所处的经济发展阶段，将确定国际直接投资在东道国经济中所占的地位；并将制约跨国公司的所有权优势、内部化优势的发挥与投资区位的选择。

1. 工业化初期阶段。自然资源和劳动力是这一阶段主要的要素禀赋，但无论在物质资本和人力资本上，处于这一发展阶段的国家都没有实现一定程度的积累，因此国际直接投资的理想作用是通过资本形成机制充分利用劳动力资源，把更多的资源和人口吸引到工业化过程之中，加快经济发展的速度。

① UNCTC. 1992.《1992年世界投资报告—跨国公司：经济增长的引擎》，对外贸易教育出版社1993年版。

从而造成了两个方面的困境：一方面不可能通过向国外投资方式来利用和增强比较优势；另一方面国际直接投资进入十分有限，而且由于市场结构和供给方面的原因。有限的国际直接投资会产生飞地效应和二元结构强化效应，同时东道国从国际直接投资中不可能获得学习效应和技术进步效应。

2. 经济起飞阶段。这一阶段增长的特征在于投资的物质资本在价值增值活动中的作用与日俱增，但对劳动力要素依赖度仍很大。投资在国内生产总值中所占比重从 5% 或 8% 上升到 15% 或 20%（世界银行，1991）。相对于前一阶段，国际直接投资在结构升级、推动出口增长方面起到十分重要的作用；但是，为了有利于东道国开发自身的资产积累能力，国际直接投资的进入和准入领域将受到限制。因此，这一阶段另一特征是制造业比重快速上升，规模趋于大型化，这一阶段是国际直接投资模式选择的关键时期，因为国际直接投资产生要素积累的显性或良性循环的倾向就取决于东道国自身的能力结构。

3. 工业化中后期阶段。随着工业化进程推进，发展中国家结构特征已趋同于工业化国家，经济发展已进入成熟阶段，从依靠资本投入逐步走向依靠技术进步和创新活动。这一阶段具有三个显著特征，一是人口向城市集中，城市化倾向明显；二是公共性支出增加，无论是在教育、通讯，还是在各种科技支出方面，都呈现快速增长势头；三是企业已不仅仅依靠于国内资源的加工，而是更多依靠管理、组织上改进，依靠产权结构的改造获得竞争力。国际直接投资的作用相应也发生变化，东道国希望仍处于劣势的领域通过国际直接投资形式得到改进，尤其能在产业结构升级方面国际直接投资产生带动效应。

4. 后工业化发展阶段。此时，国家完成工业化过程，产业结构转向高级化，以电子信息技术为基础，以研究与开发的高投入为特征。这一过程具有加速度的迹象。在最终产品中服务含量加大，广义的服务业与服务贸易都迅速扩张。同时国内的和跨国的企业内和企业间的关联都在加强，整个经济的竞争力基础已不是建立在自然禀赋结构之上，而是以宏观经济和微观组织结构系统的效率为基础。国际直接投资的主要价值已不能根据提供国外资源与效率为依据了，而是看其是否能对本土企业的关联中产生组织效率，从而形成全球性的竞争优势位置。

根据对各国增长要素比重的估算，目前世界上大多数发展中国家仍然处于劳动力、自然资源与投资推动的发展阶段（Hal Hill and Prue Phillips, 1997）。发展和竞争的紧迫性，导致发展中国家对国际直接投资的增长效应有较大的期望值，但是，要从国际直接投资中获得一种增长效应，即国际直接投资作用于一个国家发展过程的速度和方向，关键在于根据发展阶段及要素和结构特征作出选择，有效利用国际直接投资推动自身比较优势。

不过，我们还应该看到，任何经济实体与环境之间的关系都是双重的。对于东道国而言，也必须从这种广义的范围的环境出发，采取相应对策，力争从跨国公司经济行为或国际直接投资获取更多的利益，尽可能减少负效应。同时，跨国公司作为一种经济实体，它与环境之间的关系也是双重的，一方面它必须接受东道国政治经济环境对它的影响，另一方面它也试图改变东道国政治经济环境对它的不利影响或约束，实现其经济行为。事实上，东道国的发展阶段对跨国公司的所有权、内部化优势的发挥与区位选择具有十分重要的作用。首先是东道国的要素禀赋和累积能力构成了跨国公司直接投资对区位选择的初始因素。随着国际直接投资进入，内生的要素或资产的积累能力出现两种可能：升级或衰弱，但资源配置和使用效率会有所改善。并且，只有在区位优势足以使跨国公司的所有权优势与内部化优势得以实现，国际直接投资才可能持续发生。任何企业在海外投资，不得不面临比当地企业较为不利的条件和相对高的附加成本，只有依靠所有权优势与内部化优势，跨国公司才能抵消诸多不利因素，并在竞争中战胜对手，这是所有跨国公司行为的出发点。克鲁格曼 (1996) 曾经精辟地指出，跨国公司必须通过内部化降低交易成本，通过投资的区域扩散来降低要素成本，而基础则是所拥有的技术、商标、规模经济等竞争优势。毫无疑问，东道国增长要素的累积，发展阶段的推进，为跨国公司实现所有权和内部化优势奠定了基础。

至此，我们对经济发展阶段与国际直接投资的内在关系可作如下概括：第一，不同经济发展阶段的质的差异性是由一国社会经济的结构特征体现出来的，它反映了国家比较优势和要素禀赋累积的态势，这在很大程度上决定了跨国公司所关注的投资环境。而跨国公司作为外来的经济实体，与环境之间是一种相互作用与制约的互动关系。这种关系的协调与吻合程度，有可能成为“增长发动机”在各国的作用差别的决定因素；第二，经济发展阶段具有一个相对稳定的内涵，它集中地反应了增长过程中一些支配性因素质变和替代的关系。在一个国家的长期持续增长过程中，一些因素有可能导致增长的波动，但随着波动的结束而不再成为支配性因素，而另外一些因素则沉淀下来决定着国家长期趋势。正是这些稳定的支配性因素决定了有效地吸收国际直接投资的投资、技术及贸易机会的能力；第三，国际经济的运行状态表明，国际直接投资是一种一体化、有组织的、严格管理的国际生产和商务活动，发生在任何国家和地区的国际直接投资都必须与世界其他地区之间的投入和产出结构保持一体化，处于低发展阶段的国家很难与世界经济的一体化之间形成一种有效机制。跨国公司生产经营的特点导致了低收入国家不可能成为国际直接投资的重点，低收入国家只是与跨国公司的边缘活动有所联系。可以认为，东道国经济一定程度的发展，是现代跨国公司的直接投资进入的前提。国际直接投资发生最为密集和频繁的地区，正是那些经济发展阶段差异较小的国家和地区之间，日欧美大三角地带的国际直接投资和东盟、东南亚国家之间的交叉投资，均可说明这一点 (Mark Hiley, 1999)。第四，如果从东道国对国际直接投资的需求偏好角度来看，经济发展阶段对国际直接投资的选择意义重大。一个国家经济发展所处阶段是确定该国经济发展的战略目标以及发展先后次序和产生结构取舍的决定因素，从而从总体上决定了该国选择跨国公司合作对象的偏好。在经济发展初期，国内资金不但积累不足，而且还存在把有限资金运用到生产性用途的困难，需要外资启动本国经济发展，因此，收入较低的国家作为东道国，往往对任何有能力引进资本的国外机构给予优先权，从而解决资本短缺问题。但是，对于中等以上的发展中国家而言，自身已具有积累和动员资本能力，利用国际直接投资的目的是在国际分工格局中逐渐找到位置，这类国家更倾向于通过国际直接投资获得技术进步、劳动生产率的改善和开拓国际市场方面的利益。当国家已处于工业化实现阶段时，经济结构、市场需求和要素构成方面的差异决定了其能从国际分工中获得规模经济，保持竞争优势的利益，从而偏好那些具有高新技术和庞大市场网络的先进管理经验的直接投资项目。概言之，一国经济发展阶段从吸收能力、需求结构及与世界经济和国际生产的一体化的协调性等几个方面影响了发展中国家从国际直接投资中获取利益的程度。

第三节 技术积累与技术发展阶段特点

在现代经济中，研究和开发（R & D）是大多数技术被开发出来的过程和标志。R & D 占 GDP 比重 (R & D 强度)，不仅与一国技术发展水平有关系，而且与一国经济发展水平有关系。目前，发达国家的 R & D 占 GDP 比重在 2% ~ 3%，不发达国家一般 0.5% 以下，有的甚至只有 0.1%。从这个角度出发，国内外学者对技术创新阶段作了划分。

阿利克（1999）研究为：人均 GDP 在 1000 美元以下时，一般处于技术引进、仿制为主的技术发展阶段，其研究与开发经费占 GDP 的比率不足 1%；而人均 GDP 在 1000 美元以上时，一般处于技术消化、吸引、改进为主的技术发展阶段，其研究与开发经费占 GDP 的比率超过 1%；而以创新技术为主阶段，其研究与开发经费占 GDP 的比率一般过 2%。①

我国学者对技术创新的阶段也有类似的划分（见表 7.3–1）。② 这个方法以 1%、2% 的 R & D 强度为分界线，这一点与阿利克划分是一致的，所不同的是人均 GNP 指标过低。把工业化阶段和技术创新阶段对应起来，但工业化的第二与第三阶段没有对应的技术创新阶段划分。

表 7.3–1 工业化与技术创新的阶段

工业化阶段	工业化前	第一阶段	第二阶段	第三阶段
经济标志（人均 GNP）	300 美元以下	300 ～ 2000 美元	2000 ～ 4750 美元	4750 美元以上
技术性标志（R & D/GNP）	1% 以下	1% ～ 2%	2% 以上	2% 以上
技术创新阶段	使用技术阶段	改进技术阶段	创造技术阶段	创造技术阶段

① 阿利克：《美国 21 世纪科技政策》，国防工业出版社 1999 年版，第 207-209 页。
② 高建：《中国企业技术创新分析》，清华大学出版社 1997 年版。

一国技术水平取决于其产业技术水平。产业技术有低技术、中技术和高技术之分，与此对应，产业有高技术产业、中技产业和低技术产业。1994年，经合组织（OECD）对10个成员国的22个产业部门的研究开发经费占销售额的比例做出研究，凡是研究开发经费占销售额的比例超过7.1%为高技术产业，超过2.7%为中技术产业，2.7%以下为低技术产业。按此定义，高新技术产业有四个，它们是航空航天、计算机和办公机械、电子和通讯设备、制药。它们以高速度增长，推动OECD各国经济增长。1992～1999年增长速度达8%以上，而其他制造产业的增长率只有2.4%。这四个高技术产业占世界制造业比重为12%，其中美国1995年占32%，日本占23%，中国约占6%。

一个不断成长、以技术发展为基础的经济必须具备强大本土R & D能力，这是因为：⑴技术的内部转移，通常比外部转移要有效得多，一个公司将从内部R & D获得巨大收益；⑵研究表明，为了有效地吸引外部技术转移，公司必须进行内部的R & D；⑶尽管技术往往被泄漏（溢出），或被外国竞争者常常被许可使用，而R & D者仍能创造经济竞争优势，又能不断加大R & D投入维持技术领先的优势。由若干公司聚集成产业，进而又由产业聚集成国民经济，因此，R & D占GDP比重反映了一国技术创新能力和技术所达阶段。R & D强度越高，高技术产业比重越大，一国技术发展阶段越高。

既然，一个产业技术状态取决于R & D投入产出比例，因此，在国家水平上可以采用R & D强度作为一国的技术发展阶段的指数。我们采用的计量经济模型为：

$$\hat{r}_i = \hat{a}_1 A_{1i} + \hat{a}_2 A_{2i} + \hat{b}_1 B_{1i} + \hat{b}_2 B_{2i} + \hat{c}_1 C_{1i} + \hat{c}_2 C_{2i} \quad (1)$$

式（1）中，r为技术发展指数（R & D强度，下同），A1为高上技术的水平分级变量，当r＞2.5时，A1=1，其他A1=0；A2为高下技术的水平分级变量，当2＜r≤2.5时，A2=1，其他A2=0；B1为中上技术的水平分级变量，当1.5＜r≤2时，B1=1，其他B1=0；B2为中下技术的水平分级变量，当1＜r≤1.5时，B2=1，其他B2=0；C1为低上技术的水平分级变量，当0.5＜r≤1时，C1=1，其他C1=0，C2为低下技术的水平分级变量，当r≤0.5时，

C2=1，其他 C2=0。a1、a2、b1、b2、c1、c2 为各技术水平回归系数。

我们以世界 54 个 1987 ～ 1997 年技术发展指数的平均值为样本，数据来自《世界发展指标》。把 54 组数据代入式(1)作回归得：

$$\hat{r}_i = 2.898A_{1i} + 2.238A_{2i} + 1.710B_{1i} + 1.155B_{2i} + 0.731C_{1i} + 0.339C_{2i} \qquad (2)$$

(37.567) (23.680) (25.593) (14.970) (14.467) (7.1702)

Ad. R^2 =0.953,DW=1.487

式(2)中，括号内为 t 值，表示在 5% 水平上显著(下同)，调节 R^2 =0.953，模型对世界技术阶段的划分具有较高解释力，说明世界具有 6 个梯级的技术发展水平（见图 7.3–1）。在世界技术发展的格局中，处在低技术阶段的国家占大多数，中技术阶段国家次之，高技术阶段国家占少数（见表 7.3–2）。同时，世界各国的技术差距，两极分化是比较明显的，大多数低技术国家的技术缺口较大，技术赶超的任务比较艰巨，通过吸引 FDI，增强技术发展能力已是必然的选择。

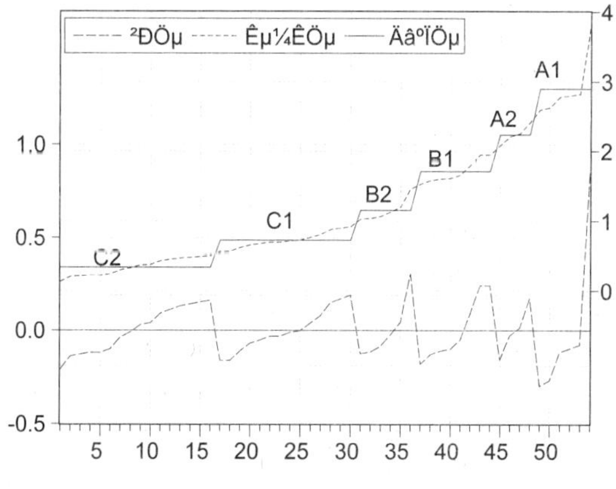

图 7.3–1　世界技术发展水平分级

表 7.3–2 世界各国技术发展水平阶段划分

技术发展阶段	分阶段	技术发展指数	理论值	国　家
高技术阶段(A)	A_1	＞2.50	2.90	瑞典、韩国、日本、芬兰、美国、瑞士
	A_2	(2.00 ～ 2.5]	2.24	德国、法国、意大利、荷兰

续上表

技术发展阶段	分阶段	技术发展指数	理论值	国　家
中等技术阶段（B）	B_1	(1.50 ~ 2]	1.71	丹麦、英国、澳大利亚、加拿大、爱尔兰、比利时、挪威、奥地利
中等技术阶段（B）	B_2	(1.00 ~ 1.5]	1.16	斯洛文尼亚、捷克、新加坡、白俄罗斯、新西兰、克罗地亚
低技术阶段（C）	C_1	(0.50 ~ 1]	0.73	巴基斯坦、西班牙、俄罗斯、巴西、波兰、印度、罗马尼亚、立陶宛、智利、中国、葡萄牙、保加利亚、爱沙尼亚
	C_2	(0 ~ 0.5]	0.34	玻利维亚、委内瑞拉、伊朗、希腊、土耳其、拉脱维亚、阿根廷、匈牙利、墨西哥、突尼斯、马来西亚、埃及、菲律宾、阿塞拜疆、吉尔吉斯、泰国

可以看到，越是处于技术阶段低的国家，其开发与研究支出在国民生产总值中所占比例越低，从而决定了不可能依靠自身的力量缩小技术差距。另一方面，在发达国家中，跨国公司在其母国的研究与开发占了研究与开发支出的大部分，因此成为全球技术进步的领头人。因此，高技术阶段与低技术阶段国家之间的技术差距，在很大程度上不过是发展中国家企业和大跨国公司之间的技术差距的一种反映。

一般而言，一国的低技术、中技术和高技术是同时并存的，只不过是三者的比例不同而已。因而，不同技术发展阶段的国家具有不同的技术结构。低技术阶段是以低技术产业为主，中技术，尤其是高技术比例较小，结构为低中高型；中技术阶段是中技术产业主导阶段，同时还具有相当部分的低技术产业和高技术产业，结构为中低高型；高技术阶段是高技术产业先导或主导，同时还具有相当部分中技术产业，而低技术产业大部分已向外转移，结构为中高低或高中低型。从技术发展阶段的历程看，技术不发达国家（技术后进国家）的技术发展路径是低技术阶段→中技术阶段→高技术阶段。从本质上，技术发展阶段上升过程是产业技术结构升级过程。

（1）低技术阶段。这个阶段由于国家的收入水平较低，劳动力素质低，二元经济特点比较突出，所采用的技术以劳动密集型技术为主。由于 R & D

投入较少，R & D 人员比较缺乏，基本上没有自主创新能力，技术进步作用不显著。自然，处在这个阶段的低技术国家不能完全依靠本国技术能力实现技术水平的升级，必需引进国外的中等适用技术，包括产品设计，制造工艺，检测方法，关键设备等。这个阶段的技术发展主要任务是将国外的技术引进国内，根据技术革新引进的要求，对引进设备进行安装，若已有一些设备，则这一阶段将进行引进设备和原有设备的重组。完全按引进技术生产，形成生产能力，生产与国外同等技术水平的产品，这对发展中国家来说，引进设备和工艺是具有创新意义的。

（2）中技术阶段。随着经济发展，收入水平不断提高，R & D 投入强度有了较大幅度提高，R & D 人员队伍不断壮大，形成比较完整的研究和开发系统，开始引进、消化吸收国外高技术，并使之国产化。随着中等技术国家的技术发展，规模扩大，为了减少对技术输出国的依赖，提高经济效益，发展中国家开始对消化吸收引进技术，对其进行国产化，将引进技术和已有技术有机结合起来，相互适应，相互融合，并形成本土化的技术结构。同时，由于劳动力增长率下降，资本增长率明显上升，技术进步作用提高，技术结构开始升级，资本密集型技术开始起主导作用，同时，资本—技术密集型产业也有了发展。这一个阶段发展工艺创新为主，通化消化吸收国外技术，并使之国产化，逐步地积累技术能力，这往往决定发展中国家技术发展的成败。

（3）高技术阶段。随着经济发展，人均收入水平大幅度提高，R & D 投入增大，在吸收消化引进技术和技术能力积累的基础上，高技术国家逐步形成了自主研究和开发能力，开始根据国际国内市场变化，通过自主的研究和开发，进行改进型创新，不断推出新产品。这种创新已标志着对引进技术吸收上获得成功，它表明技术引进国已摆脱技术输出国的控制，具备了自我发展，自我创新的技术能力。这时，技术结构发生了实质性变化，主要体现，一些产业的 R & D 强度高于制造业的平均水平，成为技术密集型产业，有几个产业 R & D 强度高于制造业的平均水平的两倍以上，成为高技术产业，它们对经济贡献、国家综合实力和国际竞争力起决定性作用。

第四节　技术发展与国际直接投资阶段

在不同的技术发展阶段有不同的FDI吸收能力和对外直接投资能力。一般说来，技术发展阶段越高，技术能力越强，吸引FDI的能力越强，同时对外直接投资能力越强，随之转移的技术越先进。同时，在不同技术发展阶段，吸收FDI能力与对外直接投资能力的不均衡性，使吸收FDI和对外直接投资关系呈现出不同的特点。

(一)FDI流入与FDI流出的关系

国际经验表明,一个国家直接投资与对外直接投资有两者规律比较相近，只不过后者的解释率高一些。若暂且不考虑技术发展作用，利用FDI与对外直接投资之间有何关系呢?

我们还以世界54个样本国，1997年FDI输入存量为被解释变量，输出存量为解释变量,数据来自《1999世界投资报告》。两变量的相关系数为0.908，回归结果为:

$$F\hat{D}Iin_i = 15828.30 + 0.6937FDIout_i \qquad (3)$$

(2.3823)　(15.6856)

Ad.R^2 =0.8222,DW=1.7193

式(3)中，调节R^2 =0.822，FDI输出与输入之间存在较高线性关系，解释率较高。一国吸收的FDI越多，对外直接投资也越多，这就是说一国FDI的吸收能力越强，对外直接投资的能力也越强。同时，回归直线与45°线有一个交点（51675，51675）（见图7.4-1）。

当FDI流入小于51675万美元时,FDI流入大于FDI流出。在54样本国家中，有40国家吸收FDI小于51675万美元，占样本数的74.07%，而有42个国家对外直接投资小于51675万美元，占样本国的77.77%，有38个国家的FDI流入与流出在均点（51675，51675）以内,占样本数的70.37%，其中有5个国家是异常情况,其FDI流出大于流入，占15.59%，其FDI流入占FDI的72.56%。而16个在均衡点以外的国家FDI流入占FDI的45.59%,其中,中国、巴西、西班牙、澳大利亚、比利时、新加坡6个国家属异常情况，占FDI流入37.5%。因而，当吸收的 FDI 或对外直接投资小于 51675 万美元，一般是净吸收 FDI 国。

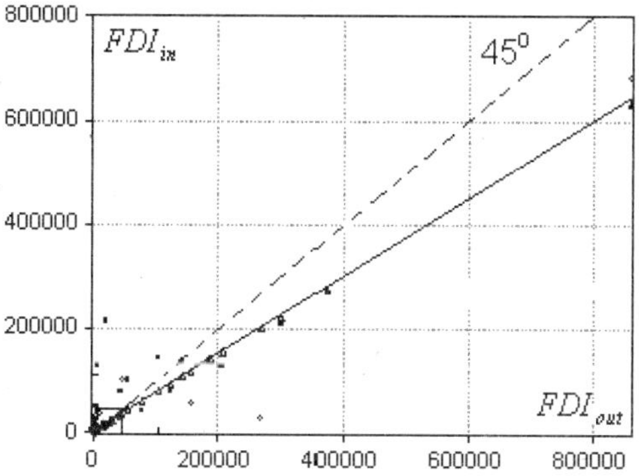

图 7.4-1　FDI 输出与 FDI 输入的回归关系

为了进一步分析 FDI 流入与流出的相互关系，我们要引入超前(滞后)指数：

$$D_i = \frac{FDIin_i - F\hat{D}Iin_i}{FDIin_i} \times 100\%$$

若 D > 0，表示 FDI 流出超过 FDI 流出水平，相反若 D < 0，表示 FDI 流出滞后 FDI 流出水平。通过对 D 值计算表明，在低技术阶段，吸收的 FDI 远大于对外直接投资，这阶段 FDI 的大量进入对技术发展起到很重的作用；随着技术水平的提高，开始具有一些技术垄断优势和内部优势，进入中技术阶段后对外直接投资开始增加，但流入的 FDI 仍大于对外直接投资；在高技术阶段，国家的研究发开发能力有了质的飞跃，许多产业，尤其制造产业的技术垄断优势和内部化优势大大加强，对外直接投资动力和能力很强，同时某些区位优势逐步消失，对外直接投资超过吸收直接投资(见表 7.4-1)。总之，从技术水平不断提高，FDI 流入超前 FDI 流出逐步转向落后于 FDI 流出。

表 7.4-1　FDI 输入对 FDI 输出的超前系数

单位：%

技术发展阶段	D	技术水平	D
高技术阶段	-18.18	A_1	-24.37
		A_2	-8.96

续上表

技术发展阶段	D	技术水平	D
中技术阶段	31.61	B_1	25.34
		B_2	69.13
低技术阶段	85.60	C_1	84.56
		C_2	88.20

（二）直接投资阶段划分

FDI 输出与 FDI 输入之间的相对关系呈现出明显的规律性。然而，净对外直接投资发生在高技术阶段，在低、中技术阶段，吸收的 FDI 大于流出的 FDI。这表明技术发展与净 FDI 流入量呈负相关。从 54 个样本国实际情况看，净 FDI 流入量与技术发展指数之间的相关系数为 –0.568。在高技术阶段的国家全部是净对外投资国，在中技术阶段的 14 个国家中有从 4 个国家是净对外直接投资国，占 28.57%，而且这 4 个净对外直接投资国都在此阶段后期；在低技术阶段的 30 个国家中，只有 2 个净对外直接投资国，此阶段的异常国在 C1、C2 阶段各有一个（见表 7.4–2）。

表 7.4–2 在不同技术发展阶段的净吸收直接投资国数及所占比例

技术发展阶段	△ FDI＞0		分阶段	△ FDI＞0 比率
	国家数	所占比率（%）		
高技术阶段	0	0	A_1	0
			A_2	0
中技术阶段	4	71.43%	B_1	50%
			B_2	0
低技术阶段	2	93.33%	C_1	92.86%
			C_2	93.75%

然而，技术发展指数和净吸收 FDI 之间的关系并非是线性关系，而是非线性关系（见图 7.4–2）。所建立的回归方程为：

$$\Delta F\hat{D}I_i = -44703.37r_i^2 + 61068.6\ r_i \qquad (4)$$

(−10.4958)　(6.6669)

Ad. R^2 =0.8451,DW=1.7415

式(4)有两个零解，r1=0，r2=1.366，同时有一个极值点 r*=0.683。FDI 流入的增长率大于 FDI 流出的增长率，△ FDI 由零不断增加；当 r =0.683 时，△ FDI 达最大值；当 r ＞ 0.683 时，FDI 流出的增长率大于 FDI 流入的增长率，△ FDI 不断下降；当 r=1.366 时，△ FDI=0 这时，r 值已超过样本平均值为 1.16；当 r ＞ 1.366，△ FDI 向负方向不断增加。根据这个规律，我们把直接投资阶段划分为三个阶段（见表 7.4–3）。

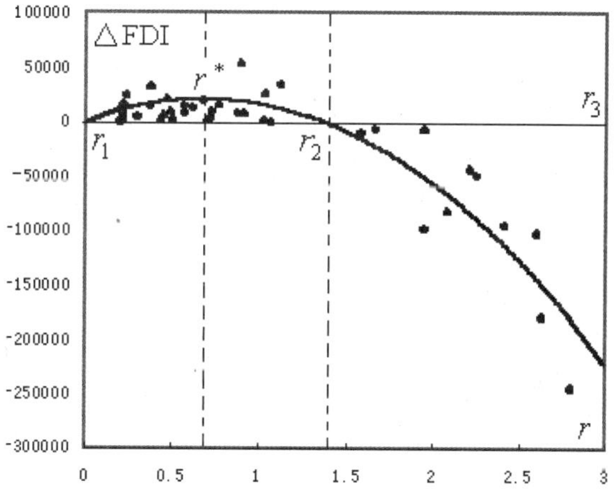

图 7.4–2　技术发展指数与净吸收直接投资的关系

第一阶段：强吸收 FDI 阶段 (r1 ～ r*)。这个阶段的主要特点是吸收 FDI 为主导，FDI 流入占绝对优势，FDI 流出较少，净吸收直接投资随技术发展不断增大，直到最大值。在此阶段，FDI 的大量流入对东道国的技术以展起积极的促进作用，随着东道国对 FDI 技术吸收、消化，具备了一定的模仿创新能力。

第二阶段：弱吸收 FDI 阶段 (r* ～ r2)。这个阶段的主要特点是 FDI 流入为主导地位逐步下降，FDI 流出地位逐步上升，净吸收直接投资随技术发展不断减小，直到为零。

第三阶段：为净对外直接投资阶段 (r2 ～ r3)。这个阶段的主要特点是

FDI 流入为主导地位进一步下降，FDI 流出地位逐步上升，居主导地位，净吸收直接投资小于零，且随技术发展不断向负方向增加。

表 7.4–3　世界各国直接投资发展阶段划分

直接投资阶段	技术水平指数	国　家	异常国家比重	
			国家	所占比率（%）
第一阶段	0 ～ 0.683	泰国、吉尔吉斯、阿塞拜疆、埃及、菲律宾、马来西亚、突尼斯、墨西哥、匈牙利、阿根廷、拉脱维亚、土耳其、希腊、伊朗*、委内瑞拉、玻利维亚、保加利亚、爱沙尼亚、葡萄牙、中国、智利	1	4.76
第二阶段	0.683 ～ 1.366	立陶宛、南非*、罗马尼亚、印度、波兰、巴西、俄罗斯、西班牙、巴基斯坦、克罗地亚、新西兰、白俄罗斯、新加坡、捷克	1	7.14
第三阶段	＞ 1.366	斯洛文尼亚*、奥地利*、挪威、比利时*、爱尔兰*、加拿大、澳大利亚*、丹麦、英国、荷兰、意大利、法国、德国、瑞士、美国、芬兰、日本、韩国、瑞典	5	26.32%

注 :★ 表示异常国家

世界各国在不同直接投资阶段有分布情况是，第一阶段的国家有 21 个，占样本数的 39%，第二阶段的国家有 14 个，占样本数的 26%，第三阶段的国家有 19 个，占样本数的 35%（见表 7.4–3）。第一阶段的 FDI 流入份额远高于 FDI 流出份额，FDI 流入占 FDI 的 88.11%，但两者份额比较小；第二阶段的 FDI 流入份额仍远高于 FDI 流出份额，FDI 流入占 FDI 的 74.85%，两者份额仍比较小；而第三阶段的 FDI 流出份额高于 FDI 流入份额，FDI 流入占 FDI 的 41.65%，低于 51% 的平均水平，但两者份额都最大。从第一阶段到第三阶段，FDI 流出逐步增加，第三阶段的 FDI 流出占 90% 以上（见表 7.4–4）。

表 7.4–4 直接投资阶段国家的 FDI 流入、流出结构

直接投资阶段	r 平均值	FDI 流入量份额	FDI 流出量份额	FDI 流入 / (FDI 流入 +FDI 流出)
第一阶段国家	0.41	16.88	2.19	88.11
第二阶段国家	0.90	13.75	4.44	74.85
第三阶段国家	2.18	69.37	93.37	41.65

第五节　国际直接投资与技术发展关系

很明显，技术发展阶段与 FDI 阶段并不是一一对应的。但是在分析技术发展与 FDI 相互关系时，判断一个国家其所处的 FDI 阶段，也是十分必要的。因为 FDI 与技术发展关系，不仅依国家而异，而且在一个国家不同技术发展阶段也不尽相同。技术发展阶划分和直接投资阶段的划分为分析一国技术与 FDI 相互作用提供了一个动态分析的框架。确定一个国家所处的直接投资阶段，有助于确定其在世界技术发展中所处的水平；同时，确定一个国家所处的技术阶段也有助于分析技术发展中的 FDI 作用。

一、国际直接投资阶段与技术发展

（一）强吸收 FDI 阶段

强吸收 FDI 阶段适用处在低下技术水平和向低上技术水平过渡的低技术国家。在技术最不发达阶段，自然资源和劳动力具有比较优势，但在资本和技术资源比较缺乏，产业技术水平低，因此 FDI 的理想作用是通过资本形成机制充分利用劳动力资源，把更多的资源和人口吸引到工业化过程之中，加快技术发展的速度。但由于技术缺口大，技术吸引能力较弱，因而，这种阶段不宜引进太先进的技术，否则消化不良。传统技术尤其是劳动力密集型的低技术如纺织业、食品加工业和家电组装企业等比较适宜，极为而且是以合资企业方式，加快技术的溢出效应。这种 FDI 更多的来自中等技术水平的国家。尽管还谈不上创新，但对劳动人员和经营人员的技术补充和技术素质的提高是有益的。随着低技术国家的FDI吸收能力结构升级，尤其技术能力提高，逐步向低上水平过渡，这时可以吸收一些资本相对密集的中等技术产业，如汽车制造业、机械设备制造业等，这些产业跨国公司容易进入，而且控制程度较高，其目的是占领市场。

这里需说明的是，对于处在低技术阶段的在大国如中国、印度等的技术极差较大，地区发展也不平衡，既有部分高技术产业存在，也有相当的中、低技术的产业；有的地区已达到中上技术水平，局总地区达高技术水平，而大部分地区仍处在低技术水平发展上，这就决定了FDI分布的不平衡性，FDI的作用也有较大的不同，从而FDI会加剧区域技术极差，更加剧二元经济的极化效应。

（二）弱吸收FDI阶段

这个直接投资阶段，大体适用于低上技术向中下技术水平过渡的国家。这一阶段技术发展的特征在于资本密集型技术与日俱增，但对劳动力密集型的低技术依赖度仍很大。相对于第一投资阶段，FDI在技术结构升级和推动出口增长方面起到十分重要的作用。但是，为了有利于东道国研究和开发能力，FDI的进入和准入领域将受到限制。因此，此阶段，技术密集的某些制造业比重快速上升，规模趋于大型化。当然，这个阶段是FDI模式选择的关键时期，因为FDI产生要素积累的显性或良性循环的倾向就取决于东道国自身的FDI的吸收能力结构。随着东道国人力资源开发系统逐步完善，人力资本日益累积，开始进行基础科研，强化本国的技术研究和开发工作。于是，低技术东道国的技术发展开始逐步摆脱完全依赖于技术引进的被动局面。到中下技术水平阶段，东道国大致可以形成一个比较完备的技术发展体系，既有自主性的科学研究与开发，又有较强的对引进技术吸收和改造能力，还有一部分单纯的技术引进和简单模仿。同时，由于国内企业的技术优势逐步得到加强，而国内要素成上升，利润空间缩小，促进国内企业现跨国公司转型，对外投资倾向加强，对外直接投资增多。

（三）净对外直接投资阶段

净对外直接投资阶段，大体适用于向中上技术水平过渡及中上技术水平以上的国家。随着技术发展进程推进，中上技术国家技术结构特征已趋向于高下技术水平国家，从依靠资本投入逐步走向依靠技术进步和创新活动。企业已不仅仅依靠于国内资源的加工，而是更多依靠管理、组织上改进，依靠技术优势的提升获得竞争力。FDI 的作用相应也发生变化，东道国希望仍处于低技术的领域通过 FDI 形式得到改进，尤其能在产业结构升级方面 FDI 能产生带动效应。由于受低技术阶段的技术来源的影响，这个阶段的技术程度，主要取决于国内对引进技术的消化和吸收能力。在这个阶段的前期，主要还是引进部分成熟期技术，核心内容是一般制造业，也包括一些关键部件的制造技术。在这个阶段的后期，也就是当 FDI 流出占 FDI 的比例小于 41.65%（平均水平）时，适当加大引进一些技术密集型 FDI 和 R & D 型 FDI，伴随引进一些风险投资。相应地，东道国不仅是应用引进的技术，更主要的是改进外国技术，提高引进技术的国产化程度。同时，政府的产业政策至关重要，政府要选择其主导产业，把 FDI 引向主导产业，使其向高技术方向发展。另外，由于产业结构升级步伐加快，一些中技术产业开始向外转移，对外直接投资明显高于吸收的 FDI。

当产业结构转向高级化时，电子信息、医药等高技术已是产业竞争力的基础，以研究与开发的高投入为特征。同时国内和 FDI 企业的关联都在加强，整个经济的竞争力基础已不是建立在自然禀赋结构之上，而是中技术和高技术产业为基础。在技术差距较小的情况下，FDI 主要价值已不能根据投资国外资源与效率为依据了，而是看其是否能对东道国产业技术结构升级的贡献，从而形成全球性的技术竞争优势位置。这时 FDI 特征是以跨国并购为主，通过并购获得核心技术，增强核心竞争力。在净对外直接投资阶段后期，国家在一些特定的产业开始摆脱对引进技术的依赖，随着自身研发能力的增强，开始创造技术，走向自主创新。这个阶段，FDI 的主要作用就是建立技术联盟，增进东道国高技术的发展，实现技术赶超目标。

二、技术发展阶段与国际直接投资

处在低技术水平国家的技术赶超的三个相互衔接的阶段与 FDI 关系较密切。在低技术阶段，通常吸收较多的 FDI，采取水平的技术引进形式，对外投资能力很弱，这是由发展初期国内产业技术薄弱所决定的。中技术阶段，在已经积累的技术和物质基础之上，在继续积极吸收FDI的同时，逐步加大自主研究和开发的力量，技术引进形态也从水平引进转向水平和垂直引进并举方式，后者主要指引进先进国家有关研究成果，在本国加以商业性开发；于是，中技术发展水平国家的技术发展开始摆脱完全依赖于技术引进的被动局面；同时，对外直接投资能力有较大的提升，对外直接投资开始逐步超过引进的直接投资。高技术阶段，随着人力资源开发系统逐步完善，人力资本日益累积，开始进行基础科研，强化本国的技术研究和开发工作，技术发展到此阶段，大致可以形成一个比较完备的技术发展体系，既有自主性的科学研究与开发，又有较强的对引进技术吸收和改造能力，还有一部分单纯的技术引进和简单模仿。同时，以直接投资方式技术输出加大，成为净对外直接投资国。

然而，低技术和中技术阶段，尤其是低技术阶段，是目前世界上大多数国家正在经历阶段。发展和竞争的紧迫性，促使低技术国家对FDI的技术溢出效应有较大的期望值。但是，是否如日本、韩国等进入高技术阶段，取决于自己对FDI的选择，FDI吸收能力结构的优化与升级。

从低技术与中技术阶段的技术发展机制看，吸收FDI应当是技术阶段升级最重要的动力。按熊彼特创新理论，技术发展取决于三个要素：（1）来自国外技术的扩散或模仿，这个要素的贡献随着与世界创新前沿国家（高技术国家）的距离而增加；（2）国内创造的新技术；（3）本国探索技术效益能力的发展，无论这种技术来自于国内创造还是其他地方创造。显然，从这三方面看，FDI引进只能对第一方面有重要作用，而对第二、三方面起间接作用。因此，对于发展中大国而言，必须充分认识FDI技术转移在技术发展中的地位，以及自身技术发展与FDI技术引进之间的互为促进机制，避免那种非此即彼的战略选择，尽可能在FDI运动中获得技术发展的空间；同时，还必须根据的技术发展阶段及其特点选择相应的技术发展模式。

在整个过程中，低、中技术国家唯有不断开发创新能力，才有可能实现经济赶超高技术阶段国家的目标。当然，以FDI形式获得生产领域的技术，并不悖于大国技术发展的目标。从各国技术发展的结果来看，事实上几乎所有国家引进的技术都比它自创的要多。技术发展水平的差距是一种正常现象。而处于低技术发展阶段的国家，相对技术赤字必然更大。20世纪70年代以来，一场以高技术革命正改变着技术发展的格局。电子商务、网络经济、知识经济和新经济等经济形式出现让人们看到技术发展对经济的决定作用，同时也让人们看到低技术国家的经济发展不仅存在技术缺口，而且低技术国家与高技术国家的“数字缺口”（数字鸿沟）日益扩大，对低技术国家的技术赶超产生了新的难度。因此，在技术差距存在情况下，以 FDI 形式来弥补技术缺口是必然的一种选择。

然而，如果低技术阶段国家的技术发展完全依附于跨国公司技术的创新和技术转移，以 FDI 技术引进和模仿为起点的技术进步过程就会长期停留在简单引进和模仿水平上，从而使技术进步一直处于“引进—模仿—再引进—再模仿”的被动循环之中。这种有限的技术进步必然只会带动有限的产业升级，而且升级的限度只能在跨国公司规定的范围之内。在这种情况下，低技术阶段与高技术阶段国家之间技术上的差距很难得到明显的缩短，事实上不可能消除这种差距，最终影响经济发展进程。

从东亚的经济发展过程来看，非依附性的技术发展模式主要有两种。第一种形式是在扩大对 FDI 需求的同时，通过鼓励、法规和协商，以及对当地技术和机构投资来吸引更多的跨国公司进入到那些复杂的技术领域，从而实现当地技术能力升级，扩展与当地技术部门的关联效应，并建立自己的研究与开发机构。第二种形式为较为独立的技术发展模式：限制技术的进口，并试图以外部化方式获得一种技术的促进效应，比如建立合资企业，技术许可证转让，当地企业始终对技术深化进行控制和投资。这种方式有两个特点，其一需要政府的干预与支持，以增强企抵抗风险的能力；其二是强调对企业的所有权和控制权，但是，所有权和控制权不能确保创新能力的提高。一般而言，人口规模较小的国家或地区倾向于第一种方式；而人口大国家则倾向选择后者，对技术发展模式的选择总是根据国情和技术发展阶段而变化的。但是，在人口规模更大的国家，如中国和印度，情况有所不同，这是因为在这些国家发展阶段是多元的，技术发展目标不同于东亚的那些人口规模不足 5000 万的国家或地区，技术发展不仅仅与产业发展相联系，而且与国家安全相关。在这种情况之下，高技术发展阶段更有必要依靠自己的力量。况且跨国公司从本国利益和技术垄断的考虑，也很少在尖端技术领域以 FDI 形式转移技术。

第六节　基本结论

技术发展与FDI的关系十分密切，同时各国技术发展的业绩也表明，FDI意义不仅在于利益和代价之间取舍，而且根本还在于FDI能否推动本国的技术发展。十分清楚，一国能否通过引进、选择与控制FDI，由此有能力获得技术发展和高技术产业发展，始终应当是中技术阶段，尤其是低技术发展阶段国家技术发展中的核心问题之一。

从一个国家技术发展的内在规律看，低技术大国完全依赖跨国公司的技术创新和FDI的技术转移，很难实现赶超高技术国家的战略目标。对于一些低技术阶段大国而言，处于一个开放的世界经济环境之下，技术赶超有较强的路径依赖，三阶段缺一不可。同时，低技术大国家由于内部技术水平的多阶段性也决定了FDI向局部区位集聚，形成一种非平衡的技术发展模式，国内技术发展的两极分化更加突出，低技术地区的技术追赶仍是一个突出的问题。

随着技术发展速度加快，发达国家新技术研发周期和新产品出现的周期越来越短，大多低技术国家越来越难以有足够的时间对FDI技术进行消化和吸收。二次世界大战以来，多数低技术国家即使通过FDI成功地引进先进技术，也往往因消化引进技术的工作跟不上外国先进技术的更新速度，更谈不上自主研究与开发，从而只能长期陷入一种反复依赖FDI引进先进技术的困境。随着时间的推进，低技术国家吸收FDI进技术的难度越来越大，摆脱这一陷阱的可能性也自然逐步减小。

低技术国家的FDI引进一定要适应本国技术基础与吸收能力结构。舒马赫强调，技术选择是一切选择中最重要的选择，贫穷地区的经济只有立足“中间技术”才能发展。低技术国家要从自身的技术存量和吸收能力结构选择FDI技术，否则，难以形成本土化的良性的技术发展机制，以提升本国技术结构。同样地，对低技术大国来说，由于国内对FDI吸收能力具有多元结构，对于技术水平较高的地区，更多引进技术水平较高的FDI，而对于低技术地区可能吸收中技术FDI比较适宜。当然，FDI是由跨国公司的技术优势和东道国的技术优势共同决定的，而非是低技术地区的一厢情愿。

技术发展模式对 FDI 选择和 FDI 对低技术国家的技术发展有重要影响。技术发展模式不同，对 FDI 的态度、选择和促进都不同。这一点在中国与印度的技术发展中比较明显。1987 ~ 1998 年，中国 FDI 流入存量占同世界 FDI 流入存是的份额为 7.06%，印度仅为 0.35%，即使不考虑港澳台对中国内地的直接投资，相比较而言，中国的 FDI 流入要比印度高得多。FDI 对中国技术尤其是高技术发展产生促进作用，2001 年中国 FDI 企业高技术出口占全国高技术出口总额的 82%。然而，美国哈佛大学的教授塔伦·康纳和黄 (2003) 发表了名为“印度会超过中国吗”的论文，文中指出，“通过依靠有机的增长，印度正在更加充分地利用其资源，并选择了一条可能比中国 FDI 驱动的方式更具有可持续性的发展道路”，“中国和印度追求截然不同的发展战略，印度没有全面胜过中国，但印度在某些关键领域做得更好。那些方面的成功也许会使印度迎头赶上，甚至超过中国。” 这就是说，FDI 对低技术国家技术发展的作用仍取决于国家发展战略。

事实上，跨国公司的直接投资方式已发生变化，跨国并购已成为一种主要的方式，这种方式是以“技术换技术”。这种方式下，低技术国家难以通过 FDI 获得高技术。因此，为了最成功地利用跨国公司或 FDI 中的技术，就需要在内部或国内进行科技方面的努力。日本、韩国等技术发展史已经表明，以企业为主体的自主的技术研究与开发体系的发展，既是一国立国之本，也是一国充分利用以 FDI 为主流的国外技术转移资源的前提。本国研究和开发所产生的利益和技术引进所产生的利益是互补的。在任何情况下，FDI 流动的实质是技术转移。这需要与本国技术吸收能力结合的情况下，本国必须做出努力，超过技术扩散效应的“门槛”。而且，选择外国技术，并使之适合本国需要，也是这种努力的基本内容。总之，最重要的莫过于在 FDI 条件下的低技术国家的技术发展的机制能有效形成，因为这将是在未来的国际经济竞争中最具有战略意义的基础。

第八章　经济发展阶段与国际直接投资模式选择

从劳动力推动阶段到劳动力—投资推动阶段，这一历史阶段贯穿了工业化初期到工业化中期的整个发展过程。对于一个发展中大国，这是一个十分关键的发展阶段。在这一发展阶段，增加使用和分享那些超出本国传统知识体系和资源结构的东西，是现代经济增长的一个重要条件。[①]其中，国际直接投资具有重要的地位。但是，从上述几章的分析看，发展中国家要以国际直接投资获得一种递增的正效应，有种种制约因素。而发展中国家在各种约束条件下，根据发展阶段及相应结构特征，选择符合长期增长的自身利益的国际直接投资模式，具有重要的意义。在本章中，我们首先讨论发展中国家国际直接投资模式选择的原则，然后分析由于低发展阶段的原因所导致的国际直接投资引进代价；再探讨从长期角度看国际直接投资模式选择必须考虑的一些重要因素，从而为不同发展阶段下国际直接投资模式选择提出一些原则性的思路奠定基础。

第一节　可持续性：国际直接投资模式选择原则

前面章节的内容突出地表达了这样一些思想：

其一，发展中国家经济发展阶段与国际直接投资增长效应呈正相关关系，发展中东道国经济发展阶段越高，就越能从国际直接投资获得较大的、较重要的利益。根据各种利益因素在一国经济发展中的重要性，可大致将国际直接投资对一国经济发展的可能贡献排序如下：资源开发、收入增长、就业扩大、国际收支平衡、技术转移、规模经济、产业升级等，经验与分析表明，工业

① 西蒙·库兹涅茨（1966）：《现代经济增长》北京经济学院出版社 1989 年版。

化程度越高的国家，就越有可能从国际直接投资中获得有长远意义的利益。

其二，发展中东道国在引进国际直接投资的成本、代价程度或非理想状态，与发展中国家发展阶段以其相应结构特征相联系，越处于低发展阶段，国际直接投资增长效应所受约束条件就越严，发展中国家对国际直接投资的预期贡献值与现实值差距就越大，负面效应就越容易显示出来；在这种情况下，政策的调整效果也是十分有限的。同样我们将国际直接投资可能对一国经济发展的负面影响排序如下：飞地经济、二元结构、分配不均、资本外流、技术停滞等。很明显，越是低发展阶段的国家，国际直接投资可能造成的负面效应就大。并且，发展中国家市场扭曲状态严重，国际直接投资对经济长期发展造成的负面效应就越明显。

我们可以这样认为，在国际直接投资可得性存在的前提之下，发展中国家自身的发展阶段和结构特征是国际直接投资增长效应产生或变动的基本条件。因此，对于发展中国家而言，国际直接投资如果不利于一个国家的经济长期稳定的发展，势必就破坏了一个国家获得国际直接投资长期增长效应的基础。由此出发，一个发展中国家在确定自身引进国际直接投资模式时，必须以本国经济自主增长的持续性为前提，在讨论这一问题时，我们首先试图引入“可持续发展”概念。

所谓可持续发展，其初始的定义为：“当发展能够保证当代人的福利增加时，也不会使后代人的福利减少”，“今天的资源使用不应减少未来的实际收入”（皮尔斯，1990）。联合国环境与发展委员会（WCED）的可持续发展的定义是“既满足当代人的需要，又不对后代人满足其自身需求构成危害的发展”。这一定义主要是从人与自然的关系出发的，强调了当代与未来发展的和谐，现实与长期利益的协调。这里我们主要借用这一概念中持续、递增的内涵，并把它移用到国际直接投资与一国经济发展的长期关系之上。一个国家的经济的可持续性，体现在国民经济系统稳定地保持它的产出水平等于或大于它的历史平均值能力，同时产出没有出现负增长趋势；强调国民经济的可持续性，要求我们在判断国际直接投资效应时，更多地关注东道国资源配置效率的提高和当地企业的成长问题。具体而言，在国际直接投资进入的前提下，一个国家经济的可持续性主要强调国际直接投资进入的短期效应必国的技术创新；从而避免在引进技术同时，产生对国外技术的长期依赖。

其二，在东道国建立和形成一种有利于技术创新、技术扩散、技术保护的制度体系与环境，加强本国技术的开发和使用效率；在跨国公司的技术体系与东道国技术体系之间保持和缩小技术级差，即最低技术与最高技术间的差距不至于影响技术的扩散和技术的吸收，东道国地区之间的技术差距不至于影响技术的空间转移。总之，要形成一种有效的技术升级的机制。

其三，服务于本国科学和技术发展的人力资本系统，是一个国家进行知识创新与技术创新的重要源泉。因此，技术的可持续性的重要内容之一就是创建和保护东道国人力资本发展体系。除了教育的基础作用外，创新的激励机制、对知识产权的重视，以及对创新能力的人才提供效率工资和防止人才大量外流，其对发展中国家的就是发展的意义不可低估。

技术的可持续发展在国际直接投资和东道国经济发展关系中据核心地位，技术创新和技术垄断一直是发达国家跨国公司全球扩张主要手段，也是跨国企业所有权优势得以发挥的基础。技术的可持续发展对于发展中国家有深远的意义。首先，对于发展中大国而言，技术依赖对产业升级会产生消极影响。在技术依赖情况下，产业升级会有很大局限性。其次，尽管跨国公司或国际直接投资不可能转移其研究与开发的能力，不可能转移尖端技术，但发展中国家只要坚持发展自己的技术，同时积极引进—模仿—消化国际直接投资技术，形成一种有效的技术发展机制，其技术竞争优势会产生一递增的趋势，总之，技术的可持续发展的积极意义在于吸收国际直接投资技术的同时，尽可能减少对外国技术依赖而产生的不利影响。

3. 市场的可持续增长

市场的可持续增长，即市场的成长性，构成了区位优势中的一个基本内容，同时也是国际直接投资进入一个发展中国家考虑的重要因素之一，因为“获得市场的保证，无论是国内市场还是国际市场，可以从多个方面影响跨国公司的竞争能力”[①]。各国的经济发展轨迹还表明，国家的经济业绩不仅仅取决于其生产商品和劳务的能力，还取决于其最有效地使用这些能力的方法。因此，

① UNCTC：《1995年世界投资报告》。

各国不仅仅致力于获得资源以便增强自己的生产能力，还注重为自己的商品与劳务获得市场，以确保全面有效使用自己的资源所生产的商品和劳务有足够大的和广阔的市场。众所周知，在促进各国专业化分工和扩大市场规模方面，国际直接投资与国际贸易互为补充，但是，在现实的国际经济中，这方面的利益并不均等，关键在于东道国自身市场的成长性不受到破坏。

所谓东道国市场的可持续性，对于国家而言，市场规模的变化要有利于其总体规模经济的实现；对于企业而言，必须存在一个有利于其在干中学（learning by doing）过程中获得竞争优势的空间。其含义包括这样几个方面：

其一，在开放经济的情况下，国际直接投资发生后的东道国的国民生产总值仍然保持良好的增长势头，人均购买力的增长不断扩张了国内市场的容量；在收入需求弹性规律的作用之下，消费需求的升级推动产品结构的变化，由此市场形成动态成长的态势。

其二，东道国企业在引进外资、有效吸收国外技术与管理的基础上，其竞争力不断强化，产品与服务仍然在本国市场占有和保持相当的市场份额；外资进入对当地企业的竞争激励效应大于其挤出效应。

其三，在各种产品或产业总体销售增长率中，东道国的产品或产业持续保持对增长率的贡献份额，这在很大程度上取决于跨国公司的投资种类、性质和投资方向，同时也在很大程度上与跨国公司在当地的关联效应与溢出效应的强度相关。

我们可以说，东道国市场的可持续增长，是东道国产业竞争力和技术竞争优势共同作用的结果，同时也是东道国推行选择性国际直接投资政策的结果。一般而言，跨国公司凭借其垄断优势，具有较强烈的市场集中度，这样从两方面扼制了东道国产业成长：一是高集中度阻碍了东道国产业或产品的市场进入；二是缩小了东道国原产业或产品的市场空间，进而中断了产业的可持续增长。因此，保证市场的可持续性，就是防止跨国公司垄断东道国的市场。维农曾分析了跨国公司在东道国的两种行为模式，一是“为在东道国市场生产和销售而建立的国外附属企业”；一是“为其附属企业生产供应而建立国外附属企业”，其结论是无论跨国公司作为产业创新者，还是产业跟随者，几乎都会在相当大的程度上占领东道国市场（1986）。实际上，跨国公司对东道国市场的控制是一种过程性控制。跨国公司花费了巨额的研究与开发支出，它有充分的理由对关键性技术进行控制；这样东道国在与跨国公司合作的制度安排中，往往面临二者必居其一的选择，要么不追求国产化，以纯粹商业购买方式与跨国公司进行技术合作；要么追求国产业化，但对外部技术的依赖仍然存在。由于发展中国家所面临的技术方面的劣势，于是，在向国际直接投资资本开放的同时，又能够保持市场的可持续增长，将是东道国必须处理的难题之一。然而，市场的可持续性对于发展中大国的战略意义是显而易见的，它从根本上制约了技术的可持续性和产业的可持续增长：只有在强有力的市场力量背景中，厂商才会有足够的技术创新动机，这是熊彼特在半个世纪前就提出的著名论断；外国公司的进入如果对当地企业只产生市场挤出效应，那么必然会减少国内企业的研究与开发的边际价值，进而降低后者的研究与开发的投资量，其直接后果就是抑制了东道国的技术创新能力。

在坚持上述原则的前提下，发展中国家、尤其是发展中大国应当选择一个什么样的国际直接投资模式呢？这是一个值得我们进一步探讨的问题。

从前面的分析看，国际直接投资对于发展中东道国经济的影响往往是正负效应并具，国际直接投资既可能对一国经济发展产生巨大推动力，同时也以特定的方式产生负效应。面对国际直接投资固有的这种双重作用，所要做的不是一种非此即彼的选择，而是根据各发展阶段的国际直接投资作用特点，对利益与代价的经济比较、从有利于技术发展和能力结构约束情况下，尽可能使国际直接投资模式符合跨国公司和东道国双方的利益，以及各发展阶段紧迫的经济发展需要。

第二节　代价制约：国际直接投资模式选择的前提

在这里所指的发展阶段对国际直接投资增长效应的制约，主要指由于东道国处于相对低的发展阶段而引致的、超过“一般平均水平”的引进外国直接投资的代价或成本问题。这种成本或代价，使得引进国际直接投资的理论上的正效应打了折扣，并在现实中构成发展中国家对国际直接投资模式选择的前提。

一、国际直接投资代价分析角度

在对国际直接投资模式选择时，必然有一利益与损失、收益与成本的比较过程，这首先涉及到一个从什么角度认识东道国引进国际直接投资的代价问题。显然，国家发展阶段不同，对国际直接投资的代价认识就有所差异。

英国经济学家尼尔·胡德和斯蒂芬·扬在《跨国公司经济学》一书中，分析了由国家所处发展阶段不同而产生的国际直接投资代价差异问题，其基本命题就是，由于差异很大的社会经济背景，在工业化国家之间国际直接投资的收益与成本必然不同于发达国家与发展中国家国际直接投资所产生的收益与成本。胡德等人列举了几方面的现象说明这一问题。[①]

（1）工业大国一般有能力提供更有效的抵消力量去对付外国跨国企业，因此在此类国家中对于由国际直接投资引发的主权和自主问题并不尖锐；

（2）工业化大国之间的国际直接投资不存在产品适宜性和技术适宜性问题，因为都是资本充足国家、均拥有同样高收入的顾客群；

（3）工业化国家的本地企业具有更大的潜力吸收外国企业带来的知识，也有较强能力与外国企业进行有力的竞争（1979）。

由此可得到的结论是，工业国可以国际直接投资中获得较大利益，而发展中国家要想从中获得同样的收益，就存在一个国际直接投资选择与控制问题。

十分明显，工业化国家在考虑国际直接投资成本和收益时，其角度不可能与发展中国家一样，这种差别不仅体现在显性的成本收益分析上，而且对潜在的代价与利益考虑上也有巨大的歧义。同时，即便是发展中国家，大国与小国之间也会有很大差别，美国的经济学家克鲁格曼等（Graham and Krugman，1995）在《美国的外国直接投资》一书中，把美国来自于外国直接投资利益判断建立在一体化的经济分析上，即把国际直接投资发生作为一体化的基本内容。在这种情况下，国际直接投资对于美国的利益来自于两方面，其一是来自于商品、资本、服务等各种要素一体化产生的常规利益；其二是

① Hood, Neil & Young, Stephen. 1979. The Economics of Multinational Enterprise. London & New York, Longman.

来自于进入美国国际直接投资所产生的外部经济。但是，他们进一步指出，作为高新技术最大的来源地和最密集使用高新技术的国度，美国根本不可能像发展中国家那样，企盼从来自外部的国际直接投资中获得技术、管理转移和扩散方面的利益；而在代价方面，美国既考虑诸如国际收支平衡问题，又必须从保持技术优势、防止技术流失和产业安全的角度，研究向国外直接投资开放的潜在代价问题。可见，美国是以保持竞争战略地位考虑国际直接投资收益与成本的。

在跨国公司理论中，新古典经济学总是从资源配置和福利方面考虑发展中国家引进国际直接投资的代价问题，对于发展阶段差异对国际直接投资的收益和代价的影响并没有过多地给予关注，这在理论上反而不利于发展中国家选择一种对跨国公司和东道国都有益的国际直接投资模式。与此相反，结构主义"没有假设充分的最优资源配置"，它们指出了在发展中国家市场的不完全性，并认识到在二元结构严重的情况下，资源使用不一定按价格信号进行，于是收益会出现系统性差别（钱纳里，1998），因此，结构主义在分析发展中国家与世界经济关系时，对于发展中国家结构性障碍及其后果比较重视。结构主义这一理论特色在对跨国公司与经济发展二者关系的研究中也十分突出，它们强调低发展阶段的结构障碍对引入国际直接投资代价的影响，从而突出了发展中国家对国际直接投资模式选择的必要性。应该说，在国际直接投资与经济发展的相互关系上，结构主义的分析更接近于现实。如何客观判断国际直接投资引进的代价？从发展中国家的立场，只能从现实经济效果和长期潜在利益出发去判断。这就要求我们有一种科学态度看待引进国际直接投资的代价问题，把特定的发展阶段经济目标和国际直接投资实际效果结合起来分析。既要看到发展阶段滞后不仅导致了产生国际直接投资正向效应的困难，而且由此还会产生与发展滞后相应的代价问题。我们从各种有关的研究成果中，可得出如下判断。

第一，发展中国家通过国际直接投资促进资本形成，其代价高于平均水平。

就一般而言，资本相对短缺一直是发展中国家引进国际直接投资的最重要原因之一，但不能无视其中的成本或代价问题。首先，跨国公司的直接投资是一种成本较高的引进国外资金的方式。大公司投资费用远比小公司的要高，同时大跨国公司所寻求的利润率要大大高于国际资本借贷市场上的通行利率。从一些实证研究发现，发展中东道国很少能从国际直接投资上获得资本方面的好处，如果考虑跨国公司用价格转移手段隐性返回的话，引进资本方面的利益还必须打折扣。但也要看到，跨国公司所能提供的利益主要并不在于资本融通，而主要体现在技术、市场营销和管理上，而这三方面通常都会以较高的费用反映在财务上。同时，国外援助和国际借贷方式并不能替代国际直接投资的作用，它们只能是另一种补充形式。因此，考虑引进国际直接投资的成本的正确方法必须把国际直接投资的成本与通过国内提供资本的机会成本进行比较，另外还必须考虑购买跨国公司项目中其他内容构成所支付的成本。其次，实际流入的跨国公司提供资本量不一定很大。很多大跨国公司在东道国的投资额中净投入部分所占比重并不大，很大部分由东道国储蓄和在当地所赚取的收入和利润的再投资构成。这种情况引致很多发展中国家政府的忧虑，担心本国金融资源会被不适当地被跨国公司所利用。劳尔与斯特里顿指出，在市场经济条件下，只要仍遵循利润法则，发展中的东道国金融资源成为跨国公司高利润投资项目的融资来源，符合私人企业制度规范，但与发展中国家建立民族产业的强烈意愿相冲突。

跨国公司利用当地储蓄问题，必须区分为股份资本和借贷资本两部分。当地储蓄成为跨国公司股本，与跨国公司母国的储蓄者成为公司股本持有者没有本质上差别；由于跨国公司一般具有本地企业所没有的市场竞争力，因此这种融资方式可使东道国从跨国公司资本高回报中得到“租”（rents）的利益。而以贷款形式在东道国融资，则有所不同：充分利用东道国贷款的国外资本可通过这一融资方式提高其利润率，并最终会把原先用于其他用途的东道国储蓄转移过来，从而只有利于外国投资者；这种状况也会导致跨国公司在东道国分支机构利用跨国经营的优势，宁愿仅仅作为东道国金融机构的客户来谋取贷款，势必减少东道国自身企业信贷来源。在这种情况下会产生“非社会理性的借款方式”。再次，跨国公司的资本常常以机器设备和无形资产等形式进入到发展中国家，但这种形式的资本贡献很难估价。为了提高在投资中的股本比例，跨国公司可高估设备和无形资产的价值。而且，东道国的技术购买者或共享者为了摆脱当地政府对企业利润等方面控制，也会在设备和无形资产的价值高估中采取配合，从而产生了价格转移问题。

第二，跨国公司的特点和行为削弱了组织与管理方面的正向效应。

组织与管理在现代公司是一种重要的经济资源。跨国公司对其经营活动的有效组织和管理，是经济全球化不可忽视的一个重要环节；对于发展中东道国而言，有效的组织与管理是工业化过程中的一种短缺的经济资源。

然而，跨国公司在组织与管理方面所创造的这些利益为东道国所吸纳是有前提条件的，同时还产生代价或成本问题。

早在1972年，美国经济学家海默就在一篇题为《跨国公司与不平等发展规律》的论文中指出，跨国公司塔型的组织形式对东道国必然会产生消极影响。他认为，跨国公司高度集中层层控制的组织与管理模式使不发达的东道国经济一部分成为跨国公司分支机构经济，影响不仅在于经济方面，而且还作用于这些国家的社会、政治和文化（Hymer，S.1972）。同时，跨国公司强有力地影响了发展中国家的技术发展、消费模式等方面，并产生了一些不理想的状态和特点，很难说这与跨国公司的组织结构之间没有一种因果关系。事实上，跨国公司采取的组织结构只是由技术因素或垄断竞争所推动的增长的一个结果，海默提到的不平等或发展中国家部分权限丧失的现象，不过是内生于整个发达国家与发展中国家之间国际经济关系结构中的产物。

由跨国公司组织结构内部产生的、但在国际间发生的财务活动对东道国带来的不利经济影响，也可视为东道国由于引进国际直接投资所要支付的代价之一。跨国公司利用其组织结构，可以方便地实施价格转移手段，从东道国中转移出利润，从而使发展中国家引进国际直接投资的利益减少了。对东道国政府而言，损失了税收收入；而对本地股东和工人来说，同样有利益损害问题：前者丧失了部分合法利润，而后者则可能波及到工资增长受阻等一系列问题。价格转移引起了越来越多的发展中国家的警觉，相应地也产生了一些监管措施。但这并非易事：监督公司内交易的价格会有系列障碍，例如，海关当局倾向于对进口品实行高位定价，以便增加关税收入；而税务当局则会相反行为，其目的在于增加可征税的利润数。部门间利益冲突自然导致很多监管措施失效，这在一些东道国是经常发生的事。

跨国公司的管理和企业监督对发展中国家可能造成的另一后果，是在一定程度上抑制了东道国的企业家精神。如果跨国公司不受限制进入企业家阶层十分微弱的国家，必然会导致那些有活力的产业部门最终为跨国公司所控制。

但是，应当看到，即使在拥有很强的企业家资源的发达国家，也很难防止主导产业领导权落到跨国公司手中。因此，真正削弱东道国企业家精神的原因应从跨国公司进入后所产生的经济后果来分析。一般而言，有三个因素对东道国企业家成长极为不利：（1）．由于跨国公司的利润返回到母国而不是再投资，这将导致较低的国内积累率；（2）．跨国公司会形成较高的技术或服务的收费，与此同时，诸如转移价格、出口限制、对货币财政政策调控不力等不利事件在东道国发生的机率太高；（3）．跨国公司对市场结构产生的效应会引致高度的垄断集中，并产生削弱竞争等一系列不利影响。无疑，这三方面因素将对发展中国家企业家形成和企业家精神培育产生消极作用。

总之，从纯经济的立场看，跨国公司从组织结构和管理方面的支配，确实对东道国产生了很多潜在的代价或成本。但是，在没有特定条件的情况之下，很难对其重要性进行估价。而且，很多非经济因素实际上不可能与所谓纯经济的因素分开，这也增大了准确评价跨国公司产生的负面效应的困难。

第三，通过国际直接投资获得技术进步会产生潜在的成本问题。

跨国公司在直接投资过程中发生的技术转移及其影响，既是跨国公司理论中一个热点问题，也是发展经济学中十分关注的重点。在理论上，跨国公司对技术转移的贡献是显而易见的，通过跨国公司的直接投资获得技术，成为很多政府吸收国际直接投资的主要目的之一。在跨国公司一方，通过直接投资提供一揽子技术，保证新技术很快进入到商业化进程，也是跨国公司在国际市场上的明显优势，但是，这种情况只会在国外子公司拥有百分之百所有权情况下才能发生。而在购买技术使用许可证情况下，发展中国家所得到的技术的先进性就要大打折扣。技术的溢出效应，是很多跨国公司文献中经常提及的一种非正式安排的技术转移途径。理论上认为在这种情况下，发展中国家可以以很小代价而获得技术方面的好处，由此可得出的一个引申结论就是，发展中国家引进的国际直接投资规模与技术溢出效应大小成正相关关系。但是，新近的研究表明，获得溢出效应是有条件的：一是东道国拥有经过良好训练的人力资源的可供性和巨大的市场规模；二是东道国企业家能作出正确选择和有效地使用获得的技术以及不断改造、创新的能力。显然，在发展的初期，这两个条件很难满足。

同时，跨国公司出于垄断竞争和技术进步的需要，必须生产那些复杂的具有高度差异性的产品，系列化、更新快是跨国公司产品的特点，也是跨国公司生产扩张的基础；而对应的最适消费层次只能是高收入和高储蓄的工业化国家人民，他们的消费具有多层次性和消费需求结构转换快的特点。跨国公司作为企业，发明和开发那些廉价的、可大批量生产的产品不应该存在任何困难。很明显，这类产品肯定对发展中国家的消费者是适宜的。然而问题在于，两类产品及匹配的技术结构对跨国公司有着完全不同的意义。前者从产品结构到所需要的技术层次都很难被竞争对手所模仿；后者则不然，一旦产品或技术被模仿，跨国公司在简单产品和加工中的优势将很快消失。因此，跨国公司的性质决定了其产品和加工的复杂多样性必然要超越发展中国家的一般需要。

要素使用适宜性问题的提出，与跨国公司所转移的技术的资本密集性质有关。相对于发展中国家的要素禀赋而言，劳动密集型的技术更符合这些国家的需要。但如果引进的技术偏离了要素禀赋构成，不利于改善这些国家就业问题，从而也不利于改变收入分配悬殊的状态，并对其他产业所使用的技术产生扭曲影响。由于跨国公司供应的技术与东道国要素禀赋之间的不协调性，很难与当地产业之间创造出产业关联效应，在当地劳动者中也不易形成一种内生的技能。因此，技术的不适宜性的一个后果就是东道国牺牲了自身在要素禀赋上的比较优势。

第四，发展中国家通过国际直接投资获得贸易效应小于其理论值。

对于发展中国家而言，贸易是融进国际经济体系的一个重要因素，国际贸易的扩大有助于加速发展中国家的经济发展进程。贸易促进经济增长的主要机制可以归纳为三方面：（1）出口增长推进了国际专业化分工，使一国的生产规模超越有限的国内市场，从而获得规模经济效益；（2）进口增长缓减了阻碍经济增长的供给短缺，缓减了由于要素供给紧张而造成的成本上升压力，从而提高了国内进行再投资的利润；（3）参加国际贸易另一个重要利益就是会带来许多外部经济效应，特别是学习效应，这有助于一国生产效率的提高，从而刺激经济的全面增长。[①] 正因为如此，通过引进国际直接投资促进本国出口，成为大多数发展中国家的一个政策目标。

但是，经济学家卡森和皮尔斯发现，在东道国投资的跨国公司具有较强的进口倾向，它们一方面从事大量的出口活动，但另一方面其出口对进口的依存度十分高，这与过去研究的结论有所不同。同时，由于公司内交易已经在总世界贸易中构成十分重要且日益增长的部分，很难仅就此作出有关的福利效果评价。卡森等人研究表明，决定物质商品贸易内部化的因素，与导致无形资产实行内部化交易的因素并无多大差异，这些因素包括先进技术、较高的沉没成本、对产品质量保证的需要，以及售后服务（Casson and Pearce, 1987）。事实上，公司内贸易大量发生对发展国家的影响是多重的。一方面，从公司内贸易中得到的利益，成为引致跨国公司对外直接投资的一个动因，于是国际直接投资与贸易之间形成重要的内在联系，贸易与直接投资格局也日趋接近。发展中的东道国从中分享到一种“名义的”跨国公司出口贡献，由跨国公司分支机构创造的出口常常成为东道国总出口的一部分。另一方面，公司内贸易所产生的价格转移现象，使发展中国家在税收等方面遭受很大损失，从而很难合理地从跨国公司推动的出口增长中实现自身利益。

在跨国公司以直接投资方式进入发展中东道国的同时，也把其营销即包括销售渠道、技巧、网络等一整套带进了发展中的社会与经济。广义而言，这些也属于跨国公司对东道国的贸易效应范畴，但研究表明，其对发展中国家的影响也是双重的。一些经济学家从收益和成本角度分析了这一问题。他们发现，发展中国家可从跨国公司营销技术中得到两方面的利益。在国内市场上，跨国企业营销技术无疑可在很多方面改进发展中东道国销售网络和营销手段，缩短生产与消费之间的距离，实现国内市场销售的规模经济。在外部市场方面，利用跨国公司市场渠道、技巧和声誉可有效增加制造品出口。然而，跨国公司强有力的市场营销活动也会带来成本或代价。对于发展中国

① UNCTC. 1992.《1992年世界投资报告—跨国公司：经济增长的引擎》，对外贸易教育出版社1993年版。

家而言，跨国公司营销的有效性增强了垄断程度，有利于公司的利润目标实现，但无助于消费者在市场中的地位加强。此外，跨国公司的营销对发展中国家也产生所谓社会成本问题。产品的差异性和产品的丰富程度所刺激产生出的需求和嗜好，与东道国的发展水平显然反差太大。[①]

毫无疑问，上述代价分析对于东道国国际直接投资模式选择是十分重要的。利益原则，是东道国与跨国公司经济交往的基本准则，无论任何一方，都要从国际直接投资中获得一定的经济利益，无利可图或得不偿失的经济关系不可能持久。东道国吸引国际直接投资，或者选择某一国际直接投资模式，其基点就在于使利益大于所付出的代价。

第三节　技术发展：国际直接投资模式选择的关键

各国经济发展的业绩表明，对于国际直接投资模式选择的意义不仅在于利益和代价之间取舍，而且还在于国际直接投资模式的选择关系到一个国家经济长期持续增长。在这方面，人们经常所举的例子就是东盟和拉美的发展业绩。

东亚和拉美的发展业绩差异有相当复杂的因素，很难简单地作一般化结论，但有一些是清楚的，这就是两个地区在利用外部资源（包括国际直接投资和外债等国外资本）方面有很大不同。1982 年以来两大地域外资运动的不同历史轨迹构成了差异性很大的结局。东亚经济长期以来保持了持续发展的势头，在许多部门和领域已经能够同先进工业国抗衡，而拉美则不然。我们应该看到，通过引进、选择与控制国际直接投资，由此获得技术发展和产业发展，不能不是东亚经济强于拉美的一个重要方面。各国工业化进程表明，一国能否有能力进行技术发展，始终是发展中国家经济发展中的核心问题，经济发展阶段越高，这一问题就越突出。

根据前面章节的分析，从有利于技术发展角度看，发展中国家对国际直接投资选择主要应当考虑以下三方面因素。

---

① Lall, Sanjaya & Paul Steeten. 1978. Foreign investment, transnationals and developing countries. The Macmillan Press LTD.

其一，必须考虑技术转移和运用之间、技术转移与技术开发之间，开发与创新能力之间的差异。很明显，至今为此跨国公司的技术创新只集中于少数发达国家。一般而言，发达国家有能力充分发挥高级专门技术的效率，有庞大的本地市场，技术买卖双方有稳定的交易关系，同时又是高科技、高密度人力资本集中地，从而使交易成本和信息获得的代价降低到最低程度；发展中国家要实现这些技术升级的基础条件，需要有一长期学习过程和长期的资金投入，而这些是外国厂商不愿涉足的投资领域。从总体上看，跨国公司出于自身利益的考虑，更乐于促进东道国生产能力的提高，而不愿意帮助发展中国家技术创新能力的提高。因此，与发展中国家相较而言，工业化程度高的国家反而能够吸引跨国公司技术创新能力，并在这种转移中获得较大利益。因此，发展中国家如果被动地依赖跨国公司来提高和深化技术能力，需要花费很长的时间。

其二，必须比较东道国企业和跨国公司分支机构在技术溢出方面的重要性。从大量的跨国公司及国际直接投资分类效研究的案例中可以发现，东道国企业技术能力的升级更有益于技术的扩散和溢出，而跨国公司分支机构即便技术能力与当地企业相当，甚至高于当地水平，其扩散和溢出技术的效果都要低于东道国企业所能实现的效果。总之，东道国企业的技术发展能够产生更大的利益溢出和关联效应。

其三，必须对东道国企业自立的技术发展能力和约束条件有清醒认识。一般说来，跨国公司的国际直接投资进入东道国的后会刺激企业竞争，从而提高了生产效率。但如前所述，跨国公司在东道国进行技术深化和升级方面是消极的。东道国企业要想提高和发展自身技术能力，将面临较大的风险，并要经历更长的学习阶段。所以在与跨国公司的竞争中，它们往往宁可购买国外现成技术，而放弃对研究与开发的投资，从而制约了本身的技术发展。

因此，如果发展中东道国的技术升级和深化只是消极被动的依靠国际直接投资，其技术发展就十分容易产生一个相对静止状态。但是，从工业化的长远利益来看，坚持技术发展，是发展中国家从国际直接投资有效吸收新技术的基础条件。从前面我们对国际直接投资吸收能力的分析、以及对技术差距论的分析中都可以得出相同的结论。同时，从利用本国资源、加强产业关联和扶持新产品与产业的潜在利益与成本比较的角度看，对东道国技术发展的收益与成本的估价，应超出一般厂商分析的范畴。

其实，根据一个国家技术发展的内在规律，完全依赖跨国公司的技术创新和国际直接投资的技术转移，很难实现后起的发展中国家赶超工业化国家的战略目标。从发展经济学中提出的技术发展模式和其他技术经济学的文献中，我们可以发现发展中国家技术赶超大致可分为三个相互衔接且互为因果的阶段：第一阶段，发展中国家通常采取水平的技术引进形式，这是由发展初期内产业技术薄弱所决定的；第二阶段，在已经积累的技术和物质基础之上，在继续积极引进技术的同时，逐步加大自主研究和开发的力量。技术引进形态也从水平引进转向水平和垂直引进并举方式，后者主要指东道国引进先进国家有关研究成果后，在本国加以商业性开发。第三阶段，随着发展中国家人力资源开发系统（如教育体系）逐步完善，人力资本日益累积，发展中东道国开始进行基础科研，强化本国的技术研究和开发工作。于是，发展中国家的技术发展开始摆脱完全依赖于技术引进的被动局面。到这一发展阶段，发展中国家大致可以形成一个比较完备的技术发展体系，即既有自主性的科学研究与开发，又有较强的对引进技术吸收和改造能力，还有一部分单纯的技术引进和简单模仿。对于一个处于开放的世界经济环境之下发展中大国而言，三者缺一不可。

然而，如果发展中国家的技术发展完全依赖于跨国公司技术的创新和技术转移，以技术引进和模仿为起点的技术进步过程就会长期停留在简单引进和模仿的第一阶段，从而使技术进步一直处于“引进—模仿—再引进—再模仿”的被动循环之中。这种有限的技术进步必然只会带动有限的产业升级，而且升级的限度只能在跨国公司规定的范围之内。在这种情况下，发展中国家与发达国家之间技术上的差距很难得到明显的缩短，事实上不可能消除这种差距，最终影响工业化之进程。[1]

之所以陷于这一局面，在于发展中国家依靠跨国公司不可能根本解决技术发展三个阶段中最为关键的研究与发开环节的薄弱状态，以至对于引进技

① 史东辉：《后起性，后起之益及其陷阱》，上海财经大学出版社 1996 年版。

术的消化吸收工作也显得困难重重：进而使技术进步的过程出现断裂，只得一直依靠国外的技术供给。不仅如此，经验还表明，如果技术转移得不到充分扩散和溢出，那么利用引进技术生产的产品也难以在价格和性能上与工业化国家产品相竞争。世界银行的实证分析结果也表明，研究与开发能力的强弱与一国工业化水平之间有在较高的相关性。

从工业化初期的两个阶段，即劳动力推动阶段、劳动力—投资推动阶段的经济内在发展机制看，技术发展应当是阶段升级最重要的动力。在整个过程中，发展中国家唯有不断开发创新能力，才有可能实现经济上赶超工业化国家的目标。按照伟大的经济学家熊彼特首创的理论，经济发展作为一种非均衡过程，取决于两种对立力量的相互作用："创新，它趋于扩大国家间的经济技术差异；模仿或扩散，它趋于缩小这些差异。所以，一个处于世界创新前沿后面的国家是否缩小了它与前沿国家的生产率差距，不仅取决于它的模仿努力，而且也取决于它的创新能力，还取决于前沿国家创新能力。此外，一个处于世界创新前沿之后的国家通过模仿活动即使成功地缩小了生产率差距，如果不在创新活动上也超过前沿国家，就不可能在生产率上超过它们"①。根据这一理论，从技术角度看，经济发展取决于三个要素：（1）来自国外技术的扩散或模仿，这个要素的贡献随着与世界创新前沿国家的距离而增加；（2）国内创造的新技术；（3）发展中国家的技术效益能力的发展，无论这种技术来自于国内创造还是其他地方创造。显然，从这三方面看，国际直接投资引进只能对第一方面有重要作用，而对第三方面起间接作用。因此，对于发展中大国而言，必须充分认识国际直接投资技术转移在技术发展中的地位，以及自身技术发展与国际直接投资技术引进之间的互为促进机制，避免那种非此即彼的战略选择，尽可能在国际直接投资资本运动中获得技术发展的空间。同时，还必须根据经济发展阶段及其特点来选择相应的技术发展模式。

从东亚的经济发展过程来看，非依附性的技术发展模式主要有两种。第一种形式是在扩大对国际直接投资需求的同时，通过鼓励、法规和协商，以

① 费格伯格（1988），第20章 为什么增长率不同，载：多西，G.（1992）《技术进步与经济理论》，第534–536页。

及对当地技术和机构投资来吸引更多的跨国公司进入到那些复杂的技术领域，从而实现当地技术能力升级，扩展与当地技术部门的关联效应，并建立自己的研究与开发机构。第二种形式为较为独立的技术发展模式：限制技术的进口，并试图以外部化方式获得一种技术的促进效应，比如通过建立合资企业，技术许可证转让，当地企业始终对技术深化进行控制和投资。这种方式有两个特点，其一需要政府的干预与支持，以增强企抵抗风险的能力；其二是强调对企业的所有权和控制权。但是，所有权和控制权并不能完全确保创新能力的提高。一般而言，经济规模较小的国家或地区倾向于第一种方式；而经济规模大的国家则倾向选择后者，对技术发展模式的选择总是根据国情和发展阶段而变化的。在经济规模更大的国家，如中国和印度，情况有所不同，这是因为在这些国家发展阶段是多元的，其经济发展目标不同于东亚的那些人口规模不足5000万的国家或地区。大国的技术发展不仅仅与产业发展相联系，而且与国家安全相关。在这种情况之下，技术发展的创新阶段更有必要依靠自己的力量。同时，跨国公司从本国利益和技术垄断的考虑，也很少在尖端技术领域以国际直接投资形式转移技术。

上述分析已基本揭示了这样的事实，即跨国公司或国际直接投资对发展中国家的技术转移效应主要产生于如何干（Know-how）层次，因此，东道国从技术发展角度对国际直接投资模式选择首要目标就是如何在这一层次上尽可能得到更大的转移效应。无论从理论上还是从技术进步的现实的角度都充分说明，只有Know-how层次的技术转移效应大量发生，东道国才具备全面技术发展的条件。因此，以国际直接投资形式获得生产领域的技术，并不悖于东道国技术发展的目标。从各国技术流动的结果来看，事实上几乎所有发展中国家引进的技术都比它的输入的要多。技术方面的“赤字”似乎是一正常现象。而处于发展阶段较低的国家，相对技术赤字必然更大。因此在技术差距存在情况下，发展中国家以国际直接投资形式来弥补这种赤字，是一种必然的选择。

然后，我们也应当看到一种新的动向，当前发达国家的跨国公司正以一种相对缓慢的速度，把一些研究与开发活动转移到发展中国家，尤其是那些市场规模较大、发展速度较快且人力资本相对丰富的新兴工业化国家，以国际直接投资为手段的研究与开发活动已悄然在一些发展中国家出现。但如果对此类国际直接投资略作分析，就会发现东道国自身的、相近领域的科技水平和人才累积恰恰是吸引跨国公司进行投资的重要原因。这就表明，东道国较低廉的研究与开发成本和较高水准的科研能力，是获得国际直接投资的创新能力转移的基础。尽管此类现象还很不显著，但对于发展中国家技术发展富有启示意义，可以说，这是不同于“以市场换技术”的另一种选择，是一种新兴的“以能力换技术”，或“以技术换技术”。

总之，为了最成功地利用跨国公司或国际直接投资中技术，就需要在内部或国内进行科技方面的努力。发展中国家的经济发展史已经表明，本国研究和开发所产生的利益和技术引进所产生的利益是互补的。在任何情况下，国际技术的实质性转让，看起来都包含一些主动的而非被动的过程。虽然某些转让方式可能是被动的，但是，在需要与本国技术基础相结合的情况下，东道国必须做出努力。而且，选择外国技术，并使之适合本国需要，也是这种努力的基本内容。

第四节　能力结构：国际直接投资模式选择的基础

从一般的国际贸易理论可以得知，国家之间要素禀赋差异越大，比较利益越大，国际贸易越容易发生。在发达国家与发展中国家存在要素禀赋差别的条件下，两国间进行贸易的比较利益是确定的。但是，在国际投资领域，两国之间要素禀赋差别越大，外国资本要素与当地要素结合效率越低，国际直接投资就越不易发生，其原因在于：投资的跨国公司利用东道国要素禀赋的比较利益，体现在已拥有的资本要素与当地优势要素相结合，利益的大小取决于要素结合的程度及其效率。因此，当投资国与东道国发展阶段差异过大情况下，国际直接投资反而难以发生。这一结论不仅可从前几章的分析中得到，而且说到底根源于国际直接投资是一种具有沉没成本的国际投资形式，这一本质性特征表明国际直接投资只能流到资本效率可以得到充分保证的领域。由此也决定了在不同的经济发展阶段，东道国要对国际直接投资模式进行选择，必须以能力结构的情况作为选择的前提条件。一般而言，能力结构越完善，可吸引的国际直接投资数量就大，就越具备对国际直接投资模式进行选择的条件。

前面已经指出，经济发展阶段并不仅仅是一种以人均价值指标为标志的、对发展水平的一种体现，各个阶段的演进是由一系列各种结构性的能力指标所决定的，并具有强烈的质的规定性和增长要素累积的含义。我们可以把这种能力概括为一种经济能力，由三个基本要素的综合而形成：配置能力——决定投入与产出的量或价格的能力，或者选择生产技术的能力；协调能力——变动、参与、修正或退出的能力；学习能力——以经济或经营意义上学习前两类能力的能力；而技术能力则是指利用物理变量设计产品和生产过程的能力（Pelikan，1988）。相应的经济发展阶段，就产生一种相对应的能力结构，这种能力结构是由包括劳动者、企业家、投资者、决策者在内的无数个个体能力构成，但不是一种个体贡献的简单加总。对于仍处在吸收 国外直接投资阶段的发展中国家而言，能力结构表现为对国际直接投资的吸收能力，并从总体上体现了一个国家利用国际直接投资并从中获利的能力。

注意分析东道国能力结构对国际直接投资增长效应的作用，是本书的基本内容之一。我们所要强调的发展中东道国的能力结构在国际直接投资增长效应中的重要意义，则是本文的重要结论之一。现在我们把这一结论的内涵扩展为以下几方面。

第一，发展中国家的能力结构只能建立在自身发展基础之一。正如个人的能力是以个人学习、积累经验为前提，一个国家的经济能力是“由经济自组织配置的”，并且不能通过经济行为两者之间的交易来配置，即是说，市场交换行为不能解决这一问题，但它同时又是进行交易、寻找相对应交易对象的前提。对于发展中东道国而言，与跨国公司的交往完全是一种经济行为，双方以这种行为中获得适度利益（目标利益）为目的，体现一个国家国际直接投资的吸收能力的能力结构在此过程前就必须存在，而不是在这一过程中才产生。正是这一点从根本上制约了发展阶段处于较低水平的国家很难引进一定规模的国际直接投资。就此意义而言，国际直接投资只能是在发展中国家进行工业化过程才能起推动作用，而不是作为一种初始工业化动力（这一动力一般只能内生于发展中国家结构变动之中）。因此，发展中大国坚持内部结构的自立完善既是外资引入的前提，又为获得更大的国际直接投资增长效应创造了环境。

第二，发展中国家的能力结构是国际直接投资中区位优势的基本内容。区位因素的组成是复杂的，它体现的是一种综合的比较优势。既有多种增长要素的质量因素，又有各种要素的价格因素；既有基础设施因素、又有法律、文化、宏微观管理等因素。由于投资国与东道国之间发展阶段的差异，以及各自经济周期上的差异，还因为一定时期国际直接投资的流向和流量是确定的，因此，在外部因素起主导作用情况下，东道国改变某些政策变量和经济参数的作用将是有限的。以一种扭曲的市场关系，不可能从根本上扭转区位因素。发展中国家的关键在于增长要素的积累，各种结构关系的合理化，针对能力结构调整政策和经济参数，而不是通过 ESP（环境、体制、政策）体系的调整来产生激励国际直接投资流入效应。在某种意义上，为获得国际直接投资长期增长推动效应，只能以东道国能力结构的完善为基础，而不是以各种政策变量作为竞争手段。从国际直接投资与经济发展的二者关系看，能力结构构成区位因素的基石和发展中国家竞争国际资本的实力。

第三，对应于经济发展阶段，东道国的能力结构变化是一动态渐变的过程。在不同的发展阶段，能力结构在层次上体现出不同的特色。在劳动力推动的发展阶段，有利于获得国际直接投资增长效应的能力结构主要体现在几个方面，即（1）熟练工人和管理人员（2）具备工业化所需要一般技能（3）形成一定的基础设施。也就是说，这一发展阶段国际直接投资对能力结构的要求主要体现在产业形成和扩张所需要的要素条件之上。在劳动力——投资推动阶段前期，对东道国能力结构的要求体现为上述基础之上的技术引进、消化和扩张能力的增进。到劳动力——投资推动阶段后期，对东道国能力结构要求进一步复杂化。不仅要有以上基础，还必须要具备一种适应产业升级的综合产业调整能力，即所谓的产业转换能力。可见，在正常情况下，能力结构是时间的函数，随时间变化而积累而递增，就此意义而言，能力结构也是一个国家发展阶段的重要标志。

第四，国际直接投资作为一国经济发展的外部资源，不仅作用于发展中东道国的经济增长，同样可以推动一国能力结构的进步。在跨国公司或国际直接投资理论中的溢出效应分析，强调的重点就是国际直接投资的进入对一国各种增长要素质量、技能和适应力的有益影响，从而在这一过程推进了东道国的比较优势的发展。例如，通过国际直接投资的产业活动，东道国的企业家经营才能得到提升，工人从非熟练工人的熟练工人转化；结构的瓶颈状态得到缓解。总之，一国经济溶入世界经济越早，就越能从外部得到那些有益于自身结构优化的积极影响。从技术角度看，一个国家较早进入新技术系统，是赶超过程中决定性因素，但迄今为止，很多发展中国家并没有取得实质性的突破。除了人为的种种因素之外，发展中国家缺乏适应高技术的一种能力结构，不能不是一个十分重要的原因。

关于发展阶段越低、能力结构不强，导致的国际直接投资吸收能力弱，是邓宁等跨国公司理论家和发展经济学家都关注的一个问题。邓宁等人还认为，通过 ESP（环境、体制、政策）的调整可以弥补这一方面的不足，但其作用毕竟是有限的，并可能造成产权和市场份额方面的损失，进一步危及国家的经济安全。一个可选择的方法是从国际直接投资在不同发展阶段的增长效应的实际效果出发，把国家的能力结构作为国际直接投资模式选择的基础，而不是进一步扭曲国内市场和结构。这一论断在亚洲金融危机中得到了充分的印证。

第五节　对发展中国家国际直接投资模式的初步探讨

前面我们探讨的几个问题对国际直接投资模式选择有重要意义：首先，从东道国长期发展的根本利益以及各国经济发展与国际直接投资相互关系的诸多经验教训中，我们认为，东道国产业的可持续发展、技术的可持续发展、市场的可持续发展应当是低发展阶段国家、尤其是经济规模较大的东道国的国际直接投资模式应当遵循的基准，偏离这三方面基准，势必对东道国长期发展不利；其次，低发展阶段国家获得国际直接投资效应必然会产生的代价问题，这是国际直接投资模式选择的基本前提。发展中国家对国际直接投资开放或选择，都要以利益准则出发。当代价或成本太高，就丧失了引进国际直接投资的意义，因此，如何在国际直接投资与东道国经济相互交汇与作用情况下减少代价，成为国际直接投资模式必须考虑的基本前提。但是，值得注意的是收益与代价变动是一动态过程，而且这里所指的代价更多意义上是一种结构变动方面的代价，并非完全是一种价值形态上的代价；第三，在众多因素中，我们把东道国的技术发展作为国际直接投资模式选择的关键。技术的可持续性，强调发展中国家技术进步的持续与递增；而技术发展，则侧重于强调在引进国际直接投资过程中，发展中东道国必须有一技术累积和创新能力质变的过程，没有这种质的突破，引进国际直接投资的意义就要打折扣；最后，突出了发展中国家能力结构对于国际直接投资模式选择的基础意义。其一，国际直接投资模式选择必须依据各发展阶段的能力结构，超越这种能力结构，将导致对国际直接投资期望值大于现实；其二，发展中国家的能力结构是跨国公司考察区位优势的主要内容，国际直接投资进入在一定程度上能改进一个国家的能力结构，其改进程度的大小取决于国际直接投资类型的规模，二者在国际直接投资进入之后有一相互促进的作用机制。

实际上，上述几方面只是构成了国际直接投资模式必须考虑的一部分因素。国际直接投资作为一种国际经济中要素流动形式和国际生产的体现形式，模式的选择还必须考察国际经济环境和跨国公司的行为。在这一方面，一个十分重要的变化在于国际直接投资者结构日趋多元化，行为也多元化。邓宁（1996）最近在题为“联盟资本主义时代对折衷范式的重新评价”一文中就认为，跨国公司新近发展起来的战略联盟已经对OLI模式产生了修正的需要，战略联盟条件下企业之间的联合生产和跨国经营，在很大程度上正在修正自主企业作为分析单位的传统做法。但另一方面，小企业在国际经济中的地位也在上升，因为“加速的技术优势、服务的增长都在悄然侵蚀那些以连续、规模和固定生产系统为基础的大企业”（1996）。那么人们要问，决定一个企业进行海外直接投资参加国际生产的因素即OLI优势相应地发生了什么变化？其一，企业所有权优势需要扩张；其二，区位优势必须考虑新的一些因素；其三，内部化优势也受到新的因素的影响。在这种情况下，就需要发展中国家的国际直接投资模式有更大的包容性和更大的灵活性。

那么什么是国际直接投资模式？在这里首先要明确模式不同于战略，发展战略可定义为政府制定的一整套政策，这些政策决定一个国家与全球经济的关系，也影响着国内资源在不同产业部门和主要社会团体中的位置（杰里菲，1990）。而模式就是对某一事物在一定时期内的内在特征、取向和外在表现、效果的一种高度概括。所谓国际直接投资模式就是根据各经济发展阶段特点、确定一种既带有人们对国际直接投资客观发展规律的认识，又明确表示人们对国际直接投资的增长效应的期望目标的综合概括。我们必须注意这样几个方面，其一，之所以对模式要展开研究，在于我们十分重视国际直接投资对一国经济的影响结果同人们的国际直接投资引进期望目标之间差距，并力图寻找一种因果关系的表述方式，以便对以往经验进行归纳、总结，对今后的发展路径明确化，或至少给予一种暗示；其二，模式有两种情况，一种属于仅仅对以往的道路、方式和结果在理论上给予概括性反映，是历史真实性的写照；另一种是在上述基础上包含更多的对未来的预期及实施的思路。但是，就一种理论概括而言，模式本身没有褒或贬的含义，模式的生命在于它对国际直接投资的解释能力，这只能与现实经济对照之中才能发现。其三，任何模式都有一定时空约束，即有阶段性限制，又有特定区域限制，任何泛化的理论概括，或“放之四海而皆准”的样板，在现实经济中要么缺乏针对性，要么就不具备借鉴意义。我们在此探讨的国际直接投资模式，不过是针对一个劳动力剩余状态的经济的工业化过程中的国际直接投资作用机制的概括。

美国经济学家威尔伯指出，模式的价值在于制订一套结构（1984），国际直接投资模式同样有其结构，根据我们对劳动力推动阶段、劳动力——投资推动两个时期经济发展与国际直接投资相互关系的分析，这种结构包括这样几部分：

（1）国际直接投资进入的初始条件或环境；

（2）引进国际直接投资目标；

（3）国际直接投资作用机制；

（4）国际直接投资的经济效果；

（5）国际直接投资增长效应过程。

其基本相互关系如下：

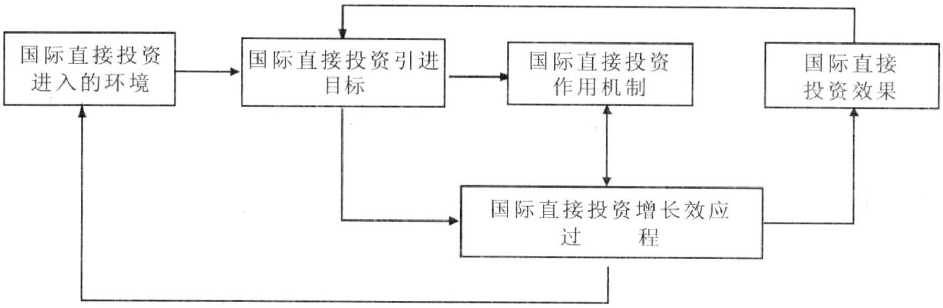

图 8.5 — 1 国际直接投资模式的结构关系

根据我们的研究，对国际直接投资模式结构关系分析如下：

（1）国际直接投资进入环境是由东道国的经济发展阶段及相应结构特征决定的，这些对于发展中国家和跨国公司都是一种初始条件约束。前面已经指出，由初级条件决定的能力结构—吸收能力，取决于发展中国家自身的经济发展和特定的资源禀赋。

（2）引进国际直接投资目标。这是由发展中国家对国际经济环境的判断、对国际直接投资的利益与代价的取舍、以及东道国发展过程中的“缺口”与“剩余”的程度和现实经济发展目标的紧迫性所决定的。引进国际直接投资本身不应该成其发展中国家的目标。从最低层次而言，国际直接投资对本国经济产生一种“疗效”作用，是一些国家的期望目标。例如，通过国际直接投资对国内产业结构失衡、产品结构失衡状况进行调整就属于这一类型。毋庸置疑，大多数进入工业化过程的发展中国家对国际直接投资期望目标不可能只停留在这一层次。对国际直接投资目标的确定，既取决于东道国政府对内外环境的正确认识，又取决于东道国在与跨国公司的交道中控制、调整各种资源的能力，也取决于东道国制定的经济社会发展目标与实现手段之间的差距，并且不断有一适时调整的过程。

（3）国际直接投资作用机制是整个模式中核心部分，它包括了这样几方面的内容：

其一，东道国经济与国际直接投资相互作用过程中的直接与间接资本形成机制。外资进入与当地的其他要素结合，必然产生直接的资本形成效应，一般情况下会能扩大发展中国家的资本总量；而间接的资本形成则与外资流入的产业性质相关，更重要的因素取决于东道国是否存在产生产业关联效应的一系列环境条件。产业间与产业内部的结构特征，企业家和其他生产条件的丰裕程度以及市场的供求关系等，都构成了影响间接资本形成程度的制约因素。

其二，东道国经济与国际直接投资相互作用过程中形成的技术累积和技术发展机制。东道国经济的工业化越是向高阶段发展，利用国际直接投资实现技术累积和技术发展的重要性就越发能够充分显示出来。正如上述分析，要产生这种理想机制，在很大程度上取决于东道国自身的要素状况和结构状况。推动产业升级的关键是主导部门的成长、技术的创新能力和实现速度。

其三，当东道国经济达到一定规模且实行开放的经济战略、国际直接投资流入规模已达到整个社会资本构成的一定比例时，东道国经济与国际直接投资作用过程中能否产生一种产业升级而不是静止的状态就十分关键。没有这种产业升级，发展中国家在世界经济中地位始终是十分有限的。

（4）国际直接投资效果取决于前几个过程的相互作用，尤其是国际直接投资的作用机制。一个很重要的因素在于国际直接投资效果并不仅仅取决于东道国自身的努力，跨国公司的目标是全球化的，投资类型、规模都只服从于公司利润目标和全球化战略，因此国际直接投资效果在很大程度上与东道国对国际直接投资选择、吸引的代价程度相关。同时，国际直接投资效果的两层含义也有必要作区分：一层含义是国际直接投资实际产生的效果；另一层含义是国际直接投资实际产生效果和预期效果之间的距离。

（5）国际直接投资增长效应过程是发展中国家参与世界经济并从中获利的重要方面，与发展中国家通过国际贸易扩展比较利益的过程同样具有同等重要程度的地位。在国际资本的全球运动和国际生产要素流动过程中，发展中国家只有实现国际直接投资增长效应，在国际生产中的地位和谈判的力量才有可能提升。

正如经济史学家格尔申克龙深刻指出，发展是要付代价的，通过国际直接投资推动经济增长同样如此。然而，应该看到，只要上述机制形成，那么发展中东道国迟早会有一收益递增的趋势产生。关键在于，贯穿于国际直接投资整个作用过程必须有一个学习机制的形成。新增长理论已充分证明，干中学（Learing by doing）是后起的发展中国家防止差距扩大、甚至实现一定程度赶超的一种有效方式，而国际直接投资进入为发展中国家提供了一种这样的机会。

在国际直接投资模式讨论中，对国际直接投资模式有多种定义和分类，如小岛清的逆贸易型和顺贸易型国际直接投资之分，学术界有日本式国际直接投资和美国式国际直接投资之分。从具体的进入形式进行定义，也有多种类型，如绿地投资型国际直接投资，兼并型国际直接投资等。同时，根据国际直接投资的要素特点，还可以分为技术型国际直接投资，资源型国际直接投资。邓宁曾把国际直接投资分化为四种模式，即资源导向型国际直接投资，市场导向型国际直接投资，效率导向型国际直接投资，成本导向型国际直接投资。可见，从不同角度就有多种不同的划分，在本文中的国际直接投资模式，从出发点上与上述的国际直接投资模式完全不同。

其一，这是一种从东道国角度、从需求角度选择的一种国际直接投资模式，所要解决的是发展中国家从国际直接投资所要达到的目标、其实现机制和制约条件等问题，它既包括对国际和历史经验的概括，又受到各发展阶段对这一日标模式的制约。

其二，这一模式只反映国际直接投资的早期阶段，即发展中东道国仍处于只有能力吸收外来国际直接投资的这样一个历史时期，在这一阶段，东道国大多数企业和产业的所有权优势、尤其是技术和经营优势尚未达到向外大量向外投资的水平。

其三，这一国际直接投资模式的概括必须能包容两个发展阶段三个时期和结构特征，同时必须考虑代价、可持续性、能力结构和技术发展等条件约束和目标约束等主要因素。

那么，在这些发展阶段，究竟以什么目标的国际直接投资模式能推动发展中国家经济持续增长呢？或者说，能够在发展阶段和结构特征约束之下，哪一种国际直接投资目标模式能够保证长远利益的实现？我们认为，根据这些阶段的结构特征，以及国际直接投资与这些阶段经济发展的相互关系，一种有利于东道国长期持续增长的国际直接投资模式应当是一种比较优势增强型的国际直接投资目标模式，它强调几点：

第一，本国的比较优势是处于低发展阶段的东道国引进或利用国际直接投资的基础；没有比较优势的存在，不可能产生足以引致外资进入的区位条件。在跨国公司的投资决策中，东道国比较优势是抵消海外投资沉没成本的主要因素。

第二，引进和利用国际直接投资的根本目标在于增强本国产业的比较优势，因此在发展中国家政府决策中首先必须考虑充分利用跨国公司的技术、资金、管理、组织、市场网络对本国产业的成长推动效应，避免或减少国外投资产生的负面影响。

第三，通过国际直接投资增长效应要实现东道国的比较优势的动态化发展，而不是使比较优势停滞和固化；比较优势的动态化发展的一个主要标志就是实现比较优势转换为竞争优势，变内部的、国内的、区域性的相对优势为更大范围内的竞争要素。一般而言，对外进行直接投资的主体易于实现这样的目标，而受资方难度较大。

第四，比较优势增强型国际直接投资模式的另一层含义在于强调发展中国家自身发展在这过程中积极作用，防止在引进外资的过程中出现所谓的依附现象。

在比较优势与国际直接投资的结合问题上，国际学术界大致有两种倾向。一种倾向认为，发展中国家国际直接投资的目标模式应当超越比较优势格局，不能仅以劳动力优势参与国际分工，从而固化国际分工格局，影响本国国际竞争力，在国际产业竞争中制约于人；另一种倾向则认为引进国际直接投资目标应当以发挥本国劳动力、资源方面的比较优势目的。其实，从广义的角度看，这场争论已延续了近百年之久，当年拉美的工业化初期就面临这些问题。但是，从以上的分析看，两种倾向均有偏颇之处。

首先，以超越比较优势基础为目的，关键在于通过国际直接投资获得的技术转移是否具备尖端化和先进性的特征。但是，从现实情况来看，跨国公司的技术转移的先进程度是以在东道国的股权份额、市场份额大小为条件的，而且跨国公司对技术垄断是其生存和发展基础，这就决定了发展中国家以此为目标可能承受的代价太大，甚至制约其他目标，如产业、市场的可持续发展。

其次，处于这一发展阶段的东道国所面临的问题和任务往往是多元的，转移剩余劳动力到工业部门，增加工业产出，变非熟练劳动力为技术工人，获得较多的成熟技术等都是十分紧迫的阶段性发展目标。只有这些基本目标实现之后，才有可能向新的增长阶段过渡，因此建立在利用东道国的廉价劳动力基础上的较小厂商的进入，并不悖于东道国实现工业化初期目标。

再次，从国际经验看，国际技术转移和发展中国家学习过程是一双向互动过程：在技术能力基础好的国家，跨国公司能依赖这一基础进行技术转移，并可以通过在东道国进行研究与开发方式增加技术能力基础；而在那些不具备技术能力基础或薄弱的国家，跨国公司进入后很少对此有所贡献，甚至还进一步削弱这些国家的经济和技术竞争力。因此，跨国公司在技术领域的所有权优势，只能在那些具备技术能力基础、并打算在生产中应用的外来技术的环境中发挥出来。也就是说，外资的溢出效应在很大程度上取决于东道国自身的条件。

最后，如果国际直接投资长期建立在东道国的劳动力、资源禀赋等方面的比较优势上，又会产生一种对国际分工格局的依附，产生对跨国公司内部分工体系的依赖，一旦这种比较优势成为国际分工中固化的分工角度的基础，同样不利于东道国的长期持续发展。

我们提出的比较优势增强型的国际直接投资模式，其根本的特点在于在各阶段国际直接投资与经济发展的相互作用机制上，形成一种以内源发展为基础、外源推动为条件的国际直接投资利用模式，在这种模式条件之下，比较优势成为国际直接投资进入的前提（区位因素），同时利用自身和外部资源加速国内增长要素的累积过程（诸如人力资本的开发、基础设施的完善等），扩大从国际直接投资中能得到的利益，进而形成一个新的良性循环过程。这一过程的关键在于：（1）在国际直接投资进入的同时，保证本国产业、技术和市场的可持续发展；（2）扩张国际直接投资的正面效应，缩小其负面效应，即代价不能大于利益，同时利益呈逐步递增趋势；（3）技术发展的几个环节有机联系起来，通过本国的技术创新和技术累积的加强作为获得国际直接投资更多的技术优势的基础和手段；（4）改进和完善东道国自身的能力结构。比较优势增强型国际直接投资模式中的结构关系是这样的：

——国际直接投资进入环境是整个国际直接投资增长效应过程的初始条件，这种初始条件就是经济发展的阶段及相应结构特征；

——国际直接投资引进利用目标即增强东道国的比较优势，在要素结构和产业结构优化情况下，比较优势呈递增状态；

——国际直接投资进入后形成资本形成和劳动力转移机制，技术累积和技术发展机制，产业升级机制，从而增强一国的经济规模和竞争力；

——国际直接投资与东道国经济共同作用产生特定效果，从而对国际直接投资效果产生一个评价过程，进一步修正新阶段的国际直接投资引进的目标设计；

——国际直接投资增长效应过程又反馈于国际直接投资进入的环境，国际资本根据东道国新的环境，决定新的国际直接投资进入或退出，决定是否能利用这种变动过的环境将跨国公司的所有权垄断优势内部化。

整个结构与运行关系我们在图 8.5-2 中作概括性表示。

显然，这里所描述的国际直接投资模式，只是一个阶段性的国际直接投资模式，主要以进入工业化的发展中大国为背景的，其模式描述的方式受小泽辉智的启发[①]。发展中国家推行这一国际直接投资模式，需要有一系列的条件，如发展战略或发展计划的配合等。但是，从我们在第三、第四、第五、第六章中分析的各种关系看，比较优势增强型的国际直接投资模式适合进入工业化的东道国发展阶段的性质和阶段性发展目标，也就是说，在这一时期，发展中国家既要利用国际直接投资、又要避免一系列负面效应，比较优势增强型的国际直接投资模式是两难选择中的一条可行途径。

① Ozawa. 1992. Foreign Direct Investment and Economic Development in Transnational Corporation. New York: United Nations, 1:43.

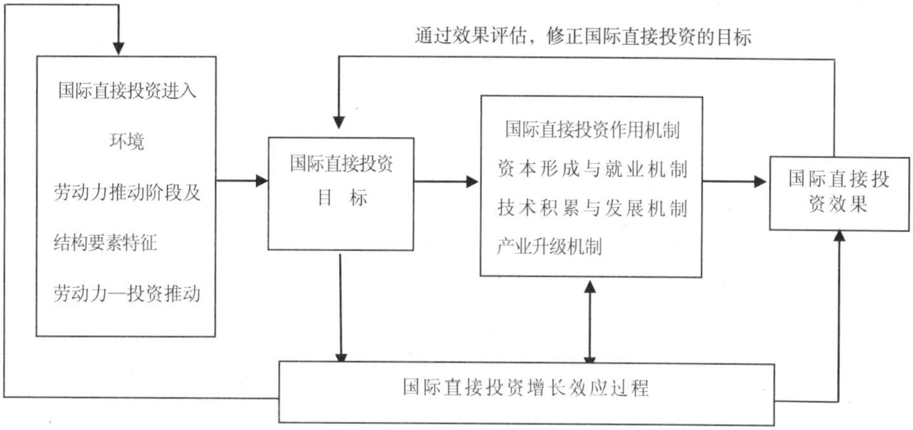

图 8.5-2 比较优势增强型的国际直接投资模式

第六节 国际直接投资模式与外资政策

选择什么样的国际直接投资模式，必然就会产生相应的政策，政策是国际直接投资模式的具体体现形式，外资政策总是与国际直接投资模式相配套的。

在大多数情况下，东道国工业化过程中国际直接投资政策主要包括两个方面的内容，一是涉及国际直接投资过程中一般意义上的政策环境外资政策；二是有特别针对性的国际直接投资政策。二者的主要目的就是要确立一种有利于外国直接投资的政策体制，并使之与东道国经济福利的最大化目标相一致。

一般化的政策是有前提的，即承认一个可预知的、稳定的宏观政策环境、一个有效率的税收体制（尤其是能使外国直接投资者较少产生偷税倾向），以及公开的资本市场对国际直接投资重要性，但是，对于针对性的国际直接投资政策即特殊政策，就要慎重考虑很多因素。发展中国家经验表明，选择正确的针对性政策并加以实施，对国际直接投资效应有决定性的意义。在这里，我们选择几组重要的关系进行考察。

首先，外国投资者与政策激励的相互关系。大量研究表明，激励因素应该得到更为广泛的阐释，它不仅要包括财税性的政策措施，而且也要包含有贸易体制的方面的内容。然而，如果决策当局把激励因素局限于较为狭窄的定义，其实施价值充其量对外资的吸引仅限于一个边际作用的水准上，并且它们与政治和经济稳定、国内市场成长以及基础设施的质量相比，对外国直接投资进入并不是一个最重要的因素。绝大多数的经验调查显示了激励对外资进入的推动作用，但是，这些激励措施仅仅是在外国投资者确信东道国政府是在实行开放的国际直接投资体制的情况下，才能起到重要的作用。

其次，对外资提供激励性的政策措施有效性与出口、区位优势或技术能力增强的关系。如果东道国的国际收支处于均衡状态，那么激励性的外资政策对东道国出口的重要性就不是很大。发展中国家可以通过诸如改善基础设施等直接措施，或者实现当地经济发展的目标，都会对外资进入起到作用。因此，国际直接投资政策效应与激励政策的有效性，需要有外部环境的支持，同时与东道国政府为此付出努力是联系在一起的。

再次，对外国所有权比例（部门或行业分布以及最大股权份额）实行限制问题。这个问题，涉及到经济和政治之间复杂的交替关系。但是，多数国家认为战略性产业如国防和新闻媒体应该限制外资进入，而对赢利性产业可以鼓励外资介入。在很多情况下，控制性的外资政策并不一定达到理想的目标，因为外国直接投资者会对此进行抵制。外国投资者能够对股权方面实施控制的方式采取回应措施。此外，对外资的股权限制也会引起跨国公司在公司债务的利率低于公司赢利时，通过利用长期债务筹措资金来增加公司净利，这样就弱化股权比例的重要性。这种情况在东道国限制外国直接投资阶段已出现过。在东道国外资政策中，所有权控制往往是与更高的支付特权相联系的，这样确保外国直接投资者在它们的无形资产上获取足够的收益。一般而言，限制性的外资政策在一国工业化初期的贡献是有限的。

最后，外国直接投资与具体的税收政策的关系。这种关系会直接影响东道国工业化与外国直接投资的关系。但要认识这一问题，首先必须分析一个自由的外国直接投资政策体制或选择激励性的外资政策之间，哪种政策更有利于东道国输入工业化发展所需要的技术与资本。综合起来看，在长期中保持拥有一个自由的外资政策，会有利于东道国工业化的持续发展。在这种体制下，外国投资者将更加愿意把他们的技术和资本转移到东道国，以加快东道国工业化的进程。而政府所要做的事是在市场失灵领域采取具体的措施，为外资进人创造良好的环境和条件。

由此可见，东道国采取各种不同的激励性外资政策来吸引国际直接投资，不仅会极大地影响本国的区位优势，而且也能产生改变跨国公司的某一内部化优势或降低所有权优势的作用。具体而言，东道国的外资政策对本国工业化及外国投资者的影响主要体现在市场规模、技术政策的有效性以及当地企业家的崛起等方面，一国的经济发展对外资的依赖程度是和一国的外资政策相联系的，它既影响国际直接投资发生的条件，也影响国际直接投资的进入方式。而在不同的经济发展阶段，从是否符合东道国工业化战略角度出发，东道国对国际直接投资的政策抉择会有所不同，呈现出一种多向的层次性。

在东道国工业化初期，跨国公司始终充当着把现代技术及资金转移到东道国、并克服技术应用障碍的有力载体。东道国通过汲取这些技术、资金及信息，就能够逐步培育起自己的产业部门。因此，没有必要要对外资实行更多的限制。事实上，拉美与东亚各国和地区在工业化发展的初期阶段，在有限开放的条件下，通过限制进口，多采取鼓励外国直接投资的政策。

东亚新兴工业化国家和地区在 20 世纪五、六十年代虽然对外资采取了一些较为宽松的政策，但是政府对外资进入量以及产业领域都有严格限制。首先确定有选择地引进外资的政策，然后是有条件地干预外资在当地企业的资源配置活动。如果在引进外国直接投资以后，所引起的收益大于东道国为此所付出的，则适当地放宽外资进入的条件。在对国际直接投资开放条件下为什么要进行选择性限制呢？从各国情况看，主要原因在于，跨国公司的创新活动往往集中在少数发达国家，他们拥有科学的管理知识及先进的技术手段，东道国与之相比要为此付出更多的学习成本和创新的努力。而如果被动地依赖外资寻求本国工业化升级，其成效一般较差，这就需要有外资政策协调。其次，从政策上有针对性地鼓励技术扩散能力强的外国直接投资项目进入东道国，有利于使当地企业产生溢出效用和关联效用，这是很多国家工业化初期外资政策考虑的重点。最后，有选择地使外国直接投资进入当地企业，能有效地促进企业的生产活动，增强企业的生产能力，这在进口替代工业化阶段是相当重要的。

由上述外国直接投资与外资政策的分析来看，如果外资政策仅以被动的形式允许外资进入，那么外资的运用效率可能就比较差；采取主动性的外资政策，更有利于克服东道国在工业化初期技术与资金问题，有利于国际直接投资模式的实现。尤其在技术已成为东道国工业化发展的瓶颈时，东道国实行有效的外资政策，不仅涉及东道国的技术深化问题，而且也关系到东道国以后的政策走向。总的来说，东道国对外资政策的倾向，一方面依托于东道国工业化初期的政治经济状况，如拉美国家更付诸于开放的外资政策，而东亚则实行较为严厉的管制政策；另一方面，也取决于拥有更为专业化的一些因素，如工业部门经济规模的大小。经济规模较大的东道国可能倾向于选择以外国直接投资性质为导向的政策，反之则选择以国家性质为导向的外资政策。

一般说来，政策的选择还涉及到国际直接投资质量问题。国际直接投资质量是东道国各种政策综合作用的结果，仅仅以激励的政策并不能成为外资进入的先决条件，即使东道国拥有较好的资源禀赋条件，也不可能吸引技术层次较高的外国投资。因此，在这种情况下，东道国政府的职责在于根据本国的实际，寻求一篮子政策的解决办法，利用外国直接投资来推动东道国产业从简单劳动密集型产业向技术或资本密集型产业转换。这样既有利于外国直接投资在东道国的技术深化，也推动了东道国企业技术变革的能力。在20世纪五、六十年代，拉美国家在外资政策上，强调鼓励外国直接投资，放松设备和技术进口的限制，从而使这一时期成为引进外国直接投资较多的一个时期。例如巴西政府在1962年就颁布了143号法令，规定外国与国内资本以及外企与国内企业享受同等的国民待遇。除此之外，政府还放宽了外资企业中股权比例的要求，豁免外资企业中机器设备与零配件进口税，鼓励外资转入制造业和矿业，并对除基础设施和能源工业以外的行业，向外资完全开放，吸引外资直接向这些行业进行投资。

在20世纪60年代初，在进口替代工业化战略实施过后，东亚开始转向出口导向工业化。这一实质性的经济转变大大降低了进口控制，为外资进入奠定了良好的条件。韩国在60年代初就颁布了有关鼓励外资的条例，如《外资引进法》等；同期，台湾也制定了相关的政策措施，以吸引外资。根据这一时期外资政策的实施情况来看，东道国在外资政策放宽程度各有不同，这不仅体现在政策的时限上，而且也体现在外国直接投资的当地化含量要求方面。从拉美与东亚两地总体比较而言，拉美外资政策的时限相对要长，当地化含量较低，经济对外资的依赖大；而东亚的情况却恰恰相反。这样，两地外资政策的实施结果，最终使它们走向了不同的工业化发展道路，产生了不同的政策效应。

还需要值得我们注意的是，在对国际直接投资展开激烈竞争的情况下，各国在利用优惠政策引进外资方面，存在一个选择和有效搭配问题。国外学者对此作了许多实证分析，我国学者①也进行了深入的研究。

按照联合国贸发会议的定义，优惠是指政府提供给特定企业的任何可衡量的经济方面的利益，由此可以提高特定外资企业的收益率，或降低其成本或风险。但是，我们应当注意区分这些优惠与投资环境要素之间的差异，后者并不包括诸如基础设施、有关外国直接投资的法律制度、企业经营制度、利润的汇回或国民待遇等因素。毫无疑问，这些政策肯定会影响跨国公司的投资区位决策，但从实质上说都不是对外国直接投资的优惠，而是涉及一个国家的投资环境问题。同时我们也要区分优惠与补贴的不同之处，后者是指政府或其他组织因其从事有益于公众的活动而给予个人或法人的财政援助。虽然大多数优惠具有补贴的性质，但从某种程度上说，政府不承担如垄断权、市场优先权等代价。

优惠措施，又可以分为有条件和无条件的两种形式。有条件的优惠措施通常与业绩要求联系在一起，而业绩要求在某些情况下对投资会产生抑制效应。优惠措施的给以和优惠程度的决定往往是投资与受资方之间的一个博弈的过程。在优惠措施给予外国投资者的好处相同的情况下，一国政府由此而付出的代价有多有少，这就要看各国政府所利用的优惠类型以及管理情况。从各国的实践来看，外国投资项目若是大型的或对投资国很重要，投资者在谈判过程中就常常要求给予优惠。

从80年代以来，为了吸引外国直接投资，提供优惠的国家数量迅速增加，

① 秦斌：《一体化国际经营》，中国发展出版社1999版。
张文春：《对外国直接投资优惠的经济分析》，《经济理论与经济管理》1999年第1期。

优惠的范围也逐渐扩大，各种优惠措施成为吸引外国直接投资的必要条件，各国展开了激烈的优惠竞争。90年代以来，这种势头有增无减。越来越多的国家将优惠的重点放在技术和高附加值产业、基础设施项目很和制造业，但也有些国家继续将农业、渔业、采矿业、石油勘探和开采作为优惠对象。

对外国直接投资的优惠划可分为三大类，即财政优惠、金融优惠和其他优惠。财政优惠是90年代运用最为广泛的一种对外国直接投资的优惠，其中的主要优惠包括降低公司所得税的标准税率、免税期、加速折旧、投资与再投资减让、社会保障缴款扣除，免征进口关税以及出口退税等。财政优惠的主要目的就是要降低外国投资的有效税率，提高它的收益率。

一般而言，发展中国家倾向于利用财政优惠，而发达国家的情形正好相反。发达国家有能力提供金融优惠必需的资金，可以较多地采取金融优惠政策，所以金融优惠在发达国家的吸引外资政策中一直占据重要地位。金融优惠最常使用的手段是补助、政府参股，但降低利率的贷款和贷款担保形式的金融优惠也是常见的。除了上述两类优惠措施外，一些国家近年来纷纷采取补贴基础设施、服务和技术援助等手段，而且范围迅速扩大，这些优惠主要目的是对在出口加工区、企业开发区和科技园区的外国投资给以激励。

发展中国家对外国直接投资给以优惠政策，其作用主要是影响外国直接投资投资区位选择，增强对外国投资的吸引力，进而引进更多的外国直接投资。但是，这些措施究竟在当多大程度和范围内产生效果呢？从大量的实证研究中可以看到这样一些结论：

首先，经验调查表明，优惠在影响外国直接投资的区位选择决策中的作用是很有限的。影响外国直接投资的先决条件主要是货币不可兑换性、政治不稳定性、有限的市场或资源供给。在面临关税或外汇壁垒的情况下，影响其投资决策的非政策性决定因素是保持市场份额。政治稳定性、政府对私人企业的态度、经济和金融的稳定性、所有权的规定、管理与组织的繁琐程度、以及对外国控股企业的非歧视性等因素被认为是更重要更有影响的因素。因此，在决定跨国公司的投资决策的因素中，其他政策变量与非政策变量比优惠更加重要。

其次，经验调查还表明，只有在外资企业的其他生产经营条件已经具备的情况下，各种优惠政策才具有实际意义。而且，各种优惠政策在不同的投资者之间、在不同的产业领域中具有差异较大的效果。优惠措施的效果取决于许多条件，同时还需要各级政府和政策协调。

最后，发展中国家各种优惠措施的目标明确，其影响就大；发展中国家在利用优惠政策的同时，存在着优惠的经济成本大于政策实际效果的可能，也存在优惠造成经济扭曲、带来巨大的财政成本和管理成本的可能。因此，发展中国家必须慎用优惠政策，对优惠政策必须根据各国的实际情况进行选择。

以上可见，无论采取什么样的国际直接投资模式，外资政策的匹配是十分关键性的因素，从东亚和拉美的情况看，对于一般性的国际直接投资政策，趋向于稳定；而对有选择性的政策，则有其阶段性，且根据各国发展阶段的特点和突出问题而变化的。形象地说，政策是发展中国家根据自身经济“症结”和跨国公司相对应的“疗效”而确立，亦即建立在对跨国公司国际直接投资的增长效应的预期和现实基础之上；而相对稳定的一般性国际直接投资政策，则以东道国对利用国际直接投资参与国际分工、进而推进本国动态比较优势的长期利益的认识为出发点。

第九章　国际直接投资推动经济发展的障碍分析

前面的各章分别分析了利用外国直接投资推进经济发展的条件，由各发展阶段所制约的目标，以及对发展中国家有效利用外国直接投资的模式进行充分探讨。毫无疑问，这些分析对于认识不同的国家外国直接投资的增长效应的差异有很重要的意义。在这一章中，我们将在上面的基础上，对发展中国家利用国际直接投资推动经济发展中出现的一些障碍因素作进一步的分析。我们把分析的目标主要集中在这样的几方面：发展阶段与利用外国直接投资目标不协调的矛盾及影响；跨国公司的一体化国际经营模式形成的分工格局对发展中国家经济的影响；以及文化环境差异对引进外国直接投资的影响。

第一节　发展阶段与引进外国直接投资目标对应问题

根据我们上面的分析，发展阶段作为引进外资的初始条件的基础，将从根本上制约发展中国家利用外资的增长效应，因此，一个发展中国家引进外国直接投资的目标设置应当与发展阶段相适应，而不可能是一种赶超型的目标，或者一种全面的、理想化的目标。设想在一个发展中的大国，发展阶段与利用外国直接投资目标和效应之间必然是一种相动关系。我们不妨用一些文字对这一过程给予描述。根据关个于国际直接投资与经济发展阶段关系的分析，我们可把这一过程概括为东道国经济发展水平与国际直接投资相互作用的过程.

首先为吸引外国直接投资阶段。这一阶段的发展特征是存在大量便宜劳动力资源、充分就业严重不足。低工资成为该国生产具有竞争力的重要因素。国际直接投资进入的主要领域为劳动密集型的制造行业。国际直接投资为制造业带进资本、技术与销售渠道，并增强了大量就业机会。此时，国际直接投资进入的领域所支付的工资水平虽高于当地水平，但仍然不足以推动工资总体水平上涨。劳动力资源便宜且十分容易得到，是跨国公司在当地进行直接投资主要原因。但是，随着工业化的推进，劳动力剩余现象日趋消失，同时国际直接投资为寻求廉价劳动力而大量进入这些国家，从而产生了工资率上升的压力，即刘易斯劳动力无限供给阶段结束，引致国际直接投资的“要素价格放大效应”趋于衰减。

其次为吸引外国直接投资到逐步开始对外直接投资的转型阶段。有几个重要因素导致了这一转型：（1）增长要素发生变化。由于普遍就业，国内储蓄递增，收入增长之后劳动力素质开始改进；一个学习的过程在加速，知识信息技术成为劳动力和企业家们理解并渴望掌握的东西。概言之，物质资本和人力资本的积累使要素禀赋发生变化。（2）随着工资上升，劳动密集产业中比较优势进一步减弱。同时在宏观经济稳定情况下，劳动密集型产品出口越是成功，通货升值的可能性就越大，从而相对劳动生产率和竞争力下降，这样在国内产业中形成由低附加值产业向高附加值和资本密集产业转移的压力。（3）在主导产业和变化中的国家要素禀赋之间出现了要素不协调问题。劳动密集型出口产业以廉价、低技术劳动力大量投入为基础，但要素禀赋已向相反方向转化。在这种情况下，国内产业为了保住国际市场中的份额，不得不将一部分经营活动以对外直接投资方式转移出来，以便获得低于国内工资水平的劳动力。当然，那些成功地把劳动节约性技术用于生产的企业，仍然可以把经营活动放在国内。

然后是从劳动力导向型的对外直接投资向技术导向、贸易支持型的对外直接投资过渡。在前面阶段国际直接投资的进入及流出过程，客观上为发展中国家创造了一个技术学习与积累的过程。这是一个技术国内化的过程，也是一个比较优势更新过程，并在很大程度上体现在出口产品的竞争力方面。随着经济国际化，国内物质资本、人才资本的积累，以及对技术、信息和营销技巧的进一步需求，劳动力导向的对外直接投资逐步转向那些能获得更新技术、信息并对贸易发展有利的国际直接投资类型，从而推动经济结构变化。

最后为资本密集型外国直接投资和资源导向型对外投资交叉发生阶段。

经济通过长期根本性发展，国内产业结构升级需求再次体现出来，政府对公共品的投资也达到一定程度，并面向未来制定和实施基础设施发展政策，这些因素都会导致资本密集型的国际直接投资大量进入。与此同时，要素不协调总是出现在国内自然资源与国内产业增长之间。为了获得长期稳定安全的自然资源供给，开始以自然资源的供给为目标，在海外资源产业中进行国际直接投资。尤其在那些自然资源短缺的国家，经历了较快工业化过程后，不可避免地依赖国外资源对国内的供给。这阶段交叉发生的国际直接投资，其效果都支持了动态的比较优势。

上述国际直接投资阶段性作用机制的核心是动态的比较优势增强。其中国际直接投资对贸易的增强效应、递增的要素不协调性，以及技术积累与学习过程的本地化与跨国化交替发生，是贯彻整个过程的三大基本要素。从这一过程中我们不难发现，在不同的阶段，发展中国家利用外资的规模、领域和效果不可能不具有阶段性特征。超越这种阶段性，往往不利于发展中国家有步骤地引进和利用外国直接投资，甚至产生不利的经济影响。具体而言，在发展的初期，由于经济赶超的需要，很多发展中国家自然会对外国直接投资抱有较高的期望值，设定较多的目标，从而在外资政策方面、优惠措施方面产生足以导致市场扭曲的偏向。

究竟在发展的不同阶段应当具有什么对应目标，这一问题我们在前面几章中已经从理论上作了一些探讨。但是，跨国公司对发展中国家的影响是多方面的，其中的积极作用也要在一定的条件或互动关系中产生，这些并不是任何国家在决定大规模引进外资的时候就能够认识到的。根据跨国公司的文献与一些学者的研究，认为发展中国家引进直接投资的目标主要定位在这样一些方面：

1. 弥补资金目标。引进外资弥补发展中国家的储蓄缺口和外汇缺口，促进发展中国家的经济增长。特别对那些国内储蓄和投资能力较低的低收入国家来说，利用外资被认为是其弥补资金缺口的重要来源。

2. 产业成长目标。通过对东道国企业的兼并与收购，外资可以降低质量的资产存量变成高质量的资产存量。由于跨国投资的技术含量明显高于东道国同类产业，外资设立新企业，可以形成高质量的新增资产；外资还可以通过提升关联产业的技术与产品水平，从而提高东道国关联产业存量资本和新形成资本的质量。

3. 技术进步目标。引进跨国投资可以通过进口先进技术含量较高的资本货物和加工工艺、引进长期收入弹性较高的新产品、增加技术含量和附加价值相对较高的制成品在出口商品中的比重、培训当地高级技术人才等技术转移方式，来有效地提高东道国的技术水平。跨国公司的先进管理技术产生的带动作用和示范作用对发展中国家也十分重要。

4. 贸易改善目标。随着跨国公司对外投资带动的全球制造业分工体系的形成，发展中东道国可以通过跨国投资促进贸易结构的升级和国际竞争力的改善，使其享受全球分工体系的益处，得到规模经济的益处，达到促进出口和提升出口商品结构的目的，并有利于将消费型进口商品结构转变为生产型进口商品结构，提升了国内产业的技术结构。

5. 人力开发目标。跨国公司海外投资项目要有效地运转，必定要和当地人力资源的开发结合在一起。这种人力资源开发的主要通过对当地人员进行培训，吸收当地技术人员参与对技术、产品和工艺的改进工作甚至研究与开发活动等方式进行。此外，让高级管理人员参与跨国公司全球网络的运作过程、在其投资地设立培训基地等也是东道国期望的人力开发方式。

6. 结构升级及产业组织优化目标。发展中国家可以利用外国直接投资，使用更先进的技术，生产更高档次的产品，向产品差异化的方向发展，从而从整体上提升产业结构。发展中国家也可通过引进不能分解又不易进行内部跨国贸易的服务业来提升自己服务业水平。由于跨国投资项目的规模远远超过东道国同类企业，发展中国家也期望引进外商投资项目提高制造业的产业集中度。

毫无疑问，上述目标对于任何一个发展中国家都具有十分强烈的诱惑力。但是，这些目标无非是外国直接投资积极作用的集中体现与东道国对外资预期的结合，往往抽象掉了很多具体的条件和很多不可预见的因素，发展中国家要实现这些目标，自然要付出努力和代价。由于任何一个发展中国家内在比较优势只会渐进上升的，其吸收与利用外资的能力也只能呈累进递增的态势。因此就一般而言，引进外资目标的实现程度总是与外资利用能力相吻合的，经济发展阶段低的国家在引进外资时只可能实现上述的部分目标在引进外资的初始阶段，追求不适当的效应目标，或者高估自身利用外资的能力，会产生一些战略和政策方面的偏差，从整体上不利于国家的长期发展。这些偏差可以归结为以下方面：

第一，在国家的发展战略中，引进外国直接投资及其作用的权重被人为过高估计。关于外国直接投资作为一种外部资源在发展战略中的重要性，我们可以从著名的哈罗德－多马增长模型和两缺口模型中得到结论。由于外国直接投资并不仅仅是一种外部资本，它具有经营管理、市场网络、技术等一揽子投入的性质，因此外资还有弥补经济发展初期技术和管理方面缺口的功能。但是，正如前面分析所指出的，这取决于很多内外部条件，同时“技术上的民族主义”将使外国直接投资的技术转移效应大打折扣。事实上，在发展初期的国家发展战略中，外国直接投资很难作为增长的发动机。高估外国投资及其作用的一个直接后果就是在发展过程中不自觉地忽视对国内资源的发掘和利用，尤其是对自身知识创新和技术创新能力的开发。

第二，在低的发展阶段追求不适当外国直接投资的效应目标，极易产生和加剧东道国的国内扭曲现象。所谓国内扭曲，主要是指妨碍国内经济活动达到“可能性边界”的生产、消费与贸易扭曲，特别是体制与政策方面的扭曲。一般而言，发展中国家市场失效的程度高于发达国家。为了弥补资本利用能力的不足，或者为了克服投资环境方面的缺陷，发展中东道国总是倾向于政府干预，在体制和政策方面作大量的调整以实现引进外资的目的，往往又会进一步扭曲市场机制。例如，以大量的优惠政策激励跨国公司进入，一方面表明东道国政府混淆投资环境与优惠政策之间的本质差异，另一方面全社会都得承受市场机制进一步扭曲的后果。在这种情况下，局部的增长必然会伴随经济社会方面的损失，并且这种损失最终要超过局部增长本身带来的收益。

第三，在低的发展阶段追求不适当外国直接投资的效应目标，反映了发展中国家利用外资实现经济赶超的迫切愿望，往往忽视了由此产生的依附对一个国家长期持续发展的负面作用。所谓依附，是指某些国家的经济发展受到其他国家经济发展和扩张制约的状态。当某些国家可以在自我推动下进行扩张、而另一些国家只是作为这种扩张的反映而获得发展时，相互依存关系就具有依附的形式。一般认为，依附关系制约一个国家的内部的经济结构，即生产的方向、资本积累的形式、经济的再生产和社会政治结构。[①] 在大量引进外资的情况下，依附主要表现为一种工业 — 技术的依附。从二战以后的经济史实来看，一方面依附并不排除发展，在一个较长的时期内某些发展中国家依靠外资实现依附发展是可能的；另一方面依附发展又有极大的局限性：这种局限性从不同的国家群的发展的稳定性中可以发现，如东亚新兴工业化国家依靠外资迅速地实现了出口替代，但在金融危机的冲击下其脆弱性很快就暴露出来；也可以从亚洲金融危机以后东南亚国家与韩国的复苏能力的差异中发现这样一个事实：对外国工业 — 技术依附小的韩国，其复苏能力强于其他国家。

第二节　发展阶段与一体化国际生产中的分工格局

跨国公司通过直接投资实现其一体化国际经营的战略目标。对于跨国公司而言，一体化国际经营是一种重要的资源配置形式，但由此形成的国际分工格局究竟对发展中国家产生什么影响，一直是激进的发展经济学家关注的焦点。以后，随着国际直接投资在世界经济与国际技术转移中的作用日益加强，人们对这一问题的重视程度有所下降。亚洲金融危机爆发后，一些经济学家开始重新审视跨国公司一体化国际经营对发展中国家经济持续增长的影响（胡春力，1998）。

通过直接投资实现其一体化国际经营一般为三种形式，即纵向一体化、横向一体化、混合一体化。从跨国公司的角度，三种形式的一体化都有明显的经济合理性。例如，国家间存在的自然资源可供性或资源成本差异、成本一生产率比的差异和运输成本差异、企业层次上的规模经济差异等都是

① 多斯桑托斯（1975）：《帝国主义与依附》，社会科学文献出版社 1999 年版。

纵向一体化的推动因素。纵向一体化的成因可以有多种理论解释，其中最有说服力的理论为以下三类即技术衔接论、产业组织理论和交易成本理论。这些理论认为，当跨国公司遍及全球的子公司或附属机构之间存在上下游投入产出的纵向衔接时，供求的直接相关能够带来多厂商的纵向运营经济性。随着纵向技术互补性的加强，纵向一体化的经营优势和组合经济效应，将带来资源配置效率和生产率的提高。这些密切联系的价值环节在不同国家和地区的组合带来的一体化国际经营成本的节约，推动了纵向一体化的发展。跨国公司及其子公司在某一产品生产中来自体系内的零部件供应比例越高，一体化程度也越高，一体化程度的高低取决于自制部分的增加值占产品销售总值的比重高低。一般来说，我们可以用跨国公司内部采购量在跨国公司体系总采购量中的比重（跨国公司内部贸易比率）来衡量跨国公司的一体化程度。总之，跨国公司的一体化是研究与开发、生产和销售的国际一体化。跨国公司体系内业务活动的增多或减少直接影响到跨国公司一体化边界的扩张和收缩。

横向一体化国际经营是指跨国公司各子公司之间执行相同或相们的职能，其中一方的产出不构成另一方的投入。消费者偏好的不同和企业层次上的规模经济是促进横向一体化的主要因素。横向一体化本质上是对原有生产能力的复制，这种复制在很大程度上是地区化的结果。横向一体化国际经营主要是跨国公司各子公司之间在最终产品的生产上，采取差别化的生产方式，即在不同的市场上安排不同产品的生产以便满足不同市场上的消费偏好。二是跨国公司之间及其各子公司之间在零部件等中间产品生产中实行水平分工。三是跨国公司在各工艺环节上实行水平分工。

混合一体化是指跨国公司既不像在横向一体化中那样在水平方向扩大其主要产品也不像纵向一体化那样，在产供销方面进行扩张，而是在既不同但又相关的领域进行扩张。混合一体化的主要目标是获得范围经济效应。跨国公司在生产经营中存在几乎不花费任何成本就能使经营规模扩大的富余经营资源。通过混合一体化可以对这些分闲经营资源加以充分利用以达到成本节约的目的。

从三种形态一体化的内容、条件与目的来看，纵向一体化主要是在跨国公司与发展中国家之间发生的。在跨国公司纵向一体化经营的构架下，从跨国公司到发展中国家形成了垂直分工体系。而我们关心的问题是垂直分工体系对发展中东道国长期发展的影响。

直接投资主导型经济增长下的国际分工格局是一历史演变的过程。在20世纪50年代，发展中国家与发达国家之间的垂直分工表现为：发展中国家生产农产品、矿产品等初级产品，并与发达国家生产的制成品相交换，形成非熟练劳动与技术交换的垂直分工形式。在70年代的垂直分工，表现为发展中国家从事纺织等劳动密集型产业，发达国家从事机电类资金、技术密集型产业的分工形式。到80年代，一方面产业间的垂直分工格局仍然得到维持延续，另一方面垂直分工形态已深化到产业内部，即在技术密集的产品生产流程中，发达国家从事技术资金密集工序的生产，而发展中国家从事非熟练劳动密集工序的生产，形成产业内非熟练劳动与技术交换的新形式。例如，在摄像机的生产过程中，技术产权完全为发达国家所垄断，产品设计、技术装备、关键零部件都严格地限制在发达国家。技术代替了能工巧匠的作用，留给人的一些接插、焊接、安装等工作只需要非熟练劳动力就可完成。于是，跨国公司就把组装工序扩散到发展中国家，从而形成了非熟练劳动换技术的形式，即产业内的垂直分工。

“产业内垂直分工”是指在生产同一种产品的过程中，按照价值链的比较优势，从生产组织上把技术密集工序与劳动密集工序朝阳产品与夕阳产品在空间地域分开的分工体系。这一分工体系的基本特征是：第一，直接投资借助垂直分工来实现成熟产品成本的降低。第二，简单的非熟练劳动也可以参与技术密集产品的生产，但产品限定在低附加值工序。第三，技术转移和扩散存在着人为障碍，技术交易的非市场化体制所造成的技术垄断，是受资国总是处于从事低附加值生产的分工地位的原因之一。第四，东道国无限供给的廉价劳动力及技术垄断，是出现产业内垂直分工格局的基本条件。

根据一些经济学家的研究（胡春力等，1998），垂直化分工对发展中国家会产生结构性的不对称现象，正是这些不对称导致了受资国对外资的依赖程度日益提高。值得我们注意的一个问题是，在垂直分工的格局下，随着外国直接投资越来越多地进入，这些国家在国际贸易方面发生了突出的变化。一开始是出口额的扩大和出口依存度的提高，但随着技术相对密集产品贸易额的大幅度增长，东道国的机械类产品的贸易逆差却迅速扩大。相对于纺织品食品等一般产品来说，机械类产品被公认是技术和资金密集的产品，其中包括专用机械设备、基础机械自动化办公设备、计算机及控制系统、乘用和运输车辆、半导体及其他零部件元器件。组装工序扩散到发展中国家，将迫使东道国进口机械类产品，而这些产品的来源正是这些进行直接投资的国家。这些产品的进口，直接导致了东道国逆差额与贸易总额比重有不同程度的增加。

东道国在垂直分工系统中所处于的环节，不仅决定了其在分工中的地位，而且也决定了其在分工系统中的利益大小。不同的产品由于技术设计不同，加工深度不同，产品的附加价值也就相去甚远。对于同一种产品来说，尤其是组装加工型产品生产过程中的不同阶段由于所要求的生产要素和加工条件不同，各个主产阶段的技术含量及附加价值也会有很大差别。这就是所谓“价值链”。零部件生产的附加价值与装配工序所获的附加价值差异大小，是同一产品之所以要放在不同国家生产的根本原因。另一方面，由于现代产业技术越来越固化在生产设备当中，加上方便、快捷的现代运输手段，客观上完全有条件把统一的生产流程分割为不同环节，使生产分散在不同的国家和地区进行。通过价值链分析，跨国公司大都在母公司、投资国控制着产品开发及设备零部件的生产，而把这些投资品和中间产品作为投资出口到东道国去组装，这样跨国公司在进行跨国经营的同时，也加大国际的贸易量；同时也就随着价值链的分割情况决定着受资国的贸易结构进出口差额多少，以及东道国所获附加值的比例。日本通产省所做的调查可以清楚地看出日本在垂直分工中的利益所在：第一，加工度和技术含量越高的产业，在受资国当地生产零部件的比重就越小，与此相应从日本进口的比重也就越大；第二，随着时间的推移，产品越新在当地生产的零部件比重就越小，从投资国日本进口的比重也就越大。从这些动向中我们可以感觉到从事直接投资的跨国公司通过垄断技术来保证自己获取高利润的企图。同时我们就能够理解，为什么当今世界30%～40%的国际贸易量和80%的技术转让都是在跨国公司内部进行的了(胡春力,1998)。

由外国直接投资所促成的产业内垂直分工格局给东道国的经济发展带来的影响是深远的。一方面，随着外资进入的扩大且规模达到一定水平，东道国的工业化、就业受到强有力的刺激，形成多斯桑托斯（1972）所说的依附性发展；但另一面，我们必须看到跨国公司通过垂直分工把发展中国家纳入到国际分工、经济全球化的体系中，其目的无非是：降低成本提高竞争力；凭借技术优势占领发展中国家的市场；利用廉价劳动力以便延续成熟技术的生命周期；利用发展中国家廉价土地进行投资以转移资源和环境成本。这样分别在几个方面对东道国的持续发展产生了不利的影响。

1. 发展中国家市场与技术受到抑制，进而制约产业发展。发达国家的经验证明，国内市场是新产业发展的孵化器。对新产品需求的扩大要求供给方面做出反应。在向新需求领域扩大投资的过程中，要对一系列关联产业利用新技术进行产品结构调整。在外资主导、垂直分工条件下这一过程被修正：首先是市场条件的变化。日本在泰国和马来西亚的直接投资企业当中，以在当地出售产品、占领当地市场为投资动机的企业数量最多。可见，占领东道国市场是外资企业的最主要的动机。市场的被占领，使东道国失去了产业发育的基本条件。其次，外资把生产过程分割开，使技术分离于生产之外。由于外国投资只是以利用廉价劳动力、降低成本为目的，关联产业如零部件生产、生产设备的生产由跨国公司控制，东道国无法发展这些产业。因此，外资组装加工对东道国来说，学习效果很难实现。在市场与技术都处于不利的情况下，东道国的当地企业和资本无法按照需求结构的变化改变生产结构，自然进人上游产业的延伸发展的进程被阻断了。

2. 发展中国家产业受到抑制，导致当地资本出现虚拟化、投机化倾向。资本必须实现增值，当在生产性产业领域无法实现这一基本目标时，资本进入那些投机性强的资本市场和房地产市场就是十分自然的事情。亚洲金融危机的导火索之一是股市、楼市投资的过于膨胀。历史的经验说明，泡沫经济的起因总是与资本向”实质经济”流动受阻有关。当制造业产品具有竞争力、产业发展迅速，房地产等投机活动并不十分活跃。只有当产品竞争力下降、产业投资进人的领域十分狭窄的时候，风险较大的投机活动才能吸引大量资本，以致形成泡沫。毫无疑问，处于外资主导下的垂直分工地位的企业在本国经济增长依赖外资、产业发展空间受到极大限制时，其在当地资本极有可能被迫进入股市或房地产市场。

3. 发展中国家在垂直分工格局下的进出口结构极易产生贸易赤字、贸易条件恶化、短期债务增加，造成本币汇率波动。人们对亚洲经济危机的研究发现，经常项目的长期赤字几乎成为泰马、菲印尼等东南亚国家的共同特征。经常项目的赤字，在很大程度上是由进口导向型的贸易结构及外国直接投资收益的汇出等因素造成的，因此东南亚各国的经常项目赤字是由外资主导下的垂直分工格局决定的。东南亚四国外资企业对母国零部件、机器设备的依赖，决定了只要外国直接投资增加，对技术密集产品的进口随之而增加。当外资企业把开拓当地市场作为重要的经营目标时，靠外国直接投资带来的经济增长必然也伴随着长年的贸易逆差。

4. 垂直分工使发展中东道国的经济增长易受制于跨国公司的持续投资及投资母国的经济状况。在垂直分工的格局下，直接投资国能否保持对东道国的投资增长，对这些国家的经济增长成为至关重要的因素。以亚洲发展中国家与日本的国际经济关系为例。东南亚是日本的最重要的加工厂，这些国家与日本的垂直分工关系，决定了这些国家经济增长高度依赖日本。日本凭借自己的技术储备、产品开发能力以及生产设备的制造能力，通过八十年代以来的三次对东南亚的投资高潮，不断把组装加工产业的劳动密集的组装工序与成熟的、低价格的产品转向东南亚各国，一方面促进了东南亚各国的经济增长，另一方面也占领、控制了东南亚的市场和产业发展。同时，东南亚各国从日本进口机器设备、零部件所造成的巨额贸易赤字，通过对北美的贸易盈余来弥补。因此，日本的投资成为东南亚各国经济运转的发动机，这台发动机的运转状况极大地影响着东亚各国的经济。一旦日本直接投资的大幅度减少，必然造成一些国家贸易赤字的大幅度增加，引起了短期外债和国际投机资本的流人。因此，外资主导下的垂直分工的经济的增长状况很难稳定，而且风险极大。

外资主导下的垂直分工格局必然对外资的依赖较大，甚至会达到这样的程度：一些国家经济增长的维持已不能依靠直接投资存量水平的多少，而是要靠每年吸收外资的增长率，也就是说经济要增长必须要有多于上一年的外国投资流人（胡春力，1998）。

显然，一个发展中国家经济总量与外资主导下的垂直分工格局联系越紧密，时间越长，在垂直分工中规模越大，由此而产生的双重性就越来越明显，依附性发展的特征就更加突出。由于垂直分工格局一般总是向横向一体化即水平分工方向发展，而且水平分工更多是在发展层次相近的国家之间发生，那么人们要问是否水平分工更加有利于发展中国家？要回答这样的问题，既需要有理论分析，也要由大量的实证案例作为支持。发展阶段的重要性，在此又一次凸现出来。

第三节　文化环境差异与外国直接投资效应

文化环境在外国直接投资中的不可低估的意义，一方面取决于文化环境差异与经济差异的相互关系，另一方面是由外国直接投资的一揽子投资性质所决定的。尽管完全独资的外国企业同样有着十分明显的与东道国文化环境的协调问题，但文化环境与外国直接投资效应的相互关系的聚集点是合资企业。管理大师德鲁克（Drucker，1994）曾经这样说过，合资企业是多种文化的机构。文化的差异不仅表现在语言上，而且体现在理念、工作节奏、常规习俗等多方面。因此，对合资企业的管理，基本上就是把政治上、文化上的多样性结合起来而进行统一管理的问题。发展中国家在引进外资与利用外资推进产业发展的过程中，外资与文化环境的协调与适应，实际上涉及到能否顺利达到引进外资的多重目标。

从广义的角度来看，文化环境还包含政治环境、法律环境、体制环境、价值环境、行为环境等内容。文化差异的存在，对于跨国公司的直接投资而言，是一种不可测的风险；对于发展中东道国而言，文化差异的存在成为能否实现从国外直接投资获取增长效应的关键之一。而且，文化差异也构成了解释为什么在发达国家与不发达国家的合资企业存在差异的一个基础原因。有学者（Harrigan，1988）在发达国家和发展中国家针对多项专题分别对各自66家合资企业进行考察，这多项专题分别是：合资的原因；

合资的稳定性; 合资企业的业绩; 政府在合资过程的参与程度; 所有权问题: 所有权控制的结果，所有权控制与业绩之间的相关性。考察得出了一些十分有趣的结论。

合资的原因：在发达国家，进行合资的因素比重分别是出于技术需求为 64%；出于政府的劝说和规制为 17%；出于对对方制造品的生产属性与和专有资产的需求为 19%。而发展中国家进行合资的这些因素比重分别是 38%；57% 和 5%。

合资的稳定性：在发达国家，合资企业稳定的比率达 70%；在发展中国家，这一比率仅为 50% ~ 55%；其中，外资与政府合作的企业不稳定的比率为 56% ~ 58%；外资与当地企业合资的不稳定比率为 43%。

合资企业的业绩：在发达国家，业绩不令人满意的比率为 36%；在发展中国家，这一比率高达 61%。

政府在合资过程的参与程度：在发达国家，政府极少作为合资方参与到合资企业中去；在发展中国家，政府作为合资方参与到合资企业的比率为 45%; 在对发展中国家的 66 个案例的考察中发现, 政府参与的高达 23 个，其中只有 12 家企业对业绩表示满意，在 12 家中没有一家对政府合资方感到满意。

所有权控制：在发达国家，股权倾向于对等的比率；在发展中国家，多数合资企业股权不是对等分享；外资占大多数股权份额，主要原因是当地的合资方股权分散。在发达国家，合资企业双方股权对等情况下，近 80% 的倾向于分权管理；在合资企业双方股权不对等情况下，近 70% 的倾向于由大股东实行支配性管理。

所有权控制与业绩: 在发展中国家, 外资方股权低于 50% 的合资企业，有较满意的业绩；外资方股权为 50% 或者低于 50% 的合资企业，其业绩优于全独资的外国企业，因为政府倾向于对合资企业给以优惠。

上面的案例分析中，跨国公司在发达国家的直接投资，属于发达国家之间的资本流动。尽管也有文化环境的差异，但由于社会制度的相同、主流意识形态的接近，文化环境的距离不会很大。十分明显，发达国家之间的直接资本项目，其合资目的更经济理性化，其合资的业绩更好一些。这在一定程度上可以解释，为什么在发达国家之间的直接投资规模与件数要多于其他类型的国家之间的直接投资规模与件数。同样明显的是，在发展中国家的合资企业，由于文化环境的差异较大，所调查的专题与发达国家的合资企业有很多不同的地方。其业绩与稳定性欠佳，人们很难从中作出文化环境的差异究竟有多大影响的结论。但是，我们可以推测在合资公司的跨文化管理中，其协调成本与交易费用都将会很大的。发展中国家引进国外直接投资，资本并不是唯一的目的，干中学（Learning by doing）为很多发展中国家追求的目标，先进技术的扩散与转移、管理经验的传播、市场网络的扩大，同样为发展中国家所企盼。我们在上面的章节曾经提到过跨国公司主要向发展中国家转移 Know-how 层次的技术，这样，微观层次上的文化环境差异就同样显得重要：文化环境差异是文化冲突的根源，文化冲突会危及技术扩散与转移；而且，由于文化冲突，合资双方在管理与决策方面的矛盾将影响整个企业的运作。

根据我国学者[①]的归纳，文化冲突的诱因主要有这样几方面：（1）种族优越感。跨国公司的管理人员认定自己的文化价值体系比其他文化价值体系优越，自我中心的态度突出，坚持将自己的观点强加于东道国一方。（2）管理方式不当。把在一国证明有效的管理模式不适当地移植到文化方面差异大的东道国，从而引起摩擦。（3）不同的感性认识。感性认识是与一定的背景为基础的。海外直接投资脱离了原先的社会文化背景，但惯性的感性认识仍在发挥作用。（4）沟通误会。交流沟通在合资企业中合资双方的信息传递中具有十分重要的地位。语言或非语言的障碍，往往容易产生对很多问题的误会。（5）文化态度。能否理解受特定文化影响的合资方员工的个性特点与行为方式，是跨文化企业管理中的一个难题。文化冲突的诱因是客观存在的，如果不能妥善处理，在合资双方容易产生怀恨心理。同时，管理人员会形成刻板行事的保守管理模式，员工不积极进取，双方都很难有所作为。在文化冲突的背景下，合资双方的交流沟通会中断，

① 赵曙明：《国际企业：人力资源管理》，南京大学出版社 1992 年版；
秦斌：《一体化国际经营》，中国发展出版社 1999 年版。

非理性的行为会增加。于是，合资的很多目标只能部分实现。

文化环境差异如果在合资双方的经理层十分突出的话，那么会在决策过程中充分体现出来，形成管理冲突。例如，在中国与美国建立的合资企业中，由于文化环境的差异，美国公司的管理人员总是抱怨中国方面的管理人员要么不作决策，要么为了分散决策的责任而形成所谓的一致决策，很少愿意为决策负责，而且决策过程极其缓慢。而中国方面则对美国公司的管理人员在工作方面的人品多有微词，抱怨美国方面的经理优越感强、我行我素、傲慢、武断与固执（王二平等，2000）。

在发展中国家引进和利用外国直接投资的过程中，由文化环境差异引致的冲突是多方面的。对于东道国而言，由文化环境差异引致的冲突至少造成以下方面的负面影响：

1. 削弱了外国直接投资的技术扩散效果。前面提到过发展中国家技术发展有几个层次，从理论上看，外国直接投资可以在不同的层次产生积极的作用，但关键在于技术供给方是否愿意提供技术，需求方能否有能力接受技术，还有就是二者之间的交流机制的有效性。很明显，文化环境差异引致的冲突难以使技术的交流过程顺利实现。因此，即便在技术供求双方意愿一致的情况下，文化环境差异引致的冲突都足以使外国直接投资的技术扩散效果大打折扣。

2. 削弱了外国直接投资的一体化管理效率。管理效率的核心问题是决策的有效性。毫无疑问，文化环境差异引致的管理冲突对决策的有效性会产生明显的消极作用。而且，管理冲突必然在经理人员中产生严重的不信任的气氛，东道国的员工对外方肯定也会产生对立情绪。这对企业运作来说，是一种灾难性的后果。跨国公司进行海外投资，就在于其有着内部化的特定优势，一体化的管理理应是发挥这一优势的基础，但文化环境引致的管理冲突削弱了这种优势，阻碍了跨国公司对东道国进行大规模的直接投资。因此，有学者这样说过，“合资企业的问题不仅是合资企业的任务比较难完成，更主要的是这个组织本身就很难管理好。”（保罗·毕米士,1992）

3. 削弱了外国直接投资的业绩水平。从大量的案例我们可以得出这样的判断，文化环境差异的大小与合资企业的业绩有相关性。文化环境差异决定了合资企业双方在经营目标、市场选择、原材料选择、作业安排等种种方面都难免产生分歧，这无疑加大了企业的管理成本。可以说，所引起的文化冲突与管理冲突部分抵消了企业为实现利润最大化所做出的努力。文化环境差异也决定了即便是一个完全的外国独资企业，在海外的经营中也必须考虑大量的协调问题。因此，跨国经营的有效性归根到底取决于跨文化管理的有效性。

文化环境对于海外直接投资成败的意义，已为跨国公司充分估计，并构成考察投资环境的最重要的内容之一。跨国公司已经日益认识到，在海外经营所面对的是一个在政治、法律、风俗习惯、语言都不同于母国的文化环境。文化环境的差异性作为一种客观存在，是跨国公司在国外直接投资的一大障碍。因此，在考察投资环境时，必须从社会文化环境与企业文化环境两个层次上研究差异性造成的后果及其协调的成本。不容置疑，由于各国的政体、社会制度、法律、政策均不相同，这一切对于跨国公司在发展中国家投资的成败的影响是举足轻重的；但是，价值观、语言、行为方式方面的差异，则以一种更加潜移默化的途径，对跨国公司融入东道国社会经济形成隐形的障碍。而后者，往往不为许多研究人员所注意。

我们必须看到，在发展中国家为了加快自身经济发展而对引进外资进行竞争的时候，人们如果只看到东道国十分乐于接受跨国公司资金、技术、市场网络、管理技巧的一个方面，而没有看到东道国并不接受、也不可能全盘接受随西方跨国公司而来的文化价值的另一方面，就必然低估文化环境差异导致的冲突对外国直接投资增长效应的影响，事实上也不可能认识到直接投资的一揽子性质对文化环境产生的要求。文化环境差异与直接投资效果之间产生的全部难题就在于：国外直接投资作为一种经济活动，自然要成为东道国社会生活的重要组成部分，因此肯定要受到各种社会准则、习俗和道德义务的制约；而国外直接投资形成的企业实体，要保持竞争力，有效地追求利润，其内部必须能够充分信任与合作，文化环境差异则削弱了实体内部的信任与合作的程度。跨国公司着力开发东道国的人力资本，然而，社会学家提醒我们，除了知识和技能之外，人力资本还应该包含与他人联系交往的能力。这种交往能力取决于共同体对准则和价值观念的普遍认可程度，取决于共同体使个人利益服从于更大的团体利益的程度。信任来自于对价值观念的认同，它具有巨大的可量度的经济价值。由这种信任形成的道德约束能够促进人们的交易，推动经济的发展。在当今社会，以信任为核心的社会资本，其重要性不亚于物质资本。同时，一个相互信任的共同体必然是一个文化共同体，它不是建立在明确的规章制度之上，而是源自于一整套内化于共同体成员心中的伦理习俗和互惠的道德义务。在这样的共同体中，人们之所以信任和支持他人，并不是根源于简单的经济利益计算，对于他们来说，由相互信任达成的团结本身就是生活的一个目的，即便这种信任会导致短期利益的丧失。从长远来看，信任最终会带来收益，所有经济上成功的社会都是相互信任的社会。信任有助于形成大型的企业组织，而这种大型的企业组织在当今世界经济竞争中具有至关重要的作用（福山，1995；王列，1997）。无疑，社会学家的思想有助于我们进一步认识文化环境差异对直接投资增长效应产生的多元影响。

人们可能会问，随着投资国与东道国经济发展阶段的推进和接近，伴随直接投资而来的文化环境差异带来的冲突是否会弱化？对这个问题没有直接的答案。美国的学者塞缪尔·亨廷顿认为，由于文化因素在全球次序中变得越来越重要，整个世界正在进入一个文明冲突的历史时期，在这个时期，决定人们认同与否的是文化而不是意识形态。这意味着，围绕制度选择的意识形态的冲突可能结束，但人类不同生活方式与不同价值观的竞争远远没有结束，民族国家之间的综合实力的较量正在日益体现这一点。但有的学者则认为，不同文化在相互交往中产生的竞争往往有利于实现创造性的转变，历史上不乏文化相互刺激的成功先例（福山，1995）。

然而，在现实的国际经济运行过程中，为了实现有效的国际生产和资源配置，跨国公司主要着眼于如何降低由文化环境差异引致的障碍，减少在东道国的社会协调成本，保证合资企业与海外独资企业的正常运行，顺利推进直接投资项目。以此为出发点，跨国公司可以不关心人类不同生活方式与不同价值观的竞争，但它必须选择最能适应环境差异性、最能避免激烈文化冲突的跨国经营模式，即经营当地化。经营当地化看起来是一个双赢的战略选择，不过，它对跨国公司如何保持一体化国际生产体系的优势却是个新的考验。对于发展中国家而言，跨国公司经营当地化必然涉及到投资决策当地化、人员当地化、产品开发当地化、原料当地化、企业文化当地化等一系列问题。这就需要东道国进行增长要素的积累，没有这种积累，就不具备促使跨国公司在这些国家从事经营当地化的基础。

第十章 国际直接投资与发展中国家的经济赶超

长期以来，发展中国家或者不发达地区有效实现经济赶超的目标，一直是众多经济学家从不同的角度试图要解决的理论和政策问题，其中，国际直接投资（FDI）及其行为机制对经济赶超的作用，是一个十分重要的研究领域。发展的初始条件，发展战略选择对发展中国家经济结构的制度性安排，以及资源配置方式的选择，客观上都对发展中国家的经济发展历程和发展绩效产生了复杂的影响。如何在全球化的开放环境中和日益一体化的市场条件下发挥国际直接投资的作用，实现发展中国家的经济赶超，这是一个无论在理论层面还是对策研究方面都值得探讨的难题

第一节 发展滞后与赶超可能性

经济赶超的核心是增长率问题。没有持续的经济增长，发展中国家不可能实现达到全球平均水平、追赶先进国家的目标。持续的经济增长，意味着经济体内部形成经济发展机制。

卢卡斯认为[①]，经济增长作为对整个社会所有活动的综合体现，在某种程度上，必然依赖于社会中每个经济参与者的行为以及每个经济活动的运行。而不同的社会在很多方面存在差异，不同国家的经济文化特性十分明显，这些特性常被认为是改变经济增长方式的关键。不过就普遍性而言，决定一个国家或一个地区持续增长的关键仍然取决于有形资本积累和技术进步，长期通过学校教育形成的人力资源积累，以及通过边干边学而形成的专项人力资源积累。但是，在发展中国家是否存在经济赶超的空间，是否在经济发展进

① 卢卡斯（1990）：《资本为什么不是从富国流向穷国？》，《经济译文》1991年第2期。

程中已经形成赶超的源泉？其实这是一个关于发展中国家的后发优势以及实现条件的相关理论问题。

一、赶超——一个理论假设

经济上的相对落后具有积极意义，有助于一个国家或地区后来的爆发式的经济增长。这一假说，就其概念和内容而言，源远流长。20 世纪 50 年代以来，这一理论逐渐与亚历山大·格申克龙的名字相联系。格申克龙在其论文《经济落后的历史透视》中指出：“正是由于落后国家的落后，他们发展过程的许多方面将会根本不同于先进国家。”格申克龙强调，这种发展差异主要表现为发展的速度与特点的差异，并且这种差异往往是由那些在先进社会中不曾拥有的制度和结构形成的。他在研究工业化的后来者能够赶上或超过工业化的先行者的原因和实现追赶目标的途径时提出后发优势理论观点。根据格氏理论，所谓后发优势，就是指在先进国家和地区与后进国家和地区并存的情况下，后进国家和地区所具有的内在的、客观的、相对的有利条件。主要包括三大内容：一是后进国家或地区可以通过引进先进国家和地区的技术和装备，替代有关技术与装备的研究与开发，从而大大加快工业化进程，避免有关风险；二是后进国家或地区可以学习和借鉴先进国家和地区的成功经验，吸取其失败的教训，有选择性、创造性地设计工业化模式，从而避免先行者所走的弯路，选择更快的发展道路和更加开放的发展政策；三是后进国家或地区落后程度越大，对经济社会落后和要求工业化发展的强烈社会赶超意识及其功效也就越显著。[①] 可见，格氏理论中的后发优势是伴随着后进国家或地区发展水平的落后所产生的一种特殊优势，是与其经济社会发展的相对落后性共生的。它不是后进国家或地区通过自身努力创造出来的，换言之，落后的国家或地区正因其落后，才具有通过学习、借鉴先进的国家和地区成功的经验，通过模仿、创新先进国家的技术和制度，以较快的速度和较低的成本实现工业化，从而推动经济社会的增长和起飞的优势。显然，在当时的背景

---

① 胡鞍钢：《知识与发展：中国新的追赶策略——写于建国 50 周年》，载《管理世界》1999 年第 6 期。

下格申克龙没有也不可能对后发优势做出清晰和完整的界定，格氏理论的重大意义也不在于此，而在于首次从理论高度展示了后发国家工业化存在着相对于先进国家而言取得更高时效的可能性，同时也强调了后发国家在工业化进程方面赶上乃至超过先发国家的可能性。

在格申克龙后发优势假设提出以后，库兹涅茨也明确指出，技术缺口或技术差距的积极意义在于，“越迟进入现代经济增长阶段的国家，其初期发展速度一定越高，因为时代越迟，技术资源越丰富，选择性就越大”。[①] 发达与不发达之间差距的存在，对后者更多地表现为一种赶超的机会，尽管他也指出，发展是要付出代价的，但总的倾向强调其积极意义。另一位美国经济学家列维（1966）则从现代化的角度对后发优势假设进行了具体化，他认为后发国家的现代化有五个方面的后发优势：一是后发国家对现代化的认识要比先发国家在自己开始现代化时对现代化的认识丰富得多；二是后发者可以大量采用和借鉴先发者成熟的计划、技术、设备以及与其相适应的组织结构；三是后发国可以跳跃先发国家的一些必须经过的发展阶段，特别是在技术方面；四是由于先发国家的发展水平已达到较高程度，这可使后发国对自己现代化前景有一定的预测；五是先发国家可以在资本和技术上对后发国家提供帮助。

国内学者关于后发优势的内涵，也存在多种理解和看法。林毅夫教授认为，发展中国家由于同发达国家在技术上存在差距，在选择技术进步的实现方式上具有后发优势。他解释说，技术进步有两种方式：其一，向其他国家学习、模仿，或花钱购买先进技术以实现本国的技术进步；其二，通过研究和开发新的尖端高技术取得技术进步。发达国家由于处于技术的最前沿，因此必须通过自己从事研究和开发新的尖端高新技术才能实现技术进步，因而这些国家实现技术进步的成本高，总体进步慢；而发展中国家可通过模仿和购买的方式取得技术进步，许多研究证明，就是用购买专利这种成本较高的方式，其成本也只是原来开发成本的三分之一左右，而且，购买的技术一定是已经

① 西蒙·库兹涅茨（1966）：《现代经济增长》，北京经济学院出版社 1989 年版。

证明成功的、具有商业价值的技术，无形中节省了许多“沉淀成本”。[①]

杨小凯教授强调制度对经济发展的影响，他是从后发优势与后发劣势转化的角度来阐述他的观点的。他认为模仿有两种形式，一种是模仿制度，另一种是模仿技术和工业化的模式。由于模仿制度比较困难，因为改革制度会触犯一些集团的既得利益，而模仿技术比较容易，因此落后国家倾向于首先模仿技术。这导致落后国家虽然可以在短期内取得非常好的发展，但是会给长期发展留下许多隐患，甚至长期发展可能失败。他把这种由于技术模仿而导致制度模仿的延迟称作“后发劣势”，[②] 也就是美国经济学家沃森所说的“Curse To The Late Comer”，就是“对后来者的诅咒”。因此，落后国家不仅具有技术模仿方面的后发优势，也具有制度模仿方面的后发优势，但是如果前者阻碍了后者，技术模仿的后发优势也会演变为后发劣势。

大多数关于后发优势的理论分析都从技术特性出发，无非反映这样的事实，即大多数先进的科学技术是由发达国家花费了巨大的投资和时间发明创造的，其公共产品或准公共产品的属性决定了客观存在的溢出效应，这对于科学技术比较落后的后来者来说是一个非常有利的条件。发展中国家不需要投入巨大的资源来重新研究和开发这些已经存在的科学技术，他们只要花费很小的成本和时间，就可以把这些科学技术学来并运用于生产中。由于拥有先进国家的已有技术存量，后进国家在技术演化过程中能够省略某些中间过程，以较低成本、较快速度实现技术进步，后发优势的实质实际上成为了跨越式技术演化的优势。

显然，把后发优势演化为跨越式技术优势，不利于客观地认识欠发达经济体实现经济赶超的复杂性，以及发现经济赶超所需要的一系列条件和挑战。正如经济学家 Abramovitz 指出，赶超假设有一个反直觉的方面，它暗示着“领先国家和落后国家之间的技术和生产力缺口越大，落后国家生产力增长的潜力就越大；其他的事情也是一样的，二者之间的技术和生产力缺口越大，落后国家生产力增长的速度也就越快。如果他们最初是落后的，他们将趋向于

① 林毅夫、蔡昉、李周:《中国的奇迹：发展战略与经济改革》，上海三联书店 1999 年版，第 11 页。
② 杨小凯：《后发优势与后发劣势》，2002，www.people.com.cn/GB/jinji/36/20020829 /810949.html.

赶超得更快”。[1] 换句话说，国家或者地区之间的经济差距也能被看做是欠发达经济体能够被利用的大量技术机遇的测度。[2] 其实，赶超理论关于领导者与追随者之间技术和生产率的缺口越大，追随者生产率增长的潜能就越强，追随者的生产增长率就越快；追随者最初的水平越低，其赶超速度越快的断言，更多的是从技术发展重要性角度对经济赶超和增长收敛的一种理论假设，但是，技术的落后并非是一个偶然的历史现象，有关国家或地区的社会特性不仅决定历史上的技术落后，也影响了落后的经济体赶超的可能性和实现的程度。这些社会特质，也就是所谓的社会能力问题。对各国增长率差异的研究表明，仅强调一个国家因为落后就具有很大的经济增长空间不尽合理，而应该严格地说，一个国家因其在技术上落后但在社会能力上领先，才会具有后来实现经济赶超的可能性。同理，在一国内部各地区之间发展也是如此。

因此，赶超的国际历史经验证明，从长期看，正是技术差距与社会能力的结合，共同决定着一国或地区潜在增长率水平。

二、赶超实现的条件

由技术差距与社会能力共同决定的潜在增长率在特定时期得以真正实现，要依赖于一些限制条件，如知识的扩散，结构转变的速率，资本的积累以及需求的扩大等。

知识本身也是一种资本，从这一角度分析，则单个厂商的产出可以视作是其自身知识水平和一般知识存量的函数。对于某个厂商而言，其生产知识了解得越多、水平越高，其产出也就越多；而对一个社会来说，若其积累的一般经济知识越多、技术发展的平均水平越高，则其内部的产出也就越高。知识区别于一般资本的特点在于它具有“外在性”，即知识有与公共产品相类似的特性。单个厂商不需要去生产所有自己需要的一般性经济知识，它可以通过直接利用社会上已有的知识存量来满足自身的需求。知识外在性还意

① Abramovitz,M. 1986.Catching up, Forging Ahead, and Falling Behind. Journal of Economic History, June 1986,46(2),p.3.

② Gomulka. 1990. The Theory of Technological Change and Economic Growth. p.159,Routledge, London and New York.

味着一次性的知识存量的增加，不仅能增加当期的产出，而且会对未来的经济增长产生长久的影响。知识的外在性使其能够获得边际生产力递增的效应，知识存量的增加不会如一般生产要素那样，仅仅使产出沿生产函数向前滑动，而是可以促使生产函数曲线向上移动。

结构转变速率对经济赶超同样重要。在经济发展进程中，部分业已处于成熟期的产业会受到市场饱和和技术进步潜力趋于枯竭的限制，导致其增长速度减慢，并逐渐被那些技术进步较快的产业和在新技术基础上建立的新产业所取代，而实现技术改造的产业与新兴产业的迅速发展，提高了实物要素的产出率，带动了整个经济增长①。这种依靠技术进步推进产业结构转换，使经济在更高水平的产业结构基础上实现的新的增长被认为是结构增长效应。若将产业结构看做一个资源的转化系统，即一方面输入各种生产要素，另一方面又按照一定的要求将各种投入要素转化为所需的产出，则技术就是这一资源转换系统的转换方式。技术发展在影响产业升级的诸因素中占有主导地位，是推动产业升级的最有效的手段和途径，其他诸多因素都是通过技术因素对产业结构发生影响的。各产业对整个经济系统的贡献则取决于各部门的技术效率和产出需求。而各产业技术进步的速度及其对需求变化反应的灵敏程度上的差异，决定了其相互之间劳动力、资本等要素收益上的差别，因此，当一些部门的需求扩张与技术进步速度不一致时，若能够根据需求和生产的条件，对经济系统内部的产业结构进行适当的调整，如积极采用先进技术并对其实施有效的扩散和推广，或者根据需求的变化适时调整相应的要素投入和产出，重新进行资源的配置和收入的分配，就会使整个系统能够充分使用所拥有的资源而达到增长的目的。对于市场不完善、生产要素不能充分流动的发展中国家或欠发达地区而言，由于要素生产的非均衡现象和结构变化的空间等因素，资源转移和再配置这一增长因素比发达经济体更为重要，因此结构转换对其经济增长的作用更大。

在赶超进程中，技术发展始终是产业升级和经济增长的核心要素，其在影响产业升级的诸因素中占有主导地位，成为推动产业升级的最有效的手段和途径，其他诸多因素都是通过技术因素对产业结构发生影响的。处于变化

① 钱纳里、塞尔昆等（1986）：《工业化和经济增长比较研究》，上海三联出版社 1989 年版。

中的现存技术结构，以及正在形成的新的技术结构，必然会改变产业间的关联结构和关联程度，使原产业结构中的某些产业由于缺乏供给或市场而逐渐被淘汰，而另一些产业却以此为契机获得发展，从而引领产业不断发生分化和聚合，形成新的产业结构，技术发展从而成为形成经济转换格局的基本动力。当新技术通过国民经济和国际经济扩散时，它不仅是破坏平衡的，同时也是有序化转变变革方向的一个源泉，是“动态调整的过程”。由此可见，技术要素具有其他资源要素所不可比拟的优越性。技术要素与其他要素最大的不同在于它具有规模报酬递增的特性，技术的相互融合能产生链式反应或聚合效应，促进更多新技术的产生，有学者形象地归纳为“最好的创造新知识的办法是使用现有的知识”。而技术本身具有的滞后特征以及技术使用过程中的“知识外溢”现象，又使得它能够反复使用，持续地为经济增长发挥作用。波特（1993）在分析各要素的作用时就认为，在生产诸要素中，以技术为代表的高级生产要素在经济中发挥的作用将越来越大，它们直接决定着一国的产业竞争力和产业升级的能力。

在赶超进程中，技术对经济增长和产业结构变动的作用很大程度上是通过影响需求结构而间接实现的。从需求角度分析，需求结构是对产业结构的影响最直接的因素，由于技术发展与需求结构之间存在极强的互动关系，因此需求结构成为联系技术发展与产业升级的重要中间环节。一方面，技术发展是需求结构得以改变的重要物质前提，需求结构的改变在很大程度上受到技术发展状况的制约，在需求结构发生实质性变化之前，必须先有某些技术突破或革命。否则，需求结构将主要由于人均国民收入的变化而在原有技术产品方面发生量的变化，而且这种需求结构的变化是相对缓慢和有限度的。工业革命以来的历史表明，需求很强烈的部门，如果在技术上没有取得突破，其需求结构也难以改变。新技术的出现创造了新需求，同时降低了旧需求的相对优先次序，或是创造了满足旧需求的新手段，改变了满足这些旧需求的旧手段的优先次序。技术发展使新需求由可能变成了现实，并通过影响需求结构来改变产业结构，引发产业部门生产结构的相应变动。另一方面，需求结构的变化也会反过来影响技术发展的方向和进程。“新的需求的扩大以种种方式和十分强有力地对新的技术革新施加压力，从而也就形成了高速的全面的增长”（库兹涅茨，1978）。

总之，在全球化和经济一体化日益加快的新的历史条件下，无论是发展中国家还是欠发达地区，其经济赶超的路径与基本方法已经发生了显著的变化，经济增长加速更多依赖非均衡条件下发生的结构转变和对外部先进技术的利用。这种革命性的变化，为国际直接投资进入国家或地区的经济赶超并在其中发挥历史性的作用创造了前提与环境。

第二节　FDI在赶超中的历史作用

关于FDI在赶超中的作用，实际上是一个国际直接投资如何影响长期经济增长的问题，其作用机制一般认为从两条路径发生：一是FDI为不发达经济体提供了外来的增长要素，从而弥补了经济增长中的要素缺口，新古典增长理论提出的“两缺口”模型对这一问题进行了深入研究；二是FDI对技术、人力资本、制度等的外溢效果所形成的对东道国经济增长的“间接”作用，FDI作为资本、技术、市场网络和管理的“综合要素”，能起到“一揽子”要素转移的作用，并通过外溢效应促进东道国技术进步、人力资本积累、制度革新等，从而影响经济长期增长。基于内生增长理论框架，经济学家对FDI“综合要素”的作用也做了大量研究。尽管新古典增长理论和内生增长理论对FDI影响长期经济增长分析各有侧重，但是由于赶超是一个更为漫长的增长过程，分析FDI在赶超中的历史作用，必须考虑更多的因素。

一、FDI与内生增长理论

在传统的索洛新古典增长模型中，FDI影响产出增长的程度是有限的。假定物资资本的边际收益递减，则FDI只会影响收入水平，长期增长率将不会发生变化，即传统的新古典增长模型认为，FDI对增长的潜在影响只限于短期。如果FDI包括了以新资本品、新市场或新加工形式出现的新技术知识的转让，FDI能否对长期的经济增长产生积极的作用？其实，这涉及FDI在发展中国家增长过程中的历史作用问题。

FDI与传统增长理论之间的联系是相当简单的。在由Solow开创的传统的生产函数方法中，长期的增长只能是技术与知识提升的结果。[①] 没有技术进步，国内和外国投资递减的边际收益最终将制约经济增长。无论来自国内还是国外投资增长，只会增加人均资本和产出的数量；然而，由于收益递减规律最终将限制这种增长，因此，FDI 对长期经济增长的影响是短暂的。在内生增长理论中，Romer[②] 和 Lucas[③] 分别利用模型说明，由企业向外部的技术学习（知识扩散）引发的正反馈，会超过由企业内部的边际收益递减造成的负面反馈，因此增长率将保持递增。Romer 在其生产函数中引入了一个技术参数，这个参数显示了知识产生的递增收益以及知识累积带来的持续收益。这样，模型通过边学边干(learning by doing)和知识外溢说明了经济增长的源泉。在内生性增长新理论中，FDI 能以不同的方式影响增长。作为技术传媒，外国投资能够通过全球知识转让和国内知识外溢效应促进经济增长和增加收益，而且，通过创造新产品、新工序，采用新的管理方法和组织结构，以及提高劳动者技能等方法，外国投资将增加东道国的知识存量。

内生增长理论关于 FDI 能够推动长期经济增长的结论，反映了在当代经济中科学技术作为增长要素的关键性，也反映了技术垄断、技术扩散或技术溢出之间的关系。企业或跨国公司对知识或技术创新的主要兴趣是强化知识与技术的所有权优势以获取垄断利润。然而，由于“外在性”或“知识外溢”现象的存在，企业要长期控制这些所有权优势是不可能的。跨国公司作为最大的知识与技术的创新主体，会充分利用直接投资等方式，使技术的所有权优势发挥到最大限度，从而决定了 FDI 可以在国际范围内的知识外溢方面扮演重要角色。FDI 的这种作用，不仅取决于获得使用该技术知识的权利，而且还取决于把知识从母公司转让到子公司的能力。

在 Romer(1990) 的模型中[④]，跨国公司在促进经济增长方面的作用是通过

---

① Solow, R. M. 1956. A Contribution to the Theory of Economic Growth. Quarterly Journal of Economics, 70: 65–94.

② Romer, P. M. 1986. Increasing Returns and Long–Run Growth. Journal of Political Economy, 94(5):1002–1037.

③ Lucas, R. E. Jr. 1988. Unbalanced Regional Growth and Regional Income Inequality in the Latter Sages of Development. Regional Science and Urban Economics, 189(4):549–566.

④ Romer, P M. 1990. Endogenous Technology Change. Journal of Political Economy, 98(5):71–102.

人力资本的创造来实现的。该模型把人力资本的禀赋和研究与开发 (R&D) 的强度联系起来，认为研究包括了创造一般知识以及引入后续创新所需要的人力资本，从而增加了增长过程中投入品的多样性。由于增长率、研究与开发和人力资本禀赋紧密相关，人力资本成为能够增加劳动和资本生产率的新的中间产品，而产品的差异反映了各种经济活动中劳动专业化程度的增强，因此，在生产与研究之间做出的选择，就决定了增长的速度。通过产品创新，研究与开发的强度的增加就可以导致增长率的上升。除了 Romer 和 Lucas 等人研究 FDI 与经济增长的关系以外，Aghion 与 Howitt[①]、Grossman 与 Helpman[②] 的模型也提出了与 Romer(1990) 模型类似的促进经济增长的途径，只不过他们把技术进步看做是现有生产者的产品质量的提高。Grossman 和 Helpman(1990) 认为，R&D 过程的特性决定了企业必然要经过引入新技术、淘汰旧技术的质量阶梯。企业通过引入能使质量低劣产品退出市场的新生产资料，可以获得垄断利润。生产资料质量的提高，意味着由于知识外溢和外在性出现，"外在性"与"知识外溢"能够抵消有形资本的边际收益递减，由此可能导致一个最佳、更高或最低增长率。Grossman 和 Helpman 进而认为，把外国投资和颁发技术专利权证囊括进该模型，意味着在平均价格的情况下能够扩大要素禀赋的范围。当技术能力和生产要素价格均高的企业发现，在一个技术能力不高和生产要素价格较低的国家或地区投资建厂或颁发高新技术专利权证有利可图时，更大范围内的知识外溢就会发生。

可见，在内生增长模型中，就 FDI 通过外部性和技术外溢使产出收益增加而言，则显示了 FDI 具有内生性地影响经济增长的作用，并且有可能在长期内强化增长。内生增长理论通过外部性解释了长期中促进经济增长所必需的收益非递减性。由于外部性的存在将会使社会收益与私人收益之间存在一定的差距，各种 FDI 产生的外部性的存在，使资本的边际产出具有下降刚性。因此，在内生增长理论中，流入的 FDI 作为一个举足轻重的变量，能够缩小

① 西蒙・库兹涅茨（1966）：《现代经济增长》，北京经济学院出版社 1989 年版。
② Gomulka. 1990. The Theory of Technological Change and Economic Growth. p.159,Routledge, London and New York.

技术差距，并且能够在这些模型中产生经济集聚；但作为一个滞后变量，FDI完全有可能扩大技术差距，正如它能缩小技术差距一样。

根据内生增长理论，从长期看，FDI 增长效应主要体现在以下方面：（1）FDI 作为资本、专门知识和技术的一揽子转移，在增长过程中成为经济增长的内生决定因素。与新的资本输入相比较而言，直接投资所具有的知识和技术转移具有更强的外部效应，被认为是 FDI 促进引进外资地区或国家经济增长的最重要的手段。（2）FDI 企业产品的附加值和 FDI 生产力的溢出效应越大，由于它们会使国内生产的收益增加，则对经济增长的影响就越大。FDI 带来的资本及其技术改变了东道国的生产函数，强化了东道国的经济增长态势。就新增的资本流入量来讲，与 FDI 相联系的生产行为可能会采用较多的中间投入品，从而导致产出增长。（3）通过知识转移、劳动培训和技术扩散，FDI扩增了现有的知识存量。另外，通过管理实践和组织安排，也起到了相同的效果。就新技术而言，FDI 是一种通过跨国企业产生溢出作用而使生产增益的潜在源泉。（4）如果 FDI 推动经济是内生性的增长，政府可通过制定吸引FDI 的政策，来增加经济增长与产出增长持续性保持同步的确定性，从而加强政府政策行为对经济增长的影响。

二、FDI 与经济赶超

与周期性的经济增长相比，不发达的经济体的赶超将是一个更为漫长和复杂的过程。赶超历程的漫长，表明只有持久性的增长，才能实现赶超的目标，区域或者国家之间才会出现增长收敛的现象。因此，FDI 对赶超产生的积极作用，首先取决于 FDI 进入以后是否引致加速增长效应，这是决定 FDI 在赶超过程中历史作用的最基本的因素。

在分析 FDI 对经济增长的影响时，可引用包括了 FDI 项的扩增型生产函数如下：

$$Y=A\Phi(K,L,F,\Omega) \quad (1)$$

其中，Y 为产出，K 是资本，L 是劳动力，F 表示 FDI 存量，Ω 是辅助变量。若具体采用柯布—道格拉斯生产函数形式，并将其对数化和动态化后，方程（1）变形为：

$gy=gA+\zeta gk+\phi gf+\gamma g\omega$ （2）

其中，gA、gk、gf、$g\omega$ 分别对应着生产效率 A、人均产出 y、人均物质资本 k、人均 FDI 存量和辅助变量 ω 的增长率。而 ζ、ϕ、γ 则是 k、人均 FDI 和辅助变量 ω 的产出弹性。

许多相关的文献表明，（2）式中人均资本项 k 的产出弹性存在高估的问题，我们用 FDI 与国内资本 kd 之间的互补性来解释这一现象。先假定引进 FDI 的地区只使用包容了国内资本 kd 和外国资本 $k\omega$（由 FDI 引起）的劳动力和物资资本两种生产要素进行生产，国内的知识总存量用 H 表示。此时，简化了的柯布—道格拉斯生产函数为：

$y=A\Phi kd,H=Ak\beta dH1-\beta$ （3）

其中 A 仍为生产效率，β 则是国内物资资本所占份额。再假定国内的知识总存量取决于国内物资存量和国外物资存量，并以柯布—道格拉斯函数表示为：

$H=kdk\alpha\omega\eta$ （4）

其中 α 和 η 分别为人均外国资本存量 $k\omega$ 和人均国内资本存量 kd 的边际替代弹性和跨时期替代弹性。

将（4）式代入（3）式有：

$y=Ak\beta+\eta(1-\beta)dk\alpha\ \eta(1-\beta)\omega$ （5）

改用增长性动态描述为：

$gy=gA+\beta+\eta(1-\beta)gd+\alpha\ \eta(1-\beta)g\omega$ （6）

由（6）式可以看出，当 $\beta<1$（国内资本边际收益递减）且 $\eta>0$（FDI 与国内资本 kd 之间是互补的）时，FDI 所诱发的外部效应使资本项的弹性系数值增加了 $\eta(1-\beta)$ 倍。

我们还可以用效用最大化函数来说明 FDI 对经济增长的加速作用。由方程（3）可得跨时期效用最大化问题为：

$\max\int\infty t=0u(c)e-\rho tdt$

$s.t.dkd/dt=Ak\beta+\eta(1-\beta)dk\alpha\ \eta(1-\beta)\omega-c$

$kd(0)\geqslant 0$

其中，ρ 是效用最大化者的时间偏好，c 是消费。

为了简便起见，令 u(c)=lnc, 则东道国的消费增长率为：

$(dc/dt)/c=A\beta+\eta(1-\beta)k\beta+\eta(1-\beta)-1dk\alpha\ \eta(1-\beta)\omega-\rho$ （7）

当 FDI 和国内投资之间的跨时期互补性减弱了国内生产的收益递减性时，假设在存在 FDI 的情形下，国内生产具有规模收益不变特性（也就是 $\beta+\eta(1-\beta)=1$，即 $\eta=1$），此时，方程（7）变为：

$(dc/dt)/c=Ak\alpha(1-\beta)\omega-\rho$ （8）

根据方程（8），只要 $\lim k\omega\rightarrow\infty Ak\alpha(1-\beta)\omega-\rho>0$，则当 FDI 存量增加时，资本的边际产品就会保持在 ρ 以上，从而长期增长率就正向取决于 FDI，也就是说，经济长期增长率将受 FDI 的影响，但却与国内资本存量无关。

FDI 引致经济加速增长的机制，可以用图 10.2-1 来予以说明。图 10.2-1 中，45°角的 OC 线表示引进 FDI 地区原来的稳态均衡增长路径，其上每一个点表示与一定的资本存量相对应的经济增长率。在没有引进 FDI 的情形下，经济增长仅由当地资本存量来推动，若以 AB 线表示此种情况下当地资本存量 kd 与经济增长率的对应关系，则 AB 与 OC 的交点说明了在既定的资本存量 OA 下（等于国内资本存量 kd），东道国经济均衡增长率为 e。在考虑了 FDI 对经济增长的长期影响后，资本存量（k=kω+kd）与经济增长率之间的关系应由 A′B′′来表示。E 点向 M 点的移动说明了当地的经济均衡增长率由没有 FDI 时的 e 提高到了存在 FDI 时的较高的 f。事实上 AB 移向 A′B′′可分解为两个步骤。

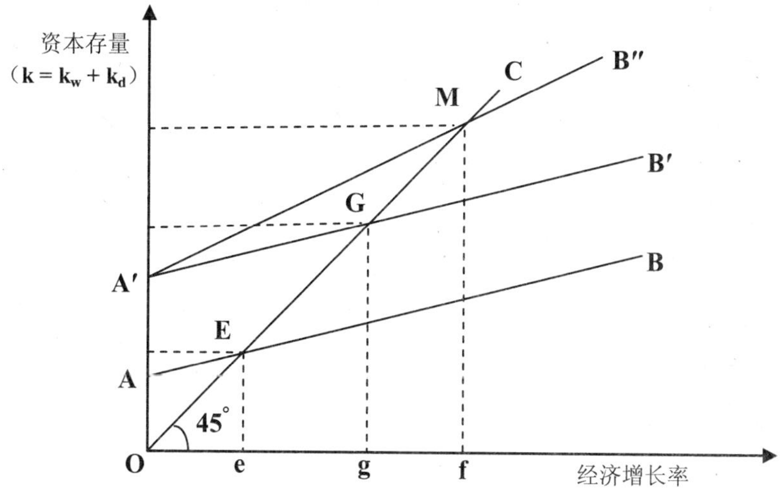

图 10.2-1　FDI 引致经济加速增长的机制

第一步，AB 线平行上移至 A′　B′　。在这里，假定引进的 FDI 资本与当地原有资本是同质的，FDI 边际收益与国内资本的边际收益没有什么区别，这表现为 AB 与 A′　B′　的斜率相同。不难理解，在资本稀缺的地区，引入 FDI 项目最直接的效果就是增大了国内资本的供应量，使原本一些受资本限制而无法实施的项目成为可能，或者说由于 FDI 引进使一些潜在的有利可图的投资机会被利用，其结果是增加了该地区产出，使经济均衡增长率直接由 e 上升为 g。

第二步，A′　B′　转向 A′　B′　′　。由图 10.2-1 中可见，此时均衡增长率将由 g 增至更高的 f，这意味着由于 FDI 的引入，资本的利用效率提高了，从而在相同的资本增量前提下，有 FDI 比无 FDI 更能促进当地的经济增长，在这种意义上，FDI 与国内资本是不同质的。这一效果是两种效应叠加的结果。其一是伴随 FDI 而来的技术和知识转移，增加了当地的知识总存量，扩增了人力资本存量，对当地企业产生正的外部效应，加速了经济增长速度。其二是先引进的 FDI 如能推动经济增长，对于追求资金运作的安全性和盈利性的外国投资者来说，无疑有着较大的吸引力，这将进一步吸引更多的 FDI 项目，从而形成 FDI 不断流入与当地经济增长相互促进的良好循环。相应地，A′　B′　′　的斜率取决于资本积累对经济增长的贡献率、FDI 对经济增长的溢出效应的大小和 FDI 流量增量对东道国经济增长速度的反应弹性。

显然，FDI 能引致进入地区的增长加速。但是，随之而来的问题就是，FDI 这种积极的正向作用是否足以使地区之间或国家间绝对的或相对的经济差距缩小?

在理论上，FDI 强化增长的主要途径是借助于持久性的技术冲击来完成的。FDI 与增长的这种关系，根本上是由于赶超过程中技术发展的特点，即技术赶超具有的阶段性特征所决定。技术发展可区分为追赶前阶段、追赶阶段、前沿分享前阶段（pre frontier sharing）和前沿分享阶段（frontier sharing）四个阶段（Paola Cirscuolo, Rajneesh Narula，1998）。在追赶前阶段，技术资源主要来自于欠发达国家或地区自身的知识积累，以此来建立最基本的技术能力。缺乏这基本的技术能力，欠发达国家或地区会因为过于落后而没有能力有效地转移和内化技术，这就是所谓的门槛效应。大量 FDI 对输入国经济增长作用的实证研究发现，FDI 只对那些具有一定最低吸收能力的发展中国家的人均收入增长有正的促进作用。在追赶阶段，技术发展主要受益于贸易和 FDI 输入带来的溢出效应，企业可通过多途径吸收获得国外的科学技术与管理方面的知识。在前沿分享前阶段（包括技术前沿阶段），技术存量的增加主要通过积极地参与到国外技术溢出效应的分享，其主要方式为 FDI 输出相关的 R&D，合资企业和战略联盟。就企业而言，处于追赶阶段时，可更多地依赖于国外企业的活动和中间产品的进口吸收其技术溢出；到前沿分享前阶段（有时甚至早于这一阶段），企业采取更加积极主动的学习战略以期涉足外部知识领域，否则这些知识将无法被开发利用。当技术赶超已经接近前沿时，由于这一阶段技术模仿的机会变得越来越少，追赶者将不得不越来越依赖于自身技术创新方面的努力，此时必须通过输出 R&D FDI 的手段，积极地介入开发国外知识来源。与此同时，吸收和开发跨国公司机构在本国进行的创新活动产生的溢出效应，也将使自身受益匪浅。

国际经验表明，赶超过程最本质的问题是后来者能以什么速率对领先的经济体进行技术模仿。技术变化并不是一个线性过程，而是具有不连续均衡特征。而一个国家或地区能否具有提高追赶速度和跳跃某些技术发展阶段的能力，关键取决于三方面：第一个方面与社会基本技术能力的积累有关，其中人力资本形成起到十分重要的作用。没有必备技术能力，任何国家或地区不可能在技术发展上有持续进步。第二个方面是一个国家或地区较早进入一个特殊技术系统的能力。第三个方面是一个国家或地区确立特殊的技术定位的潜力。这三方面都分别涉及发展中国家和地区的 FDI 吸收能力、引进 FDI 的领域选择和长期的 FDI 战略问题。达到一定规模的 FDI 会影响不同国家或地区的稳态路径，有利于加速具有不同资本禀赋的国家之间的条件性增长收敛速度。如果伴随 FDI 而来的技术转移是持久性的，随 FDI 转移技术高度对于当地技术具有较强优势，并且对本土企业产生的溢出效应在经济增长过程中的作用占据主导地位，那么达到一定规模 FDI 的国家或地区也将持久性地增长，其结果是东道国将从原来那种无 FDI 情形下的稳态增长转向新的由 FDI 引致的较高的稳态增长速率。如果 FDI 是较高的稳态增长的唯一源泉，那么一旦 FDI 得到了控制，条件性增长收敛就会出现。概言之，在技术发展的进程中，不同的国家或地区将根据离技术前沿的距离不同，可选择用不同的 FDI 模式来获得最大限度的技术溢出效应，这是保持 FDI 对经济产生持久的技术冲击力的关键所在。

如何从 FDI 中获取更多的外部正效应，还涉及“干中学”机制对经济持续增长的重要意义。对于大多数资源而言，由于其存量是有限的、稀缺的，因此大都具有成本递增、边际收益递减的特点，当资源开发到一定深度或投入到一定数量后，往往出现产出率递减的情况。技术要素与其他要素最大的不同在于它具有规模报酬递增的特性，技术的相互融合能产生链式反应或聚合效应，促进更多新技术的产生，而技术本身具有的滞后特征以及技术使用过程中的“知识外溢”现象，又使得它能够反复使用，持续地为经济增长发挥作用。事实上，在生产诸要素中，以技术为代表的高级生产要素在经济中发挥的作用将越来越大，技术不会如一般生产要素那样，仅仅使产出沿生产函数向前滑动，而是可以促使生产函数曲线向上移动。引进吸收和利用 FDI 过程，实质上是一个外来要素诸如较为先进的技术和专门知识、较先进的生产技术设备以及相应的国际经营理念、经营方式、营销手段与当地人力资源相结合的过程，是当地的人力资源边干边学的过程。“干中学”体现了“最好的创造新知识的办法是使用现有的知识”技术积累的基本特征，“干中学”

与FDI的技术外溢性相结合，成为引进FDI地区人力资本积累的最有效方式。

除技术溢出效应，FDI能够对发展中国家或地区的赶超产生长期积极的作用，还在于其对其他领域产生的外部性效应。强调不同类型的外部性的作用范围及它们对长期增长的影响，是内生增长模型的共同点。[①] 由于FDI的一揽子要素转移的性质，对贸易结构变化、人力资本积累、企业制度治理和市场网络扩大必然产生深刻的影响。正因为外部性的客观存在，即使当资本投入继续增加而导致企业边际收益倾向于递减，将会使FDI的社会收益大于企业收益。换言之，由于各种外部性的存在，使得总资本的边际产出具有下降刚性，长期经济增长所必需的收益非递减性得到保障。

第三节　国际直接投资与中国经济发展

我国是发展中大国，也是世界上吸收外资最多的国家之一。作为发展中国家，我国通过引进外资进而发挥后发优势的战略目的十分明确，但是我们必须看到，我国所处的发展阶段既产生了对国际直接投资的大量需求，同时发展的相对滞后也妨碍了我们最大限度地去获得国际直接投资增长效应。尽管我国试图从引进国际直接投资中获得资本、技术和产业升级三个层次上的推动效应，但由于国际直接投资这一外部资源的性质，以及我国在资本的吸收能力、技术的转化能力和产业升级所需的结构协调能力方面的不足，使得我们对国际直接投资中的预期增长效应与实际效果之间始终存在着一定差距。毫无疑问，发展的滞后也使我国在引进外资时要比工业化国家承受更多的成本，这种成本有间接和直接两部分：为引进国际直接投资所作的人为的政策调整和制度安排，以及在资本形成、技术转移、市场份额方面的代价，因此，比较国外直接投资的成本收益，我们必须考虑这些额外的社会成本，并尽可能加快自身发展来降低这方面的代价。

我们应该看到，处于世界经济日益一体化的今天，尤其在我国加入WTO以后，我国如何根据自身发展阶段特点，选择一种可充分利用国际直接投资

① Romer, P M. 1990. Endogenous Technology Change. Journal of Political Economy, 98(5):71 ~ 102.

长期增长效应的模式，把国际直接投资推动和自身实力增强结合在一起，这是当今中国经济所面临的最大课题之一。国家所处的发展阶段，以及由发展阶段滞后所带来后起之益和后发劣势交叉作用于国际直接投资增长效应的现实难题，需要我们引进国际直接投资同时，实现市场的可持续性、产业的可持续性、技术的可持续性，形成一种有利于比较优势不断增强的国际直接投资模式。同时，作为一个幅员辽阔的发展中大国，我国不同区域处于几种发展阶段之中，从而宜于多层次、不同类型的国际直接投资进入，外资推动经济增长的表现形式也可呈现多元化形态。因此，我国利用国际直接投资的策略要具有层次性，外资政策要具有区域性的特征，这应当是一个长期的选择。

一、中国经济发展的阶段与特征

中国的工业化进程，如果从清朝末年的洋务运动算起，已有近一个半世纪的历史，如果从新中国成立时算起，也有50年的历史。时至今日，从国民经济总量看，中国已是世界上名列前茅的工业大国，一些主要工业品产量已居全球各国榜首。但从人均收入指标看，则尚处于下中等收入国家行列与的几内亚、津巴布韦、斯里兰卡等国相差不大（世界银行，1999）。另一方面，从国内生产总值结构来看，中国已由一个以农业产值为主的国家正在转变为以制造业和服务产值为主的国家，但从就业结构或城市化水平看，则尚处于以农为主的阶段，全国人口绝大部分仍工作或居住在农村地区。

根据钱纳里等人的看法，现代经济增长应该被理解为经济结构的全面转变过程。在借助“多国模型”提出的标准增长模式中，他们把随人均收入提高而发生的结构转变过程划分为6个时期、3个阶段（见表10.3–1）。

表10.3–1　人均GNP与发展阶段的划分

时间	人均收入（1970年美元）	发展阶段	
1	140–280	初级品生产	I
2	280–560	工业化初期	II
3	560–1120	工业化中期	
4	1120–2100	工业化成熟期	

续上表

时间	人均收入（1970 年美元）	发展阶段	
5	2100-3360	工业现代化	III
6	3360-5040		

资料来源：钱纳里，《工业化与经济增长比较研究》，上海三联出版社 1989 年版，53 页、103 页。

在结构转变的第 I 阶段，国民经济中占统治地位的是初级产品的生产活动，主要是农业生产活动。在第 II 阶段，结构变化十分剧烈。在人均收入从 280 美元增加到 2100 美元的同时，制造业产值在 GDP 中的份额从 19% 增加到 36%，制造业就业份额从 10% 上升到 20%。

关于中国的收入水平情况，一直是一个很有争议的问题。我国学者认为，在 1996 年，中国人均 GNP 按当年汇率折算为 670 美元（张琢，1997），根据世界银行 1999 公布的数据，中国在 1997 年的人均 GNP 为 860 美元，已进入了钱纳里等人提出的工业化中期水平。当然这种比较没有排除美元价值变动的影响。但是，换一个角度看，我国的人均 GNP 水平则大大高于这一水准。根据国际货币基金组织和世界银行等机构按购买力平价（PPP）计算的中国人均 GNP 水平，1996 年为 3330 美元，是按汇率计算的人均 GNP（750 美）的近 5 倍，已越过了低收入国家边界而进入到下中等收入国家行列。从总量来看，1996 年中国以 PPP 计算的 GNP 总值达 40473 亿美元，已超过日本而居全球第二位（世界银行，1998）。

从国内生产总值（GDP）结构看，1997 年，在中国的 GDP 中，农业占 18.4%，处于世界银行统计的低收入国家平均值（27%，1997 年数字）和下中等收入国家平均值（12%）之间（世界银行，1997）。但从就业结构和城市化水平看，1997 年中国农业部门就业份额高达 49.8%，城市化水平反而只达到 30.4%。这两个数据与处于同一收入水平的其他国家相比，存在着较大的偏差。就是说，中国的就业结构中，农业部门所占比重过于偏高，而城市化水平又过于偏低。

由于中国工业化道路的特殊性，由上述数据所勾画出的中国经济发展阶段的图像是相互矛盾的。不过国内外学者大多认为，从总体上看，中国经济目前已越过了工业化初级阶段，而进入了工业化中期阶段，即钱纳里模型的第 3 个时期（江小涓，1996）。

一般而言，与经济发展阶段相对应，各国在不同的经济发展阶段，其经济增长所依赖的要素投入结构是有区别的。就中国的实际情况而言，根据我国学者郭克莎的研究，1991 ~ 1995 年，资本投资对 GDP 增长的贡献为 57.0%，劳动投入时 GDP 增长的贡献为 17%，综合要素生产率对 GDP 增长的贡献为 26.0%（郭克莎，1997）。与其他国家相比，12 个发达国家 40 年代末至 70 年代初综合要素生产率对 GDP 增长贡献的平均值为 49.0%，20 个发展中国家和地区同一时期该项数据的平均值为 31%，其中韩国 1960 ~ 1973 年的数值的 42.3%，菲律宾 1947 ~ 1965 年的数值为 43.5%，中国台湾 1955 ~ 1960 年的数据为 59.5%，[①] 中国综合要素生产率对经济增长贡献小，表明经济增长缺乏效率，较快的经济增长主要是依靠大规模要素投入取得的。用波特的标准来衡量，表明中国经济仍处在要素驱动阶段。

中国经济发展的另一特点在于，其经济发展阶段呈多元性特征。中国是一个大国，人口众多，地域辽阔，受社会经济及自然地理等诸多因素的影响，各区域在经济发展水平上存在着较大差异，从而在空间上显现出了一幅多元的经济发展阶段图画。

表 10.3-2，各区域 1997 年人均 GDP、农业占 GDP 比重、就业结构及城市水平

	人均 GDP（元）	农业占 GDP 比重（%）	农业劳力占总劳力比重（%）	城市化水平（%）
全国平均	6067	18.7	49.9	23.58
东部地区	8909	14.2	42.1	28.71
中部地区	4331	27.5	53.4	23.84
西部地区	4040	21.0	54.6	17.79

资料来源：“改革开放十七年的中国地区经济”中国统计出版社，1996 年版；中国统计年鉴，中国统计出版社，1999 年版。

注释：东部包括京、津、冀、辽、沪、苏、浙、闽、鲁、粤、琼十一省市；中部包括晋、蒙、吉、黑、皖、赣、豫、鄂、湘九省区；西部包括桂、川（重庆在内）黔、滇、陕、甘、青、宁、新九省区（不含西藏）。

---

① 钱纳里、塞尔昆等（1986）：《工业化和经济增长比较研究》，上海三联出版社 1989 年版。

从人均国内生产总值（GDP）看，1997年中、西部地区分别是全国平均数的71.4%、66.6%，是东部地区平均数的48.6%、45.3%。从极端差距看，人均GDP最高的上海（25750元）是最低的贵州（2215元）的11.6倍。按当年汇率计算，东部地区人均GDP为1080美元左右，已进入前述钱纳里多国模型的第3个时期即工业化中期阶段，其中京、津两地的人均GDP分别为2028美元、1670美元，已进入工业化成熟阶段，而上海的人均GDP高达3120美元，已进入工业现代化的初期阶段。与此同时，中、西部地区的人均GDP分别为525美元、490美元，尚处于钱纳里模型的工业化初期阶段。其中的一些省份如贵州、甘肃等，按美元计算的人均GDP低于280美元，尚处于初级品生产阶段。

从结构数值看，中、西部地区农业产值占GDP比重分别比东部地区高出13.3个和6.8个百分点，农业劳动力占总劳动力比重分别比东部地区高出11.3个和12.5个百分点，城市化水平则分别比中部地区低5个和10个百分点。这些数据表明，我国东、中、西部三大地带在经济发展阶段上存在着明显的差异性，在东部地区已进入工业化中后期阶段的情况下，中、西部地区的多数省份尚处于工业化的初级阶段。

我国经济发展阶段的这种空间差异对要素使用的影响表现在：东部一些地区已处入波特意义上的由要素驱动向投资驱动转变阶段，个别行业（如家用电器）和地区（如上海）可能已经完成了这种转变，而中、西部地区的要素驱动阶段域性特点，恰如库兹涅茨所说过的那样，大国不同地区往往处于几个不同的发展阶段，而这一点对于我国国际直接投资效应差异和国际直接投资选择多元化具有的决定性意义。

二、经济发展阶段与国际直接投资流入

自从工业革命以来，世界上发生的三次大规模资本流动浪潮，每一次对各国经济产生的巨大影响。而如何利用这种机会，对于我国加速发展至关重要。

第一次浪潮发生在1870年至1914年间。主要资本输出国是英、法、德三国。北美、拉美和澳大利亚是英资的主要输入国，流入资本以证券投资为主，基本用于开发性融资。东欧、北欧、中东和非洲是德、法资本主要输出对象，

流入资本主要用于弥补有关国家的财政缺口。北美是当时资本输出的最主要方向。这次资本流动的结果是世界经济重心从欧洲向北美转移。这一时期资本流动的突出特点是规模大，持续时间长。英、法、德资本输出占其国内生产总值的比例平均 3.3%，英国平均为 5%。从相对规模看，第一次浪潮至今仍是世界史上最大的一次资本输出。此次浪潮以第一次世界大战的爆发而告结束。作者进一步写道，人、钱、从欧洲流向辽阔肥沃且富有矿产的海外大陆，……这一时期经济中贸易和实际收入的增长取决于资本和劳动力以前所未有的规模进行国际再分配。在到 1913 年为止的一个世纪里，约有 90 ~ 100 亿英镑投资到国外，4500 ~ 4600 万人移居海外，这种资本和人口从比较丰富的地区流动到相对稀缺地区，是国际经济扩张的必要条件。[①]

1918 年至 1930 年为第二次浪潮。资本流动的特点是美国取代英国成为最大的资本输出国。美国持有的国外资产从 1919 年的 65 亿美元增加到 1929 年的 148 亿美元。美国成为拉美和欧洲债券的主要购买者，而英国则将其资本输出集中于殖民地。第二次浪潮以 1929 年华尔街股市崩溃而告结束。此后由于美国 30 年代大萧条，第二次世界大战以及五六十年代民族主义国家独立后多采取相对封闭的战略，新的资本流动浪潮难以形成。

第三次浪潮发生在 70 年代初到 80 年代初，70 年代初，世界对外直接投资总额仅仅超过 13 亿特别提款权，到 1981 年达到 43 亿，1987 年达到 1，000 亿特别提款权，主要投资者是美国、英国、日本、德国、法国和和荷兰，如包括其他形式的国际资产，其资本流动总量十分可观。

在这三次浪潮中，尽管中国有不少有识之士已意识到国际资本（包括直间接资本）是中国“振兴实业”的可借鉴资源，是“师夷”的一种途径，但由于历史的原因，这些机会并没有为我所用（曹均伟，1996；金中夏，1998）。

第四次浪潮则从 90 年代初开始，其规模大大超过了第二、第三次，。其资本外流额占资本输出国国内生产总值 2.6%；其中 40% 流向亚洲，30% 流向拉美，直接投资占 40% 以上。形成第四次浪潮最重要原因是发达国家和发展

① 肯伍德等：《国际经济的成长：1820 ~ 1990》，经济科学出版社 1996 年版。

中国家金融市场不断开放和对资本流动管制不断放松、跨国公司以资源最佳配置为目标的国际生产规模扩大，从而使国际直接投资流动规模扩大。据估计，我国在第四次浪潮中（1990 ~ 1997）吸收国际直接投资总额为2200亿美元，仅1995年一年，我国吸收到的国际直接投资约占流向东亚、南亚和东南亚总投资的58%。到1999年2月底，全国共批准外商投资企业26842个，合同外资金额5780.36亿美元，实际使用外资金额716.61亿美元。我国已成为推动亚洲国际直接投资繁荣的主要推动力量。[①]

国际直接投资究竟对中国经济产生了什么作用？根据有关研究，国际直接投资对中国经济已经产生了不可估量的影响。

（1）计量经济分析表明，国际直接投资与中国经济呈正相关关系，上一年度国际直接投资增长1%，将导致下一年度GDP增长0.635%；

（2）除了对经济增长产生明显的作用外，成功的外资企业对国内企业产生了明显的示范效应，这些效应推动了中国经济进一步向市场经济过渡，并有助于加强了中国产品和企业在世界市场上的竞争力；

（3）国际直接投资推动了中国的技术进步，在这一方面国际直接投资的贡献远远低于理想水平；然而在管理方面国际直接投资的促进作用则十分明显；

（4）国际直接投资进入之后产生了明显的就业效应，并对我国的国际收支产生了积极作用（Chen and Chang, 1995）。

显然，国际直接投资对我国经济的推动作用主要体现在短期增长效应，在长期增长效应方面，诸如技术创新、产业升级等方面，效果则并不明显。但是，如何解释在较短的历史时期形成如此规模的国际直接投资流入？因素是多方面的，从国际直接投资与对应的吸收外资的能力结构角度来看，我国之所以在短时期内上升为国际直接投资流入大国，原因与我国经济发展阶段和国际经济环境有密切关系。

首先，正如前面指出，从90年代起我国面临着第四次国际资本流动浪潮的兴起。从更广阔的角度看，世界经济正面临深刻影响各国经济的四大趋势，即世界经济的全球化，世界经济的信息化，世界经济的市场化和世界经济的

① UNCTC：《1996年世界投资报告》。

一体化。我国自从改革开放以来的经济领域所发生的各种重大变化，与这四大主流趋势是吻合协调的，从而从根本上加深了与世界市场、包括国际资本市场的融合程度；而第四次国际资本流动浪潮又以大规模的直接投资为主体，这与我国近期内对外开放政策形成直接的对应关系。

其次，我国经济发展阶段多元化特征，使我国对类型各异的直接投资产生各自适应的吸收能力。就此而言，经济发展阶段的多元性创造了比发展阶段单一的国家更大的国际直接投资吸收能力。根据我们前面对发展阶段及结构特征可得知，发展阶段低的要素结构和产业结构，适宜于周边国家和地区寻求我国廉价要素的中小资本；而处于较高发展阶段的地区的要素和产业结构，则会产生具有熟练劳动力、企业家才能等内含的能力结构，从而对跨国公司的直接投资项目有吸收能力；而我国一些人力资本密集，具有较强技术创新能力的中心城市，有能力吸引研究开发型的国际直接投资。进入庞大的中国市场，进行针对性的技术开发，同时尚可利用中国高质量、价格低廉的人才资源，这并不悖于跨国公司利益。

第三，我国所处的经济发展阶段本身显示了在我国中长期内，仍会产生大量的外国直接投资的需求。这里必须注意的一个观点就是，从我国的高储蓄率否定我国存在储蓄缺口，进而否定了我国对国际直接投资的长期需求。然而，同样值得注意的一个经济现象就是，我国一方面有较高的储蓄率，另一方面与之相对应的是大量的剩余劳动人口，这种特殊的二元结构现象使得我们必须对高储蓄率要作具体分析。事实上，大多剩余劳动力存在表明我国宏观经济一直处于非充分就业状态，从这种状态到充分就业条件下储蓄缺口的消除需要有一漫长、艰难的结构调整过程，在这种状况下充分利用外资，是缓解结构长期失衡的重要途径。目前在我国投入的外资数量，仅仅能带动部分沿海地区的经济进入国际产业的轨道，只形成15%的工业生产能力，解决约8%的就业人口问题。据估算，中国沿海地区已经具备投资环境的外资吸收能力已达到2000亿美元以上，但到本世纪末可能进入这些地区的外资至多是1000亿美元。[1] 仅处于相对较高发展阶段的我国东部沿海地区对外资有

① 黄仁伟等：《美国大公司对华投资的意图及模式分析》，《世界经济研究》1998年第1期。

大量需求，而且发展程度较低的中西部地区仍有大量国际直接投资需求。目前整个中西部吸引的外资仅占我国外资总数20%，从中西部幅员、人口和经济规模，至少应有50%进入我国的外资要投向这一地区。概言之，对国际直接投资的巨大需求，以及由这种需求背景之下产生的国际直接投资政策，是国际直接投资在较短期内大量流入的重要原因。

由此可见，经济发展阶段的多元性，既是产生对国际直接投资巨大需求的经济背景，又是在较短的历史时期吸引大量国际直接投资的结构性原因。而我国经济所面临的问题在于，从经济发展阶段多元性及结构性特征出发，尽可能使国际直接投资产生较大的增长效应，克服或减少其负面效应。

三、国际直接投资效应与中国经济

经济发展阶段的多元化，产生了多元化的国际直接投资预期目标。一般说来，处于劳动力推动的发展阶段，国际直接投资的目标的中心就是资本形成，以动员更多的农业劳动力进入工业化进程。这一目标又可分解为：（1）弥补国内资金不足；（2）创造更多就业机会；（3）引进先进的经营方式。劳动力—投资阶段对国际直接投资目标有所提升，这就是以技术进步和产业结构为中心，以借跨国公司开拓国际市场，促进经济进一步开放等目标。但是，当一个国家由于产业、区域经济发展的不平衡，二元结构的存在，经济一体化程度低，一国处于不同发展阶段就成为一种常态。在这种情况下，国际直接投资的目标就一个国家而言，就具有多重性。具体而言，国际直接投资既要作为一种资本来源推动工业化过程，又要作为新技术来源推动技术进步，同时还将作为东道国进入国际市场的借助手段。由于多重的国际直接投资目标，其一个直接后果就是很难以一个十分明确的国际直接投资模式，来统一有关国外直接投资的各项步骤，也很难以一统一的模式评价国际直接投资效应对中国经济的影响。从现有的各种调研报告和统计数据看，国际直接投资在我国经济生活中产生了一些引人注目的现象。这些现象有的仍属于国际直接投资成本与收益分析框架之内的问题，但由于我国的特殊国情，很多问题已超出在成本与收益的传统分析框架的范围。

1. 资本形成的质量不高，从总体上看，国际直接投资流入规模已不小，在我国社会固定资产总额中已占有一定比例，在个别地区，国际直接投资在全社会资本形成中贡献已较大。然而，资本形成的质量都不高，其中集中体现在资产负债率高、所有者权益负债率高两方面，很多三资企业负债总额已大大超过了50%资产负债率即负债警戒线。而目前，如按517个小类行业划分，我国“三资工业企业中资产负债率超过50%的有300多个行业，其中有20多个行业的资产负债率已超过80%，一般情况下，企业负债总额必须控制在自有资本规模的范围内，即所有者权益负债率不超过100%。而目前我国“三资”工业企业这一比率高达145.3%。[①] 也就是说，在相当多的行业中，“三资”工业企业自负盈亏的能力太小，因而严重影响着企业的稳定发展。这种情况表明，即使在合资初始资本到位率为百分之百，但在以后的经营过程中，资金来源主要依靠当地的储蓄。同时，也表明经营过程中存在极大的风险。

从地区分布看，国际直接投资在我国的资本形成的空间局面极不平衡。至今为止，我国广大的中西部地区仅占进入中国的国际直接投资的20%，因此，国际直接投资资本形成对我国影响始终局限在部分地区。由于国际直接投资高度集中在沿海地区，为了与外资进行配套投入，国内资金也大量投向沿海地区，这是导致近年内中国沿海与内地增长速度与收入差距拉大的重要原因。不仅如此，为了改善投资环境而向沿海地区基础设施投入大量资金，使内地与沿海的投资环境和“潜在增长能力”也呈现出差距拉大的趋势。[②]

那么，通过关联效应产生的间接资本效应又如何呢？这估算起来十分困难，因为几乎不可能得到国际直接投资在中国国内的采购比重。但是，如果国际直接投资主要以占领国内市场为主，其通过采购所产生的后向关联是以国内企业市场份额缩减为代价，即国内企业原有的产业关联被国际直接投资所替代，从而对国际直接投资的间接资本形成效应不应高估。据统计，“三资”企业产品出口率平均水平为38.18%，即62%左右在中国市场销售。[③]

2. 技术创新和技术进步效应不明显。从国际直接投资中获得技术创新和

---

① 王振中：《现阶段我国“三资”企业发展中存在的问题》，《改革》1998年第2期。
② UNCTC：《1996年世界投资报告》。
③ 王振中：《现阶段我国“三资”企业发展中存在的问题》，《改革》1998年第2期。

技术进步，是大多数发展国家引进国际直接投资、对直接投资开放的重要原因，也是我国开放初期引进国际直接投资的基本目的。从目前的情况看，国际直接投资在我国的技术贡献低于期望值。首先从技术先进程度看。由于大多数厂商和跨国公司以占领、开拓中国市场为目的，因此其产品和包含在产品中的技术、水平一般与国内市场的消费结构相配合，其技术先进程度和国际竞争力非常有限，国际直接投资产业分布对此也产生明显的影响。到1997年为止，三资企业工业主要集中在中国的轻工业（企业个数为69.6%，产值比重为60.17%），以食品加工、食品制造、饮料、纺织、服装、皮鞋、制革、洗涤剂等为主，这种行业性的结构制约了技术的先进性，而汽车、家电等产业，外资使用的只是中等技术或只是生产技术，没有开发研究和设计技术。[①]其次从现存的“三资”企业的技术创新能力看。一般而言，企业竞争力建立在两方面：一是创新能力，即对先进新产品、工艺、技术的研究能力，即时放弃或转移老技术，熊彼特用“创造性毁灭”来描述这一过程；一是生产能力，即把创新转换成产品并成功在世界市场上销售的能力。从企业看，创新是企业生产能力的基础，企业技术创新是其天经地义的职能；从产业看，创新是产业升级的前提；从国家看，创新构成了其竞争优势的基础。在市场竞争日趋激烈条件下，产品生命周期日益缩短，技术创新成为企业生存基础。但是，在我国“三资”企业中，平均研究开发费用仅占销售收入比重的0.4%。其中，合资为0.8%，外资为0.03%。应该说，这只是跨国公司的技术垄断行为的必然结果，跨国公司并不愿意东道国突破其技术依赖的局面。但是值得注意的是我国原有企业合资后的技术创新行为。跨国公司来我国投资，所带来的先进技术往往体现在产品和设备上，而不是企业的技术开发能力。其所选择的中方合资或合作对象很多是国内技术开发能力最强的企业。合资之后，大多数企业取消了技术开发，完全依靠跨国公司母公司的研究开发机构提供技术。从总体上看，这种趋势削弱了中国自主进行技术开发能力，形成了对国外技术的依赖。

3. 在一些行业中外企已形成一定程度的市场垄断倾向。据有关调查和研

① 陈炳才：《外商直接投资与中国技术进步的关系》，《国际贸易研究》1998年第1期。

究表明。从40个大类行业看，“三资”企业产品的市场占有率超过30%的行业有4个。从517个小类行业中，产品市场占有率达于30%，但低于或等于40%的有50个行业；产品市场占有率大于40%，但低于或等于50%的有26个行业；产品市场占有率大于50%，但低于或等于60%的有30个行业；产品市场占有率大于60%，但低于或等于70%的有10个行业；产品市场占有率大于70%，但低于或等于80%的有9个行业；产品市场占有率大于80，但低于或等90%的有7个行业；产品市场占有率大于90%，但低于或等于100%的有一个行业。在这些企业中，中方股权只达43.3%；在市场占有率超过50%约58个行业中，中资股权超过50%的只有9个行业。①在这一过程中，一方面受益最大的是外国资本和港澳台资本；另一方面是国内名牌消失，国内名牌产品的市场占有率的缩减。毫无疑问，只要向国际直接投资开放，市场竞争肯定会产生一个优胜劣汰的过程，产品市场占有份额不过是这一过程的必然结果。然而问题在于，这一过程是在中国市场上各类企业在不同竞争环境下发生的。为了引进技术、资金和管理，我们给予外资以“超国民待遇”，而国内企业则在国民待遇环境下生存和发展。其后果是，相当多的“三资”企业既没有投入大量的研究开发费用，也没有大量新产品和高技术产品的投入，但却相当容易地在国内市场占据了重要的地盘。这种不可忽略的一些问题之所以产生，在很大程度上可以归因于我国处于较低的发展阶段，且以环境、体制与政策（ESP）的一定调整作为引进国际直接投资主要措施。应该说，这是根源于低发展阶段而产生的利用外部资源的必然代价。

由此可见，前面对各发展阶段获得国际直接投资增长效应的各种约束条件，在我国都明显存在。

其一，在我国广大中西部地区，人力资本和生产结构协调能力的欠缺，导致我国中西部国际直接投资流入极慢，数量十分有限，从而在国际直接投资供给上不足以给予当地经济足够的推动力；

其二，由于我国经济的总体能力结构难以对跨国公司产生有力的制约作用，国际直接投资流入之后技术转移效应没有实现到一个最低满意度。一方

① 王振中：《现阶段我国“三资”企业发展中存在的问题》，《改革》1998年第2期。

面，对于资本的迫切需要，以及体制上原因，对国际直接投资技术要求没有作为进入我国的历史约束条件；另一方面，在现有的技术含量和技术层次上，其扩散和转移也不尽如人意。

其三，至今为止，进入我国大陆的国际直接投资仍以中小资本为主。这种状况导致了我国在技术适宜性方面不同于前面的相关讨论。从具体情况看，进入我国的国际直接投资技术以劳动密集型为主，而不是资本密集型或高科技含量高的国际直接投资项目为主。因此，我国所面临的不是技术与劳动力资源结合问题，而是设法引进国际直接投资先进技术，产生产业带动作用。

其四，一般而言，跨国公司的高级先进的技术转移是以东道国的产权或市场作为相对应的交换条件。换言之，市场的出让、产权份额的划分要以国际直接投资的技术性质为前提。由于我国经济发展阶段的多元性，资金短缺、技术与管理相对滞后等矛盾并存，这种状况给予跨国公司或海外资本在没有相对应权益出让就获得较大好处创造了机会。目前出现一些并非先进技术的产品或产业抢占我国较大市场份额就是这种情况真实写照。

上述这些情况发生的原因，根源在于我国处于双重二元结构变动的特殊历史时期。一方面是以经济结构上的二元性，另一方面由于体制也处于一个过渡时期，即市场体制和传统体制交织在一起。两种因素产生的一个共同问题就是市场扭曲程度较大。这样，尽管我国各地区发展极不平衡，分处于不同的经济发展阶段，但要素结构和部门结构的差异在很长时间没有通过市场信号显示出来；政策导向也没有把这种差异性体现出来。毫无疑问，在这样的环境条件之下，对于我国获得国际直接投资增长效应必然带来一些副作用，我国产业的可持续发展、技术的可持续发展和市场的可持续发展的目标很难顺利得以实现，最终会导致与外商在经济支配权冲突、技术方面冲突、人力资源和市场问题上冲突，这显然不利于我国在利用国际直接投资过程中达到比较优势增强的目标。

四、对我国国际直接投资模式调整的思考

以上表明，有必要对我国国际直接投资模式作些思考。首先要考虑的一个问题就是国际直接投资对我国经济究竟起到什么作用，对于这一问题，答

案是肯定的。跨国公司或国际直接投资对我国经济发展的作用，就是推动我国工业化进程。工业化，对于任何发展中大国的经济发展而言，都是一不可逾越的台阶，但每一国家又都期待缩短其发展过程。各国所不同的地方在于以什么样的方法缩短这一过程。大量的事实表明，通过引进国际直接投资，与跨国公司的合作，积极参与工业部门水平分工和垂直分工，是发展中国家加速工业化进程的有效途径。我国引进国际直接投资的经验也表明，总体上国际直接投资对我国工业化进程起到十分重要的作用。

其次，是要考虑我国如何从跨国公司或国际直接投资获得更大利益。就此问题有多种答案。从我们全文的分析，可得出这样的结论：随着我国经济自身实力增强，随着中国市场的成长，这种利益会有所增进。美国大跨国公司最近的策略可以证明这一点。根据黄仁伟等人研究[①]，美国大公司为了充分实现在华利益，采取了以下策略：

其一，在中国市场进行大批量的产品采购，使中国企业与美国公司发生紧密的利益关系。据设在深圳的IBM中国采购中心透露，1996年该公司在中国的产品采购量达到5.4亿美元，比1995年增加1.7倍；1997年比上年增加1倍以上，达到10亿美元左右。

其二，尽量利用在中国投资的企业、躲避中国的进口限制。在1992年以前，对美国公司的进口限制相当明显。1993年中美达成市场准入协议以后，对美国公司的进口限制有所减少。但是在服务业和信息产业方面，美国公司仍在努力通过增加当地生产来扩大销售份额。

其三，实行“人才本地化”的人力资本战略。中国在制造业方面比东南亚国家、甚至港台地区具有更多的高水准人才，这一点是中国可能比周边地区发展更快的重要条件。美国公司对此了解相当深刻，采取了一系列比欧洲、日本公司更有远见的做法，其中最重要的就是在其中国公司设立研究与开发中心，从而吸引了大量的中国的高级人才。

其四，与中国企业结成优势互补的战略联盟。美国公司要在短时期内迅速扩大其在中国市场份额，必须实行中美企业结盟。例如，英特尔公司与国

① 黄仁伟等：《美国大公司对华投资的意图及模式分析》，《世界经济研究》1998年第1期。

内第三大计算机生产商南京同创信息产业集团结盟，在1995年向中国用户推出奔腾电脑。在1996年两次降低奔腾机价格，很快成为中国电脑市场的最大供货商。

其五，以美国品牌取代中国名牌商标，扫清进入中国市场的竞争对手。例如P&G公司先后通过合资方式，控制了中国名牌“白猫”、“中意”等洗涤剂，代之以美国的“碧浪”“汰渍”，并且借机将中国老字号品牌的市场网络占为己有。由此可知，当美国公司在中国市场尚未站稳脚跟时，它们就尽量利用合作和联盟的方式来打开市场；一旦其产品被中国用户接受，美国公司就尽量取代中国品牌而自行其是。

其六，利用中国的优质廉价劳动力取得高额利润回报。一般来讲，美国的中小企业比较重视中国的劳动力成本低下，加上它们拥有的标准化技术，以此形成出口基地或占领中国本地市场。即使是美国大公司，也不能完全忽视中国的劳动力成本优势。中国劳动力价格仅是东盟国家的1/7至1/8；而汽车业流水线工人的月工资只相当于美国同等工人的日工资（按汇率计算）；高技术部门的科研人员工资也是其美国同行的5%～10%。因此，通用汽车、麦道飞机和摩托罗拉等美国大公司同样从大量使用中国雇员中获取丰厚的回报。

毫无疑问，美国跨国公司上述策略完全出于利己的动机。但是，上述策略的实施对于我国企业与经济会产生一定的增长效应：（1）扩大采购将增强国际直接投资与当地经济的后向关联；（2）实行人才本地化，将会产生较强的溢出效应；（3）与中国企业实行战略联盟，有益于中国企业生存和扩张；（4）利用廉价劳动力取得高回报，有利于扩大和吸引更多的投资；（5）研究与开发中心在我国设立，在一定程度是对我国科技实力的承认。很明显，上述正向效应在较低发展阶段很难实现（见第四章、第五章、第六章的分析）。固然，美国跨国公司出于竞争的需要，、但我国经济发展及潜在实力是促成策略实施的基本背景。

第三个必须考虑的问题是我国长期吸引国际直接投资的潜力。从总体上，我国仍处于邓宁国际直接投资阶段的第二阶段，仍处于完全的净资本流入阶段，我国人均国际直接投资利用水平仅为105美元（1995），而东亚地区高达840美元。1995年世界投资报告表明，我国仍属世界上具有较高利用国际直接投资潜力的国家之一。考虑到我国经济发展与体制改革的前景，以及所处的工业化的阶段，在今后很长时期，国际直接投资仍然是可利用的重要外部资源之一。

第四个考虑的因素是我国引进国际直接投资的优势和劣势。优势方面，主.要在于我国的市场规模。在确定同跨国公司形成什么样的合作关系时，一个国家市场的大小从多方面起关键性作用，利用本国市场作为一种重要的谈判筹码；或利用国内较大的市场规模扶植本国企业等就是明显的例子。总之，我国大国优势加上市场的成长性，是我国引进国际直接投资、并达到一定目的重要条件。但是，也要看到我国劳动力成本上升较快，要素禀赋正在发生的变化将不利于引进一些以我国资源和要素利用为目标的国际直接投资。

因此，我国总的发展阶段和经济环境将有利于引进国际直接投资，所面临的问题是如何选择一个适应新的条件的国际直接投资模式。准确地说，与我国经济增长方式相适应，我国引进国际直接投资一直处于一个粗放的阶段，其特征在于重数量，轻质量；重引进、轻管理；重数额、轻结构。在很长期间，无论是在理论上还是实践中，都可以看到“资本引进中心论”的深刻影响，双缺口模型是很多讨论国际直接投资的理论文章的基本出发点。应该指出，以资本流入为中心，有其合理性。从根本上看，我国仍处于与资本积累中心论相应的工业化初期阶段，开放以后的新一轮经济周期也产生了对资本的大量需求，加上80年代初期的普遍短缺现象，构成了这一特殊的历史背景。尽管当时许多官方文件明文强调引进国际直接投资的主要目的在于技术进步，但在实际之中并没有达到目的，周边地区和国家的成熟产业转移也是这种情况发生的外部环境因素。在这里，可以把这种国际直接投资运作模式称之为“资本缺口型国际直接投资模式”。

实际上，除了效率导向型、市场导向型的国际直接投资之外，对于东道国而言，其他国际直接投资形式对发展中国家都有明显的补缺的性质。日本经济学家田口信夫（1990）和美国经济学家斯特里顿（1979）都曾从国际直接投资功能的角度，把发展中国家，尤其是处于低发展阶段的东道国的国际直接投资流入形式概括为一种填补缺口型的国际直接投资模式，即引进国际直接投资弥补资金、外汇、管理、技术、市场渠道的缺口，然而，在粗放的国际直接投资引进过程中，资本往往成为了国际直接投资引进的基本目的和唯一内容。

从我们对劳动力推动阶段，劳动力——投资推动阶段的国际直接投资与东道国经济结构相关关系中可以得知：

（1）各国对国际直接投资的需求是随其要素禀赋状况变化而变化的；

（2)各国对国际直接投资的吸收能力也是随经济发展阶段推进而变化的;

（3）国际直接投资对东道国的增长效应及其他贡献是随东道国经济发展阶段升级而增长的。

因此，以资本缺口为引进国际直接投资基本目标只能是东道国某一发展阶段国际直接投资运动的显著特征。我国作为发展中大国，显然不应该把这一模式视为整个工业化时期的当然模式。

我国、其他发展中国家的利用外资的经验，以及对理论的分析，可得出这样的结论：随着东道国经济发展阶段一步一步地升级，对跨国公司的要求也必然相应地发生变化；跨国公司如果不能满足这种变化的要求，便无法在东道国长期站住脚。另一方面，跨国公司也有在战略上选择东道国的自由。从利益原则出发，跨国公司不会到市场机会少的东道国去投资。

我国从改革开放以来引进国际直接投资的历史也已经印证上述结论。我国作为一个发展中大国，有必要尽快地从一种资本缺口弥补型的国际直接投资模式转移到比较优势增强型的国际直接投资模式上来，我国的结构特征（诸如贸易结构等）和要素禀赋两个方面的变化显示了比较优势变动趋势。[①] 国际直接投资在我国经济发展中的历史作用就是有效地推动或增强比较优势，而不是削弱这一优势的升级趋势。在国际直接投资与我国经济的相互作用过程中，以保证我国产业、技术和市场的可持续性为目标的外资战略和政策体系，应当是一基本的前提。

在我国多元发展阶段的背景之下，按比较优势增强的国际直接投资模式的基本内含，对各类国际直接投资要作一复合式的选择：

其一，继续鼓励和规范中小型直接投资。至今为止，涌入我国的大多数

---

① 林毅夫等：《中国的奇迹：发展战略与经济改革》，上海三联书店 1994 年版。

国际直接投资为中小型直接投资。如何评价我种国外直接投资对中国的影响呢？目前不少观点认为，劳动密集型的、中小规模的直接投资不利于实现我国产业升级和国际竞争力提高，改变目前不利的现状的途径是限制其发展，同时，更多地吸引国际上大的跨国公司进入中国。但问题的关键在于，这一选择完全忽视了外国直接投资的性质上的特点及投资动因。总体上看，国外中小资本流入符合中国利用外资的目标，是利大于弊的。除了提供国内需要的资金和经营管理、减轻国内剩余劳动力压力以外，同大的跨国企业的对华投资相比，其优点还在于第一，由于投资项目及企业规模较小，它不足以形成对国内某行业的垄断性控制；第二，新兴工业化经济的这些转移产业原有的市场主要集中在北美和欧洲，因而这些转移到中国大陆来的三资企业主要是作为出口生产基地，利用中国的廉价劳动力等资源。这样，它们对国内市场的控制作用有限，而对出口贸易的推动力强。从根本上看，中小资本进入我国有利于我国现阶段把大量剩余劳动力动员到工业化过程中来。

其二，在一些国民经济领域对国际直接投资进入有所限制。究竟应当在哪些产业领域对国际直接投资有所限制呢？从增强比较优势角度，真正应该加以重点限制的外国直接投资的工业应是那些正处于生产率上升率高、收入需求弹性大，动态比较费用低，而目前又处于幼稚工业状态的国内先导和支柱性的产业。如航空等运输设备制造、微电子产业及其他一些对国民经济十分重要的基础产业（设备原材料企业）等和一些高科技产业。这些产业尽管目前缺乏技术，但是关系到国家经济独立和国际竞争力，应限制外商以独资或控股的方式进入。这些行业的发展，主要利用国内资金或间接的国外资金，保持国内资本对这些行业的绝对控制。所以，应当注意区分国内产业政策与外资投向政策的界限，放开对正形成充分竞争的行业的外商直接投资进入的限制；并尽可能严格控制外商直接投资对国内幼稚工业领域的进入，保证国家经济独立和国际经济竞争能力的培育；同时防止外商在这些领域形成垄断，在不完全竞争的市场或寡头垄断市场中要保证国内资本在企业中控股并占据行业主导地位。随着国内企业的成熟及上述行业逐渐成为竞争性市场结构，再逐步放开外商进入的限制。

其三，逐步改变国际直接投资“东重西轻”的格局，校正外商投资流向。

我国发展阶段差异是通过从东到西的区域差异体现出来的。从目前看，外商投资偏好仍集中于东部，严重制约了西部国际直接投资推动工业化的进程。因此，一方面需要国家对中西部实施产业优惠政策和产业投资综合补偿措施；另一方面，国家、地方都要加强中西部基础建设和人力资源的开发，加速中西部增长要素累积，逐步引致国际直接投资从东部向西部扩散。

其四，从我国的要素结构和产业结构多元化的现实出发，对国际直接投资的技术选择应当是具有多层次性。显然，劳动密集型的国际直接投资适宜于处于劳动力推动阶段的地区或产业，资本密集型或技术密集型的国际直接投资则符合我国一些地区或部门的能力结构。发展阶段的多元化需要有多层次技术含量的国际直接投资与之配合，从而使各发展阶段的区域或产业的各种要素相结合。在这种情况下，国际直接投资将有助于我国比较优势逐步升级。

对于我国这样一个发展中大国而言，国际直接投资是经济发展的外部资源，是外因。从根本而言，经济发展的首要动力只能在我国经济的内部结构变动中去找，而国际直接投资这一外部资源的增长效应的大小在很大程度上也取决于我国经济内部结构的优化。然而，强调内部因素并不等于否定外部因素的重要性。在关于我国经济发展与国际直接投资相互关系的问题上，笔者同意这一判断："在大多数情况下，使发展成为可能，正是内外因素的结合"（冈纳森，1986）。

第十一章　关于国际直接投资与中国经济发展关系的相关研究

早在20世纪70年代初期，我国著名经济学家滕维藻、陈荫枋教授等人就开始研究跨国公司问题。改革开放以来，我国学者开始关注FDI与我国经济发展的内在关系，形成了大量的研究成果。随着我国开放经济的发展，我国学者对这一问题的研究也日益深入。本章述评了我国学者2002年以后对FDI研究成果中的主要观点，涉及FDI与中国经济增长、FDI与市场结构、FDI与中国技术发展、FDI与中国的产业升级、FDI与中国的制度改进、FDI与国家安全、FDI与国际贸易、FDI与人力资本等方面问题，以供读者参考。

第一节　FDI对中国经济增长影响研究

国内学者研究FDI对东道国经济增长的影响，主要从FDI对中国经济增长产生什么样的影响及影响程度到底如何、决定FDI影响中国经济增长的主要因素是什么、对比FDI与国内投资促进经济增长有什么不同之处、FDI对中国经济增长影响与其他国家相比有什么差异、FDI对中国各区域经济增长的影响情况如何等方面进行。

一、FDI对中国经济增长影响的总体判断

近期研究FDI对中国经济增长影响的大部分学者从不同的角度或利用不同的方法都认为FDI已成为影响我国经济增长的一个重要经济变量，FDI有效地促进了中国经济增长。胡祖六（2004）认为FDI是解释二十年来中国经济增长奇迹的重要因素之一。杜江（2002）从FDI推动消费需求、资本形成

和对外贸易这些有效需求的经济理论出发，建立一个 FDI 影响中国宏观经济的计量联立方程模型，认为 FDI 推动了中国经济的发展，对中国宏观经济产生了积极影响。陈浪南、陈景煌（2002）从总供给的角度出发，分析认为 FDI 的存量增长率与 GDP 增长率存在线性关系，1982 ~ 1991 年 FDI 对中国经济增长率的年均贡献度较低；1992 年以后，年均贡献度较以前增加了 3 ~ 5 倍。萧政、沈艳（2002）在假定 FDI 与 GDP 之间的互动关系，并在实证了这一假定的基础上认为，从长期来看 FDI 使 GDP 增长的速度更快。田梦飞（2005）使用 OLS 法进行 FDI 对中国经济增长的影响分析，在进行数据平稳性检验的基础上，运用科克伦—奥克特方法纠正了可能存在的虚假回归现象，分析结果认为 FDI 对中国经济增长产生了积极的影响。任永菊（2003）、杨海燕（2005）、薄文广（2005）、王晶、余为政（2006）等采用协整分析和 Granger 因果关系检验进行实证研究，认为 FDI 与中国经济增长之间存在稳定的正向均衡效应以及单向因果关系，FDI 的增长是 GDP 增长的 Granger 原因，即 FDI 对中国经济增长产生了积极的影响。

二、FDI 对中国经济增长的实证影响程度

国内学者在通过实证方法分析 FDI 对中国经济增长的影响时，所选择的实证资料都比较集中在改革开放后的 30 年里，所使用的方法有所差异，实证所得到的具体影响程度有较大差异，最高的接近 20%，最低只有 2%（如表 11.1-1 所示）。

表 11.1-1 国内部分学者实证 FDI 对中国经济增长影响的程度

研究学者及时间	研究方法及资料对象	研究学者影响程度描述
杜江 (2002)	根据中国国民收入水平的恒等式设计联立方程计量模型，利用 1984 年至 1998 年的全国数据资料。	FDI 每增加 1 美元，中国 GDP 增加约 67.355 元人民币，消费可以增加约 33.476 元人民币。

研究学者及时间	研究方法及资料对象	研究学者影响程度描述
萧政、沈艳(2002)	假定FDI与GDP之间的互动关系，建立循环式模型结构，运用三阶段最小二乘法，利用1979年至2000年的全国数据资料。	FDI每增加一个百分点会使GDP在当年增加0.0485个百分点，但从长期看，最终将导致GDP增长5.4479个百分点。相应地，GDP每增加一个百分点会使FDI短期增加2.117个百分点，10年后将使FDI增长34.4497个百分点。
余永定(2004)	——	在20世纪90年代FDI通过全要素生产率的提高对中国GDP增长贡献占到了2～2.5个百分点。
王兰(2004)	采用变形的Solow Swan生产函数建立计量模型，利用1991年至2002年的全国数据。	外国直接投资对中国经济增长的贡献率平均为6%。
江锦凡(2004)	根据Solow增长模型，考虑长期使要素生产率增加的外部因素，利用中国1978年至1999年的统计数据。	中国GDP每增长一个百分点，就有19.3%是由外国直接投资贡献的。
张天顶(2005)	根据Borro和Sala I Martin（1995）关于物质资本和人力资本且规模报酬不变生产函数建立计量模型，利用28个省区市1984年至2002年的数据资料。	FDI对中国经济增长的弹性系数约为0.02～0.03，即FDI每增长1%则带来经济增长约0.02%～0.03%。
张桂香(2005)	根据协整理论，建立误差修正模型，利用1985年至2003年的全国数据资料。	FDI增长1%，将相应地推动中国国内生产总值增长0.0921%。
王晶、余为政(2006)	根据协整检验和因果关系检验等方法，建立计量模型，利用我国**1983**年至**2004**年**FDI**与**GDP**数据。	在其他条件不变的情况下，**FDI**每增加**1%**，就推动**GDP**增长**0.14%**。

三、FDI影响中国经济增长的决定因素

这一研究主要围绕着古典增长模型和新增长模型中所涉及的增长要素而进行。

沿着古典经济增长理论的模型，利用FDI对经济增长的影响首先在于FDI是资本积累的重要来源之一，而FDI对东道国资本积累的效果取决于FDI

是否对国内投资形成挤出效应。国内学者采用不同的方法，研究的结论在挤出效应方面大致相同，而在挤入效应方面大相径庭。王志鹏、李子奈（2004）在修正相对挤入挤出模型存在不严谨之处的基础上，构建了FDI对国内投资的绝对挤入挤出模型，认为在全国范围内，FDI对国内投资的挤入挤出效应都不显著，即FDI增加了中国的资本积累，也就促进了中国经济增长。张天顶（2005）根据总量生产函数，采用Panel Data模型，利用中国28个省区市1984年至2002年的资料，实证研究认为FDI与中国国内资本形成之间存在互补性，FDI每增长1%，会带动约0.204%的中国国内资本形成的增加，FDI没有挤出中国国内资本的形成。

沿着新增长理论，FDI对东道国经济增长的影响取决于FDI各方面的溢出效应。学者们研究所得到的结论比较一致，FDI各方面的溢出效应有效地促进了中国经济的增长。程惠芳（2002）根据内生经济增长理论分析认为，FDI流入增长对我国经济增长和全要素生产率增长具有明显促进作用，其原因与FDI流入规模和我国的人力资本水平有关。王成岐等（2002）运用计量模型考察了影响中国引入FDI与经济增长之间相关关系的诸多因素，认为在经济发达地区，FDI对经济增长的影响更强烈；企业间的竞争最为激烈时，FDI对于经济增长的作用能够得到最大程度的实现。余永定（2004）认为FDI通过资本积累和全要素生产率对经济增长产生影响，而对于中国资本积累的贡献是有限的，全要素生产率的贡献是比较高的，即FDI快速提高了中国的全要素生产率而有效促进了中国经济增长。王志鹏、李子奈（2004）构建了考虑FDI外溢效应的准内生经济增长模型，根据我国1982年至2001年29个省份的经验数据实证研究表明东道国的长期经济增长取决于FDI与国内资本的比例以及人力资本的最低门槛。谢兴龙等（2005）在对比分析的基础上认为只有培养出卓越的人力资本，增加吸收能力，提高科学技术的创新能力，才能充分利用FDI的外部性和溢出效应，促进经济的可持续发展。赵福厚（2006）认为FDI对东道国的经济增长具有做出贡献的能力，这一能力因投资国与东道国或经济区域生产函数的不同而贡献的程度不同。李新安（2006）通过构建FDI集聚效应的内生生产函数模型，表明FDI的集聚效应不仅通过要素投入数量的集聚，而且通过要素质量和效率增进强烈地影响经济增长，在经济发达地区，FDI的集聚效应对经济增长的影响更为强烈。

四、FDI 与国内投资促进经济增长的比较

基于 FDI 是“综合的要素”，能形成对增长要素的一系列外溢作用，有效促进东道国经济增长，因此在比较 FDI 与国内投资促进经济增长的研究中基本都认为在促进经济增长方面 FDI 比国内投资更有效。

胡祖六（2004）指出中国引进 FDI 相对于国内总投资而言，绝对额不是那样出色，却起到了“四两拨千斤”的作用。赖明勇等（2002）运用协整分析和误差修正模型研究了 FDI 和国内投资的效应，在研究表明 FDI 和国内投资都具有显著经济增长效应的基础上，认为两者促进经济增长的作用机理却不同，FDI 主要通过技术进步效应来促进我国经济增长，而国内投资主要通过资本积累效应促进我国经济增长。张桂香（2005）通过实证分析也有相似的结论，认为虽然整体上看中国 FDI 推动经济增长的作用比总体投资的推动作用要小很多，但 FDI 对经济增长的推动作用是高效的。

五、FDI 对中国经济增长的影响与其他国家比较

在研究 FDI 对中国经济增长影响的横向比较中，主要集中在与印度的比较研究上，研究结论主要认为中国通过吸收 FDI 促进经济增长的模式不如印度的模式更有利于经济增长，印度吸收的 FDI 促进经济增长的效率更高。

谢兴龙等（2005）采用线性及线性变换回归模型，考察了中国、印度和巴西 3 个经济转型国家的 FDI 对经济增长的作用，认为 FDI 对经济增长的作用和影响从大到小的顺序是中国、印度和巴西，而在单位 FDI 对经济增长作用的排序中是印度、中国和巴西。王菲、李庆利（2005）通过比较中国与印度吸收 FDI 的经济增长路径，认为中国经济高速增长的背后遵循着“FDI——出口增长——经济增长”这样一条非持续发展的逻辑主线，而“印度模式”注重自生能力的方式，更加有利于经济稳定、持续发展。李大伟等（2006）从规模、结构等多个角度对中国和印度利用 FDI 的绩效进行比较分析，认为虽然 FDI 对中国经济增长的拉动作用高于印度，但印度的 FDI 利用效率高于中国。尹翔和王英（2006）利用计量经济学的基本方法分析中国与印度 FDI 和 GDP 之间的关系也得到了相似的结论，认为尽管中国规模巨大的

FDI（印度的10倍以上）对于中国经济增长的推动有积极作用，但是印度数量极少的FDI也能高效地作用于印度经济增长。

六、FDI对中国各区域经济增长的影响

以国内不同经济区域为背景的FDI对经济增长影响的研究主要是基于FDI的区域分布与区域经济增长水平的关系，集中研究了FDI对国内区域经济增长差异的影响以及FDI对区域经济增长影响程度的差异，所得到的研究结果基本都认为FDI是造成中国区域经济发展不平衡的重要原因，且FDI对区域经济增长的影响程度存在较大差异。

钟昌标（2000）选用30个省份1988年至1998年的数据，研究FDI对GDP的贡献，认为外资对GDP增长率的贡献从沿海地区到中、西部地区由强转弱。李萍、李未无（2002）根据柯布—道格拉斯生产函数，利用1984年至1996年东、西部各省的存量数据，分析认为中国区域经济增长与FDI有着很强的正相关关系，东部地区外资对经济增长的直接贡献率为25.1%，西部地区外资对经济增长的贡献率为12.6%。魏后凯（2002）以国内区域经济发展呈现出的典型二元结构与外商投资分布的不平衡为基础，研究认为两者之间存在密切相关，东部地区与西部地区之间GDP增长率的差异大约有90%是由外商投资引起的。李具恒（2004）根据武剑（2002）的各地区FDI投资效率的不同，分析认为FDI对中国经济增长的贡献呈“东高西低”的基本格局。杜江等（2004）建立以东中西地区的FDI为解释变量和以各区域GDP为被解释变量的计量经济模型，实证分析认为每1元的FDI可以使东部、中部和西部地区的GDP分别增加13.44元、52.72元、57.03元，并从FDI的产出弹性中认为东部的FDI每增加1%，东部的国内生产总值就会增加0.54%，而中西部的FDI每增加1%，对应的国内生产总值仅仅分别增加0.379%和0.366%。

第二节　FDI与中国市场结构理论的研究

随着外商直接投资在我国的增多，跨国公司在中国大量投资，是否会产生垄断，从而损害国内生产者和国内消费者的利益这一问题引起了学者

的关注。前期研究主要是关于跨国公司进入和民族产业安全的。近年来，随着新产业组织理论、计量经济学、企业能力理论等的发展，我国学者对该问题的研究角度也日益丰富起来。

一、采用博弈论的方法进行研究

采用博弈论的方法，引入新的变量或运用博弈模型分析跨国公司和国内企业之间的竞争。如蒋殿春引入沉没成本这一变量，认为跨国公司在东道国的资产的沉没成本性质决定了它在当地市场特定的竞争态势，后者又影响潜在竞争对手的利润期望——由此决定了当地市场进入壁垒的高低；还论证了沉没成本的存在，使它在 t=1 时段保持一种竞争态势，不轻易改变现有产量，使跨国公司具有一种"先行者优势"。国内学者邱立成、洪涌 (2003) 和臧旭恒、张宏 (2005) 运用完全信息静态条件的一阶段古诺模型分析了跨国公司和国内企业之间的产量竞争对我国市场结构的影响。易小佳等（2006）从市场集中度的角度，运用斯坦尔伯格 (Stackelberg) 动态博弈模型，分析跨国公司与国内企业的产量竞争对我国市场结构的影响以及我国市场结构的动态演变，结果表明：跨国公司与国内企业的市场竞争将提高我国的市场集中度，导致原来集中度较低的市场形成寡头垄断的市场结构，原来集中度较高的市场形成完全垄断的市场结构。博弈论方法的运用能使对市场结构的分析进入动态框架，进一步解决前面所提到的时间转折点和稳定态势的问题。

二、对市场结构的具体因素展开分析

实证已经表明，在不同的东道国，外国直接投资的市场结构效应存在差异。要分析这种差异产生的原因，就必须关注外国直接投资对东道国市场结构影响的因素。姜睿（2006）就投资方与东道国因素进行了分析，其中投资方因素包括外国直接投资的产业特点、进入方式以及进入阶段，东道国因素包括东道国的初始市场结构和市场容量大小。认为如果外国直接投资区域化产业，相对来说，外国直接投资对东道国市场结构的影响不大，因为在区域化产业或者说本土化产业中，东道国企业拥有更多信息和更便利的政策与条件；而如果外国直接投资的是国际化的产业，外资企业无论是在管理方面还是在资源配置、技术水平方面都具有绝对优势，一旦外资企业进入这些产业，很容易在东道国市场上占据重要地位，对东道国市场结构产生影响，在东道国形成“主导厂商型的寡占市场结构”和“二元经济结构”。而在市场需求规模有限的一些国家，因为东道国市场容量还不足以支撑一个达到规模经济的外国直接投资企业，这将极大地限制外资企业竞争优势的发挥，从而减缓市场集中度提高的速度。还有学者将进入壁垒进行细分，分析了直接投资进入情况下结构性壁垒中的绝对成本差异壁垒、规模经济壁垒、产品差异壁垒、资本需要壁垒和行为性壁垒中的阻止进入定价、过度生产能力安排、产品扩散、广告等在理论上的意义和变化。认为跨国公司在进入时不进行交叉补贴，拥有的特定优势（产品差异、质量差异、营销方式差异）也完全能抵消跨国公司进入后仍可能存在的成本劣势。因素分析法能够突出影响的重要方面，并且还能为各因素的进一步量化分析奠定基础；而对产业市场集中度则以双向因果关系的研究居多。

三、扩展传统 FDI 与市场结构中的主体关系

一直以来，研究跨国公司和当地企业之间的关系为最多。金莹（2005）将传统的关系扩展到跨国公司、国内企业、东道国政府三个主题以及它们之间的五种关系（跨国公司和当地企业之间的关系；本国企业与东道国政府之间的关系；跨国公司与东道国政府的相互抉择；跨国公司之间内部的竞争与合作；本国企业内部之间的竞争与合作）来分析市场结构的影响。除了跨国公司和本国企业的关系之外，国家在选择不同的跨国公司，跨国公司也同样选择不同的国家。不同的跨国公司有独立的利益，在中国市场上主要是竞争而不是合作关系，因而有多国跨国公司存在的行业是竞争性市场而非垄断性市场。至于本国企业之间，难以避免形成竞争关系，而又由于面对共同的对手，因而也存在合作关系。这一方法使得相互影响关系更为清晰，尤其是将政府纳入分析框架（过去仅从政策壁垒进行分析），较符合当前发展中国家的现实，在 FDI 的引入中，政府的政策导向意义重大。在该分析思路下，郑迎飞、陈宏民（2006）通过一个开放经济条件下的 NashCournot 模型，研究了企业个体愿望与政府意志产生分歧的范围，在这一范围内，短期政

府可以在审批程序中实施否决权来规制外资并购行为，申请以及调整关税来直接或间接甄选外资并购。短期，政府通过审批程序干预外资并购。结论表明，当整合的两家企业效率差别较大或固定成本比重高时，一家跨国公司同时并购多家国内企业，并将所并购企业整合的动机更强，而促进国内政府支持这种更为集中的市场结构的条件包括低效率企业的市场份额小于国内企业的平均市场份额；固定成本比重高；本国在该行业为净出口国。在长期政府可以通过调整贸易政策来进行干预，以提高外资并购之后的本国社会福利。还研究了早期进入的跨国公司继续并购国内企业和首次进入国内市场的跨国公司并购国内企业的效果区别，从而为国内政府如何以国内社会福利最大化为标准甄选外资提供思路。

四、从新的市场效率角度进行分析

一是从有效竞争来理解市场竞争问题。对于跨国公司进入而引起的与国内企业之间的竞争，国内有两种典型的看法，一种认为随着跨国公司之间和跨国公司与我国企业之间竞争的加剧，我国形成了竞争性的市场结构。虽然外商投资企业总体上占有较高份额，但若这个份额是由多家来自不同母公司的企业分享，就应该视为竞争性的市场而不是垄断性的市场（江小涓，2002)。另一种认为这种竞争是建立在高度市场集中基础上的寡头竞争（张纪康，1999)。而近来的研究不是单纯地看竞争的程度，而是将有效竞争作为我国市场结构优化模式的思想。这为引进外资提出了新的问题：如何将反对垄断与发展规模经济结合起来；如何将促进竞争与防止竞争过度结合起来。二是把结构内生性理论和SCP范式相结合。李伟（2005）把结构内生性理论和SCP范式相结合作为基本分析框架，从基于效率效应的结构效应的角度分析了跨国公司进入对中国产业组织的影响，这弥补了前面所提到的产业组织理论市场结构外生性的缺陷。作者从该角度得出跨国公司的并购对目前的中国市场具有很高的效率效应的结论。

五、从社会福利效应角度看FDI对市场结构的影响

张亚斌、黄苹（2006）基于威廉姆森福利权衡利弊模型，运用数理分

析方法证明：在跨国并购条件下（税率既定），如果跨国公司给东道国产业带来先进技术，其边际成本低于一定的“临界点”，那么所产生的福利效应能弥补社会福利的损失。反之，会导致社会福利损失。在边际成本既定时，政府的税率具有调节福利效应的作用。郑迎飞、陈宏民（2006）则论证了政府可以通过调整贸易政策来进行干预，以提高外资并购之后的本国社会福利。结论表明，当国内企业在数量和市场份额上都占有绝对优势，以及低效率企业市场份额较小时，小幅度提高贸易成本可以增加整合情况下的国内社会福利，而小幅度降低贸易成本可以增加分开情况下的国内社会福利。如果大幅度调整贸易政策，可能改变企业的并购策略。当高效率企业具有明显的效率优势，降低税率可能阻止企业整合；高效率企业不具有明显的效率优势，降低税率将促进企业整合。

六、从不同的行业、地区和所有制进行分析

实证中倾向于从不同的行业、地区和所有制进行分析，更具具体性、可操作性。跨国公司对中国国内企业的影响主要是通过溢出效应和竞争效应，可以提高东道国的技术和生产效率水平。张海洋和刘海运通过研究（2004）认为外资对不同所有制企业的溢出效应和竞争效应是不同的。对国有企业，外资有不显著的正向溢出效应和显著的负向竞争效应；对国有控股企业，外资有不显著的正向溢出效应和显著的正向竞争效应；对集体企业，外资有显著的正的溢出效应和不显著的负的竞争效应；民营企业有显著的正的溢出效应和竞争效应。而在对行业所进行的分析中，主要集中在汽车业、零售业、日化产品、银行业等，因为这几个行业规模效应显著，分析结果较为明显，在这些行业外资占有率较高，而且在外资进入后通常都提高了这些行业的进入壁垒。在理论使用上主要也是从市场集中度、进入壁垒、规模效应这几个产业组织理论中常见的指标进行分析。在地区上主要是从行政区域角度进行的，其中以东部沿海地区居多，这是因为这些地区所吸引的 FDI 较多，能够较为全面地进行研究。杨玲雅在《外商直接投资对福建省市场结构的影响分析》（2005）一文中，分析得出跨国公司进入后凭借其强大的实力，迅速成为行业中的“主导厂商”，抢占绝大部

分的市场份额，部分行业的市场集中度呈现中快速提高的趋势，产品差别化程度不断加大，进入壁垒迅速提高，从而在外商投资较多的行业中形成“二元市场结构”。

第三节　关于FDI与国家经济安全的研究

在研究方法上，早期研究以定性研究和统计分析为主，随着我国学者对前沿理论和前沿方法日益熟练的理解和掌握，近年来的研究成果越来越多地采用了建立模型进行计量分析的实证研究方法，对经济变量之间的因果分析越来越深入，得出的结论也更为深刻。例如，评价经济安全的指标体系更为系统和全面，分层细化的各级指标更具可操作性（朱钟棣、孙瑞华，2006）。又如前文提到的资本外逃问题，新的经验检验结果表明“中国资本外逃未显示出对GDP实际增长指数显著的副作用”（贺力平、张艳花，2004），一个作为“过渡性资本外逃理论框架的一个雏形”的博弈模型对过渡性资本外逃的机制进行分析，“从理论上演绎了我国企业在国内投资和过渡性资本外逃之间以及政府对于内外资税率进行最优选择的决策机制”（牛晓健、郑祖玄，2005）。下面将对FDI与宏观经济安全及产业安全等方面的最新研究进展和发展方向进行综述。

一、FDI与宏观经济安全

评价FDI对宏观经济的影响应当以分析FDI是否促进了我国的经济增长为基础。FDI对发展中国家经济增长的作用微妙而复杂，具体地，就“FDI通过什么样的机制和渠道促进发展中国家的经济增长和技术进步”这一问题，国际和国内学者的研究尚未能够得出一个明确的结论（代谦、别朝霞，2006）。目前从各个角度展开的计量分析获得了一些有价值的实证结果。从人力资本角度研究FDI增长效应的结果表明发展中国家的人力资本积累、自身技术能力或竞争能力的提升是获得FDI的正面效应的必要条件（代谦、别朝霞，2006），该研究的创新之处是在吸收国外理论的基础之上建立了一个内生增长模型的理论分析框架。

FDI 的正的溢出效应反过来也能够促进东道国的人力资本积累，但最终能否促进东道国经济增长需要确定 FDI 是否对国内资本具有挤出效应，FDI 挤出效应主要发生在某些产业或行业内。采用 VAR 模型的分析结果表明我国“在特定时间某些产业内存在相对挤出的可能”，“而这种挤出效应是否具有趋势性还有待进一步分析”（王永齐，2005）。以实证方法检验行业增长因素对 FDI 溢出效应影响的研究表明，在我国企业出口水平较高的行业中，FDI 的不断进入已经开始产生挤出效应，但不能简单地认为应该限制 FDI 的进入，需要做进一步的政策研究（陈涛涛、陈娇，2006）。借助博弈模型的微观研究分析了在内资企业面临融资约束的前提下，FDI 对国内投资挤出效应的发生机制（袁锦，2006）。

FDI 对我国国际收支的不利影响日益突出。FDI 首先形成资本项目顺差，随后形成加工贸易顺差，将会一直累积人民币升值压力，可能造成对中国经济发展甚至“无法估量”的破坏力（王允贵，2003）。“按照 1997 年到 2002 年的 FDI 流动、利润回流以及进出口等行为，FDI 对中国国际收支的净效应将一直为顺差，并且顺差规模会越来越大”（姚枝仲、何帆，2004）。中国在资本项目和经常项目同时出现顺差的不平衡现象自 1990 年开始已有 13 年，被称为“双顺差”现象。“双顺差的国际收支格局是不合理的”，因为资本项目的顺差应当用于购买外国的资本品、技术和管理经验，从而转化为经常项目的逆差，但中国充足的国内储蓄否定了这一过程，持续的双顺差造成了外汇储备的持续增长，“中国经济将受到美国经济调整的严重冲击”（余永定，2006）。双顺差对中国的负面影响，在长期主要是一个资源配置不当的问题，中国的 FDI 和出口导向战略因而显现为一种不可持续的不平衡发展战略（余永定，2004）。中国的双顺差是中国的结构性失衡，不是宏观经济政策所能解决的，目前的全球经济的不平衡状态给了中国进行调整的机会和时间（余永定，2006）。

二、FDI 与产业安全

《财经界》发表于 2006 年第 9 期的一组文章探讨我国产业安全问题，主要担心 FDI 引起的地区失衡和产业失衡，集中于国际分工价值链低端的 FDI 投向不利于长期的产业发展安全。纺织产业的出口产品中外资品牌控制率为

98%（李孟刚，2006）。大规模的外资涌入对包括装备制造业、汽车制造业、商业流通行业在内的支柱产业形成了全面的资本和技术控制的格局，这很可能引起我国对核心产业和效应的核心技术丧失控制力，近来出现的跨国公司恶意收购“导致了大量的产业安全事件”，但我们要以动态发展的态度来解决产业安全问题，要防止新闭关锁国论（纪宝成，2006）。尽管中国现在的产业安全形势并不严重，但中国各个层面对待外资兼并的欢迎态度表明“中国基本上没有构建产业安全的屏障”（金碚，2006）。中国尚处于世界产业的“外围”地位就已开始出现“技术空心化”的风险，在华跨国公司的国际一体化战略还在不断强化这一风险，必须尽早扭转这种关系中国产业未来命运的不利局面（蒋志敏、李孟刚，2006）。

对具体产业安全的实证研究结果存在一定差异。汽车产业中国内企业对跨国公司的依附程度在加深（宋泓等，2004），采用 DEA 模型的估算表明入世冲击将使汽车产业在 2006 年处于危机状态，但 2007 年就可调整恢复并于 2008 年及以后稳步发展，进入长期的安全状态（何维达、刘满凤，2005）。对机械工业的研究结果与汽车产业类似，略微的区别在于机械工业 2008 年及以后处于一个基本安全的状态，仍然是良性的稳定发展（何维达、陈雁云，2005）。对外资零售企业的大规模进入是否威胁国家经济安全的问题还没有达成共识，一种观点认为“目前我国零售业对外开放度处于安全警戒线之内，并且还有较大的进一步开放的空间”（李飞、汪旭晖，2006），另一种研究认为外资进入已经影响到我国零售业的整体安全性（王俊，2006）。可以看出学术界还缺乏一致认可的理论框架和研究方法。

三、FDI 与技术安全和环境安全

FDI 对技术安全的不利影响与跨国公司的技术转移战略有关，只要市场不被一家跨国公司所控制，激烈的市场竞争就会迫使跨国子公司越来越多地采用较为先进的技术，关键在于东道国需要加强技术吸收能力。关于 FDI 的技术溢出效应方面的研究一直都是热点问题，普遍的研究认为 FDI 对我国的技术溢出效应是正向的，即外资活动促进了技术进步，还没有 FDI 在技术层次威胁经济安全的实证结果。值得注意的计量分析表明，FDI 技术外溢效果

在我国中西部地区还不显著，中西部地区在引进外资方面应该结合当地的经济发展水平进行有选择地引进（冼国明、严兵，2005），而且，中西部地区提高技术吸收能力的关键是增强经济开放度（赖明勇等，2005）。

FDI 对环境影响的研究已开始受到更多关注，不应该忽视 FDI 对我国环境恶化的“贡献”，通过改造模型和数据分析找出 FDI 与环境恶化的关系应当是进一步的研究方向（王军，2005）。采用面板数据分析方法对外商直接投资的环境效应进行的实证分析表明，外商直接投资对我国生态环境具有明显的负面效应，并且呈现出明显的东高西低的梯度特征（沙文兵、石涛，2006）。

第四节　关于 FDI 对我国技术进步影响的研究

20 世纪 80 年代中后期，我国提出了“以市场换技术”的战略，开始大量引进外资。同时，外商直接投资对我国技术进步的影响成为学者比较关注的问题。我国学者早期的研究侧重于从理论上探讨外商直接投资对我国技术进步的影响。由于这段时期外资进入规模不大，中外合资和合作企业较大，学术界大多肯定外商直接投资对我国技术进步的作用。进入 90 年代中后期，随着外资规模的不断扩大，形式日益多样化，我国学者对 FDI 的技术效应进行了很多实证研究和分析，然而实证研究的结果存在很大争议，难以得出令人满意的结论。这种情况促使我国学者的研究进一步深化，特别是2000年以后，对 FDI 对我国技术进步影响的研究向更深、更细的方向发展，近期的研究主要从以下几个方面展开。

一、对我国 FDI 技术效应的进一步评估

针对过去研究出现的争议，近期的研究又对我国 FDI 的技术效应进行了进一步的评估。这些研究和过去的研究相比，充分借鉴了国内外研究的经验，在定量分析方面取得了很大的进步。同时由于这些研究比过去的研究有更长时期的数据序列，因此研究结果更能反映 FDI 长期的技术效应，并能对其进行动态的考察。在研究方法上，除了对产业数据的分析外，有的研究利用对

企业的抽样调查，从微观层面获取第一手资料进行研究。研究的范围也从我国工业企业整体扩展到特定类型的产业或者特定地区的产业。

从外商投资企业引进技术的先进性的角度，江小涓、李蕊（2002）考察了外商投资企业对中国工业技术进步的贡献。通过对一个大样本的外商投资企业的调研，发现绝大多数跨国公司提供了母公司的先进和比较先进的技术，而且相当一部分跨国公司提供了填补国内空白的技术。但是这项研究是针对外商投资企业进行的，只能说明外商投资企业对在华子公司存在明显的技术转移效应，难以说明外商投资企业是否对我国本土企业也具有明显的技术转移效应。对我国来说，外商投资企业对本土企业的技术溢出效应更为重要。

关于技术溢出，近期的研究倾向于支持外商投资企业对我国本土企业有明显技术溢出效应。何洁（2000）认为外资企业对内资工业部门的总体正向外溢效应是现实存在的，而且这个正的效应还随我国对外开放步伐的扩大，引进 FDI 速度的加快有不断加强的趋势。在此基础上，后续的研究也倾向于肯定外资企业的技术溢出效应。徐涛（2003）认为现阶段 FDI 与我国国内资本有明显的非同质性，FDI 有很强的技术外溢效应，促进了我国的技术进步。喻世友、史卫、林敏（2005）对 37 个工业部门的外商直接投资对国内企业技术效率的溢出效应的测算表明外资企业对内资企业技术效率具有显著的促进作用。但是也有不同的观点，包群、赖明勇（2002）的研究表明外资企业对国内企业的技术外溢并不像普遍认为的那样显著，并且外资企业在我国的技术进步效应还存在较大的波动性，并不是一条稳定的技术来源渠道。

上述研究表明外商投资企业对我国企业的技术进步有积极影响，存在的争议主要是针对影响的大小。由于不同类型的产业或企业与外商投资企业形成的经济技术联系的差异，技术溢出效应在我国不同的产业部门和不同类型的企业存在比较大的差别。黄烨菁（2006）对我国四大高新技术产业医药制造业、电子与通信设备制造业、电子计算机及办公设备制造业和医疗设备及仪器仪表制造业的研究表明外商投资企业对这些产业存在技术溢出效应。冼国明、薄文广（2006）发现国有企业和其他类型企业与外资企业的技术创新模式有很大不同，从地区层面看，外资企业技术创新能力提高会对国有大中型企业技术创新产生显著的抑制作用，对其他类型的大中型工业企业的技术创新产生明显的促进作用。蒋殿春、夏良科（2005）运用面板数据模型分析了外商直接投资对国内高技术行业企业技术创新能力的影响及其作用的途径。主要结论是 FDI 的竞争效应不利于国内企业创新能力的成长，但会通过示范效应和科技人员的流动等促进国内企业的研发活动。

二、对我国 FDI 技术溢出效应的影响因素的研究

近期研究的另一个主要扩展是改变了过去以对 FDI 技术溢出效应评估为主的局面，出现了大量针对我国 FDI 技术溢出效应的影响因素的研究。这些研究有助于我们深入认识影响我国 FDI 技术溢出的因素，寻求提高技术溢出效应的途径。根据不同的影响因素，这些研究大致可以分为两类：第一类，研究国家或地区吸收能力与技术溢出效应的关系；第二类，研究内资企业和外资企业技术差距与技术溢出效应的关系。

理论上企业对外来技术的吸收、学习和模仿能力越强，那么企业就拥有更强的技术能力去吸收外部的技术扩散。对于国家或地区来说，整体的技术吸收能力越强，那么就越有可能获得更大的技术溢出效应。对国家或地区吸收能力与技术溢出效应的关系的研究主要是对影响吸收能力的因素——人力资本、研发水平、贸易开放度和金融市场效率等对技术溢出效应的影响。实证研究的结果表明吸收能力对我国 FDI 技术溢出效应有积极的影响。赖明勇、包群、彭水军、张新（2005）利用我国 1996 ~ 2002 年 30 个省市的面板数据进行估计的结果证实了技术吸收能力对技术外溢效果的决定作用。在影响 FDI 技术外溢的诸因素中，人力资本、对外开放度和基础设施是主要的因素（包群、赖明勇，2003），其中人力资本是最重要的因素（赖明勇、包群、阳小晓，2002；王艳丽、刘传哲，2006）。从东西部吸收能力的差别看，东部地区人力资本投资相对滞后制约了技术吸收能力，而中西部地区提高技术吸收能力的关键是增强经济开放度（赖明勇、包群、彭水军、张新，2005）。

关于我国内资企业和外资企业技术差距与技术溢出效应的关系，喻世友、史卫、林敏（2005）发现高技术差距渠道、高竞争程度渠道与高前向产业关联渠道的影响力度较为明显。欧阳志刚（2006）分别对 1995 ~ 1997，2000 ~ 2003 年期间，中国工业 36 个行业的研究发现，在 1995 ~ 1997 年期间，

技术差距较小、劳动密集型行业获得较大的技术外溢。在2000～2003年期间，技术差距较大、资本密集型工业行业获得较大的技术外溢。严兵（2006）对外商直接投资行业内溢出效应及其影响因素进行实证分析的结果证明，内外资企业之间的技术水平差距以及外资企业类型对外资溢出效应有较大影响，在技术水平差距较大的行业以及外资企业外向型程度较低的行业中，外资产生的溢出效应更为显著。周燕、齐中英（2005）比较区分了产业内和产业间的溢出效应，并对影响外商直接投资溢出效应的行业特征因素进行了分析，发现当内外资企业差距较小或中等，且外资企业相应能力水平较高时，溢出效应才易于发生。

三、对我国利用外资及外资政策的思考

外商直接投资对我国技术进步的影响在一定程度上体现了改革开放以来我国利用外资的成效。而目前对我国FDI技术溢出效应的研究还不能证明“以市场换技术”战略取得了很大的成效。因此部分学者针对我国引进外资的现实，对我国利用外资和外资政策进行了思考，这些思考大都强调自主创新能力的建设以及调整外资政策，提高引进外资的质量。张小蒂、徐旻（2005）认为尽管跨国公司的技术转让和技术溢出效应对我国技术进步产生了积极作用，但是，由于跨国公司追求利益的本质以及技术转让和溢出的局限性，关键领域的技术无法获得。因此对于我国引进外资来说，重要的是如何处理好引进与创新的关系，充分利用外部资源增强自主创新能力。于津平（2004）认为在技术外溢效应形成之前的短期内，优惠政策会造成短期福利水平下降。外资对经济发展的影响程度关键取决于外资企业对内资企业技术进步的外溢效应；技术外溢效应越明显，东道国经济发展速度越快，东道国鼓励外资高新技术行业投资的意义越明显。外资企业技术水平对本国经济发展的影响同样取决于技术外溢程度。当外资企业的技术能够对内资企业技术水平的提高产生显著作用时，引导高技术外资企业有利于本国福利水平的提高。但是，如果本国企业对于高技术外资企业的技术模仿能力较弱，那么内资企业在与外资企业的竞争中难以获得收益，本国的福利水平会因外资企业技术水平的提高而下降。所以，结合高新技术行业的特征和我国内资企业在该行业技术吸收能力的潜力，有选择地制定外资优惠政策才更具有意义。

第五节 FDI与国际贸易关系研究

资料显示，进入21世纪后，全球FDI流量大幅度下降，但是中国的FDI流入稳步增长，在2002年成为当年全球第一大东道国，以后虽有所变化，但一直保持较高的水平。随着外资企业的发展，中国的出口贸易增长迅速，标有“中国制造”的商品在全球市场的份额日益扩大。中国产品出口与FDI流入关系是什么？中国加入WTO后，随着关税的降低，商品流动会不会替代外资流动？FDI对我国的贸易增长、结构优化究竟影响程度如何？为了回答这些现实的回答，国内学者主要就下面四个问题进行了研究。

一、FDI与国际贸易互补性和替代性的相关研究

外商直接投资与对外贸易之间的关系，一直是理论界争议较大的一个议题。从实证研究来看，支持互补性关系、替代性关系及关系存在多样性的研究都已出现，并各有自己的论据，国内学者也对中国引进外资和推动出口之间的关系展开了理论和实证方面的分析。如杨全发(1999)通过对广东利用外资与当地出口增长的实证分析发现，广东总的出口贸易和一般出口贸易与外资的关系并不显著；杨迤(2000)利用1980～1997年间的数据进行分析后指出，利用外资对中国外贸尤其是工业制成品的出口意义重大；施敏颖(2001)则认为，FDI与我国进出口总额之间的关系非常密切，但对进口的贡献大于对出口的贡献；谢冰(2000)依据1980～1997年间的数据，采用多元回归模型进行实证分析后得出，FDI对我国出口的增长作用显著。总而言之，国内理论界对FDI与我国出口关系问题的研究还很多，观点也存在多样化。[①]

王洪亮和徐霞(2003)运用格兰杰因果关系检验法对中国与日本双边贸易和投资的关系进行了检验，结果显示日本对华投资和中日贸易之间存在着长期的互补关系，FDI和制成品的出口具有双向的因果关系，但FDI对进口水平仅有单向的因果关系，同时还发现FDI和进口贸易在短期存在替

① 陈波：《FDI与中国对外贸易的实证分析》，《财经论丛》2006年第1期。

代效应。王迎新 (2003) 的研究表明，由于投资行业的特点和投资区域的不同，海外直接投资对我国对外贸易的影响要视具体的投资行业和投资区位而定。一些学者还从贸易政策的变化分析 FDI 的效应。李平、高峰 (2003) 在理论上重构东道国的贸易自由化对 FDI 流入影响的分析框架，并对中国改革开放以来的贸易与 FDI 流入的关系进行了实证检验。计量分析的结果表明，中国的贸易自由化与 FDI 的流入存在着一定的因果关系。冼国明、严兵、张岸元 (2003) 运用单位根检验、向量误差修正模型 (VEC)、格兰杰因果检验等方法，证明了外资与我国出口贸易之间存在着长期的均衡关系，出口的增加反过来对我国吸收 FDI 具有很强的促进作用。这些结论与稍早的研究如杨逸 (2000)、奚君羊和刘卫江 (2001) 等人的结论基本一致。① 向铁梅分别从总体趋势和分阶段情况对我国出口贸易和外国直接投资的关系进行了实证分析，发现总体上呈相互促进的互补关系。② 张谊浩、王胜英利用我国的相关数据，利用 Granger 非因果检验法研究了我国对外贸易和外商直接投资之间的关系。实证研究表明：我国的对外贸易和外商直接投资之间存在互为因果的反馈关系。③

二、FDI 对东道国贸易条件影响的相关研究

根据理论假设，随着国际投资与国际贸易的日益融合，作为国际投资主要形式的外商直接投资对国际贸易产生了重大影响：FDI 流入推动了一国进出口贸易的迅速发展，同时又改变着一国的资本存量，影响一国的资源禀赋状况，进而又影响一国的贸易模式和贸易条件。

中国改革开放以来，尤其是 20 世纪 90 年代以来，流入的 FDI 逐年增长，每年实际吸引的 FDI 从 1990 年的 34.87 亿美元增加到 2005 年的 500 亿美元左右，从 1990 年到 2005 年 11 月，实际利用 FDI 累计超过 5600 亿美元。可以说，中国的资本存量较过去有了很大的改善，按照国际收入转移的贸易条件效应

① 朱廷珺：《外国直接投资的贸易效应：文献述评》，《兰州商学院学报》2004 年第 1 期。
② 朱廷珺：《外国直接投资的贸易效应：文献述评》，《兰州商学院学报》2004 年第 1 期。
③ 龚艳萍、周维：《我国出口贸易结构与外国直接投资的相关分析》，《国际贸易问题》2005 年第 9 期。

的一般原理，即收入转出国的贸易条件将趋于恶化，收入转入国的贸易条件将趋于改善，那么中国贸易条件应该趋于改善。但是，20 世纪 90 年代以来，中国的贸易条件总体趋向恶化却成了共识。根据赵玉敏（2002）等人的研究，1993 年到 2000 年中国的总体贸易条件下降 13%，同期制成品贸易条件下降了 14%；王允贵（2004），方文等（2004）对 2001 年以来贸易条件的分析得出的结论也是不断恶化。另据联合国贸发会议《统计手册 2003》的资料，1995 年至 2002 年中国贸易条件下降了 22%，其中 2000 年至 2002 年下降了 6%。可见，FDI 的净流入并没有带来中国贸易条件的改善，这显然是与国际收入转移将改善转入国的贸易条件的基本原理相悖的。①

黄晓玲（2001）认为外国直接投资为回避自身劣势，借助东道国比较优势扩大国际市场占有率，而从我国的角度看，外国直接投资的进入，使得我国的比较优势得到更大限度的发挥，从而取得更大的贸易利益。但从中长期看，劳动密集型产品出口的大幅度增加，具有使我国的贸易条件恶化的趋向，尤其当东道国是中国这样一个超大型国家时，更易出现贸易条件的恶化，我国近年来出口价格指数的下降可一定程度上以此得到解释。②

三、FDI 对东道国贸易结构的影响的研究

自改革开放以来，以工业制成品出口额与初级产品出口额之比表示的我国出口商品结构连年提升表明我国出口商品结构在不断得以优化，与此同时我国吸引的外商直接投资从 1980 年的 1.6 亿美元增长到 2002 年的 527.4 亿美元，年均增幅达 36.77%。外商直接投资额的不断增加与我国出口商品结构的不断优化两者之间是否存在着必然的联系？外商直接投资是否不断地优化我国出口商品结构？国内已有不少学者对此进行了专门的相关研究。金紫汇、杨臻黛 (1998) 利用外资企业商品出口额在全国商品出口额中所占的比重说明了外资企业在我国出口商品结构中的决定作用日趋明显。刘传 (1999) 通过回

① 李惠中、黄平：《中国 FDI 净流入与贸易条件恶化：悖论及解释》，《国际经济评论》2006 年第 3 期。

② 黄晓玲：《外国直接投资与对外贸易的相互关系及其对工业化演进的影响——理论分析对中国的实证考察》，《财贸经济》2001 年第 9 期。

归分析指出外商直接投资对我国出口商品结构的优化产生了积极的影响，使我国出口商品结构实现了从初级产品为主向以工业制成品为主的根本转变。杨迤(2000)、许和连和赖明勇(2001)、丁文丽(2001)分别使用相关系数检验、协整分析技术和误差修正模型、回归分析方法分析了外商直接投资对我国出口贸易的影响，均指出外商直接投资对我国工业制成品出口的影响要显著大于对初级产品出口的影响，外商直接投资改善了我国的出口商品结构。刘重力(2000)比较研究了中国出口商品结构与国外出口商品结构，发现外商直接投资促进了我国机电产品出口的增长。江小涓(2002)采用出口金额比重分析方法考察了外商直接投资对中国出口商品结构变化的贡献，得出外商直接投资对机电产品和高新技术产品的贡献尤为显著的结论。奚君羊、刘卫江(2002)就外商直接投资对我国出口额进行了回归分析，指出外商直接投资对出口商品结构的改善具有一定滞后性，且出口额与当年外商直接投资相关性高于其与历年累积的外商直接投资。①

付朝阳（2003）认为1985年以来，我国出口保持着快速的增长。在出口快速增长的同时，我国出口商品的构成也发生了很大的变化：从以初级产品和低技术制成品的出口为主演变成以低、中、高技术制成品的出口为主。在我国出口快速增长、出口商品构成演变的同时，外国直接投资(FDI)也大量流入我国。FDI对我国出口增长和出口商品结构的演变产生了很大的作用。②

四、FDI对东道国对外贸易竞争力影响的研究

20世纪80年代中期以来，中国吸引跨国公司直接投资取得了显著成就，流入中国的FDI从1985年的20亿美元增加到2001年的468亿美元，2002年1月至6月，中国吸引外商直接投资245.8亿美元，比上年同期增长18.7%。伴随着大量的FDI流入，中国的出口量也显著增长，从1985年的260亿美元上升到2001年的2662亿美元，年均增长6.8%。中国强劲的出口增长，表明了中国在世界出口市场上的竞争力明显增强。中国占

① 刘舜佳：《外商直接投资与我国出口商品结构优化》，《财经科学》2004年第2期。
② 付朝阳：《外国直接投资对我国出口增长和出口商品结构的影响》，《国际贸易问题》2003年第11期。

世界出口市场的份额，1985年不足2%，至2000年，提高到6%以上。特别是技术密集型产品，增加的幅度更为明显。中国的出口产品结构也发生了巨大变化。1985年，初级产品和资源密集型制成品的出口占出口总量的49%，至2000年，这一比例下降到12%，而非资源密集型制成品的出口比例上升到87%。高技术产品的出口比例也从1985年的3%，提高到2000年的22%。2000年国内出口的10种主要产品，都是当今世界贸易中举足轻重的产品。其中，三种高技术产品如通讯设备、自动化数据处理设备和计算机零部件的出口比例占13%。①

在这种出口结构的动态变化过程中，外商投资企业发挥了关键作用。改革开放初期，外商投资企业在中国经济发展中的作用并不突出，1981年出口额仅占中国出口总额的0.1%。到1990年，外商投资企业出口比重达12.6%。进入90年代，随着外商来华投资的迅猛增加，大批外商投资企业进入了经营期，其进出口额随之大幅度增加，占中国对外贸易的份额逐年上升，在中国对外贸易发展中的作用显著增强。到1998年，外商投资企业出口额达809.6亿美元，占出口总额的比重达44.1%。至2001年，这一比例上升到48%。2002年1月至6月，外资企业出口7345亿美元。增长17.9%，拉动整体出口增长8.9个百分点，占总体出口的51.7%。②

杨丹辉（2004）利用相关数据分析认为，外商投资对我国出口竞争力的提高具有积极作用，外资进入一定程度上带动了我国出口规模扩张、出口结构优化以及出口竞争优势的增强。但外商投资也产生了一些负面影响。外商投资企业并未彻底扭转我国工业品出口低水平扩张的局面，而且在部分行业，随着外商投资企业出口的增加，内资企业的出口竞争力还出现了不同程度的弱化。③

总之，随着我国改革开放的不断深入，我国经济不断地与世界经济相融合，外国直接投资数量与国际贸易额不断增加，二者之间的关系显得越来越重要，同时不断出现新情况、新问题，推动着理论研究的不断进展。

---

① UNCTAD：《2002年世界投资报告》；詹晓宁、葛顺奇：《出口竞争力与跨国公司FDI的作用》，《世界经济》2002年第11期。

② UNCTAD：《2002年世界投资报告》；詹晓宁、葛顺奇：《出口竞争力与跨国公司FDI的作用》，《世界经济》2002年第11期。

③ 杨丹辉：《外商投资对中国出口竞争力的影响：实证分析》，《改革》2004年第3期。

第六节　人力资本与FDI的关系研究

国内经济学家对人力资本与FDI之间关系的最新研究主要集中在以下三个方面：一是人力资本在吸引FDI中的作用；二是FDI对当地人力资本形成的影响；三是人力资本与FDI的溢出效应（包括经济增长和技术进步）。

一、人力资本在FDI区位选择中的作用

由于传统的区位理论（新古典理论）不能圆满解释国际直接投资的区域分布。这主要因为边际报酬递减规律的作用，当地区吸引的资本增加时，其资本的边际报酬递减，因此，根据新古典理论，FDI应当流向我国的中西部地区。但实际情况是，FDI高度集中在东部地区。这主要的原因之一是人力资本产生了报酬递增。国内外的许多研究表明，人力资本不论是存量还是流量对FDI的流入都表现出显著的正效应。

国内学者沈坤荣、耿强（2001）通过实证分析发现人力资本变量与FDI之间相关性不显著，而FDI占各地区国民生产总值的比重与人力资本变量的乘积在统计上与FDI成显著的正向关系。2002年又从实证的角度证实了人力资本存量是影响FDI区域性选择的重要性因素，丰富的人力资本将有助于吸引更多的FDI；规模大的FDI投资项目倾向于选择人力资本存量水平较高的地区。赵江林（2004）通过对1990年至2000年我国整体教育水平和西部地区的教育水平进行实证检验，发现我国教育水平的提高极大地促进了我国引资规模和引资结构的升级。他认为，中国目前FDI流入的规模、质量结构和效果在很大程度上取决于我国人力资源开发政策的调整，如果要提高外资的附加价值含量，必须提高人口的受教育水平并积极与跨国公司合作共同致力于我国人力资源的开发。马衍军、柳成洋、马艳萍（2004）对人力资本在我国吸引FDI作用中的计量分析表明，人力资本的影响十分显著，其中高素质人才的培养以及基础教育的普及推动了劳动力素质的普遍提高，在很大程度上促进了我国FDI的流入，提高人力资本水平是构建我国持续吸引FDI的比较优势和提高FDI利用效率的必要条件。因此，人力资本水平和类型决定了

FDI 流入的水平和类型。郭英、陈飞翔（2005）认为东道国的人力资本水平是吸收 FDI 规模和质量的决定因素。因此，发展中应当适当推行人力资本开发政策，调整教育投资分配方向和结构，把教育计划和 FDI 的需要相结合。赖明勇、包群、阳小晓 (2006) 通过实证研究表明在影响我国外商直接投资的诸多因素中人力资本存量起到至关重要的作用。因此，加强教育投资，注重人力资本积累是增强我国对外商直接投资吸收能力的关键。由于目前我国人力资本存量仍然处于相对较低的水平，现阶段较低的人力资本水平能够较好地吸收劳动密集型 FDI，但今后 FDI 产业结构的提升必然要求较高的人力资本水平。

二、FDI 对当地人力资本形成的作用

FDI 流入通过多种渠道对当地人力资本的形成具有重要的影响。人力资本理论认为，人们在作出教育决策时，通常是把受教育后未来收入的现值和进行人力资本投资的现值进行比较的基础上作出选择的，而 FDI 的流入会提高人们接受教育以后预期收入的增加，从而促进人力资本的形成。

曹伟（2005）利用我国 1981 年至 2004 年的数据通过实证分析表明：FDI 对提升我国人力资本的作用有限，进而影响了经济增长。主要原因是外商进入中国的主要动机是利用我国廉价的劳动力获得高额利润，因而本生缺乏提升人力资本水平的动力。同时从人力资本水平来看，目前我国的人力资本供给与 FDI 对人力资本的需求存在结构性矛盾。郭英、陈飞翔（2005）指出，FDI 不仅弥补当地的资金缺口，而且提升了当地的人力资本水平。而 FDI 对当地人力资本的发展起到重要作用，主要通过影响当地的正规教育和在职培训提升当地的人力资本水平。周春应、王波（2005）认为 FDI 对人力资本、产业结构升级的促进作用较小，FDI 是以利润最大化为目的的，与我国的宏观经济政策目标不一定一致，从而外溢效应较弱。马衍军（2005）指出 FDI 对当地人力资本形成的主要途径有三条：首先是工资信号机制，当 FDI 进入后，引起劳动力市场上对高 / 低劳动力的需求变化以及相对工资的变化。通常，FDI 不仅自身需要高技能的劳动者，而且也会促使当地企业改变其生产方式的技术密集程度。这将会引起对高技能劳动力需求的增加，而短期内高技能劳

动力的供给是刚性的，从而导致高技能劳动力的相对于低技能劳动力的短缺。因此，高技能劳动力的相对工资会上升，而低技能劳动力的相对工资会下降，高/低技能劳动力的工资差距进一步拉大。这样将会提高人们接受教育以后预期收入的增加而进行人力资本投资，从而有利于人力资本的形成。其次是投资引致的经济增长，FDI 的进入意味着经济中的投资水平提高，也就标志着未来更快的经济增长和人力资本偏向型的技术进步。因此，对人力资本的形成作用更强。若这种作用可以改变许多个人成本—收益的比较基础，那么将在很大程度上提高整个国民的受教育水平而促进当地人力资本的形成。再次是跨国公司对当地员工进行培训所产生的溢出效应，当跨国公司对其雇员进行培训，以及向其配套的当地企业提供技术咨询和培训时，就会提升当地的人力资本水平。这种培训的溢出效应是跨国公司进行技术转移的重要渠道，对当地的技术创新和管理创新具有重要作用。任志成等（2006）以“长三角”为例，从人力资本存量和人力资本水平两个角度，分析了 FDI 对我国人力资本成长的影响，认为“长三角”地区 FDI 从市场需求的角度对以实际工资水平为代表的人力资本存量水平有显著影响。

三、人力资本与 FDI 的溢出效应

跨国公司在生产经营的本土化过程中，FDI 是否将对东道国的经济增长、技术进步和技术转移产生溢出效应。对于这一问题，国内外许多学者试图从不同的角度来说明 FDI 必将对东道国的经济增长和技术进步产生溢出效应。但是，他们同时指出，这种溢出效应的产生和扩散是存在一定前提条件的，而东道国的人力资本积累水平就是其中重要的因素之一。

中国学者对这一问题的研究也取得了丰硕的成果。沈坤荣、耿强（2001）对 1987 ~ 1998 年间 FDI 对我国 29 个省份经济增长的实践进行了经验检验。虽然没有发现人力资本门槛存在的证据，但是，作者也指出导致这一结论的原因是我国仍处在人力资本水平较低的初级发展阶段，进入我国的大部分跨国公司属于资源寻求型和市场寻求型，人力资本并没有成为促进 FDI 溢出效应的主要因素。赖明勇、包群、阳小晓（2002）通过实证研究发现，在影响 FDI 的诸多因素中，人力资本存量起到了至关重要的作用。因此我国人力资本

的丰裕度决定了我国对FDI技术扩散的吸收程度，从而最终影响到经济增长。赖明勇、包群、彭水军、张新（2005）利用我国30个省区市1996～2002年的面板数据进行分析表明：东部地区人力资本投资相对滞后制约了对FDI的技术吸收能力。最近由王志鹏和李子奈（2004）进行的研究则以考虑FDI溢出效应的准（quasi）内生经济增长模型为基础，利用我国1982～2001年间29个省份的数据重新审视中国的经济增长实践。结果发现，FDI对中国各区域经济增长的技术溢出效应具有鲜明的人力资本特征，各地区必须跨越一定的人力资本门槛（threshold）才能从FDI中获益。张斌盛、唐海燕（2006）通过选取4项人力资本代理指标，利用中国1995～2003年的统计数据，通过实证分析得出：提高我国技术吸收能力的途径从人力资本角度而言，在于增加教育投入、提高人力资本存量。代谦、别朝霞（2006）从人力资本的角度在内生经济增长模型中研究了发达国家FDI产业选择与发展中国家经济增长和技术进步问题。通过分析表明：FDI能否给发展中国家带来技术进步和经济增长依赖于发展中国家的人力资本积累。若发展中国家想通过FDI来促进本国的技术进步和经济增长，发展中国家必须有相应的人力资本水平。如果缺乏相应的人力资本积累，FDI将无法给发展中国家带来技术进步和经济增长。人力资本水平高，发展中国家将有能力吸收FDI所带来的新技术，促进本国技术进步与经济增长；如果缺乏相应的人力资本，发展中国家将无法从FDI中获得实质性的好处。王艳丽、王传哲（2006）通过构建理论模型，并以1983～2003年时间序列为样本，研究表明：人力资本的丰裕程度决定了FDI技术溢出的大小；FDI能够通过资本积累效应和技术溢出效应促进中国的经济增长。FDI与人力资本相结合的技术溢出效应要远远大于资本积累效应，而且与FDI结合的劳动者更多的是指具有高中水平的劳动者，而不是具有大学学历的劳动者。赵伟、汪全立（2006）认为进口贸易作为技术溢出的主要渠道，对促进我国全要素生产率的提高具有重要作用。而人力资本是影响技术溢出效果的决定性因素，在考虑人力资本作为技术吸收能力的情况下，国外研发溢出与人力资本的结合对全要素生产率具有非常显著的影响。因此，进一步加大对教育等的投资，提高我国的人力资本水平，更好地利用吸收发达国家技术外溢应当是我国技术进步的重要途径。

第七节 FDI对中国产业升级影响理论研究进展

随着国外直接投资在中国的稳步增长，学者就FDI与中国产业升级关系开展了多角度研究，这些研究可划分为以下三类。

一、FDI对中国产业升级是否具有推动效应（正向效应）的研究

这一类研究也是该领域国内外研究最主要的争议焦点。持肯定观点的研究者认为，FDI对中国产业升级的促进作用至少表现在：FDI使中国迅速建立起自身没有能力发展的产业，FDI推动了中国原有产业的升级换代，FDI促进了中国产业向比较优势产业的转换，因此应该通过吸收FDI推动中国以及各地区的产业升级。这类研究进一步以FDI对中国或地区产业升级具有推动效应为前提，开展了中国长江三角洲地区、西部地区、各省（市）如何利用外资促进地区产业升级的研究。Edward.K.Y.Chen认为，20世纪90年代初，香港地区资本在内地开始投资以家用电器为主的耐用消费品，随后是信息技术、电子和石化产品，后来这些产业都已经成为广东省重要的新兴工业，外商直接投资尤其是港资在广东省产业升级上起了重要作用。[①]江小涓等人指出，在近年来中国生产能力和资金过剩的情况下，内资之所以不能替代外资的原因就在于FDI对中国经济能起到改善资产质量、带动配套产业、促进技术进步、推动产业升级的效应。

主张FDI对中国产业升级具有局限性或负面效应的研究者认为，FDI对中国产业升级的负面效应至少表现为：一是FDI和技术的引入使中国产生了依赖性，使自主创新精神受到抑制，自主知识产权和自主品牌的增加不很明显；二是中国在吸收FDI过程中对引进技术的消化吸收不理想，尽管中国已成为世界彩电、计算机、手机、DVD等产品的第一生产大国，但中国并不拥有这些产品生产的核心技术，中国实际上仅是世界的一个“加工车间”，无法享

① 许罗丹：《外商直接投资的特点与对东道国的贡献——评Dr. Edward K. Y. Chen〈香港地区资本对中国内地的影响〉》，《世界经济》2005年第5期。

受到更多的经济利益。[①] 技术进步是影响产业升级的重要变量，同时技术变化速度决定着产业升级的速度，因此 FDI 如果没有带来中国产业技术能力的同步提升，FDI 对中国产业升级的效果将大打折扣；三是 FDI 在工业上的结构倾斜加快了中国工业结构的高度化，也助长了中国消费品工业的过度扩展。因此FDI对中国产业升级的影响不及在扩大中国产业规模上的效应那么明显。部分学者进一步指出，利用外国直接投资促进东道国产业升级存在理论局限和前提条件，外国直接投资只是发展中国家实现产业升级可以利用的手段之一；[②] 东道国应该对外国直接投资进行有效的、规范的监管以及对其产业结构升级作出整体的战略规划，并创造相应的条件。黄静波等人（2004）的实证研究表明，从总体上看，FDI 对广东省技术进步的促进作用不明显，进一步从直接效应和溢出效应分析，来自港澳台的 FDI 对广东省全要素生产率的影响是负面的，但来自西方 7 国的 FDI 对广东省全要素生产率有正向的影响，投资于资本密集型的 FDI 比投资于劳动密集型产业的 FDI 有着更强的溢出效应。[③] 蒋殿春（2004）以一个二阶段博弈模型为基础的研究也认为，在大多数情况下，外商直接投资带来的竞争效应会弱化中国企业的 R&D 动机和能力。[④]

二、FDI 推动中国产业升级的条件和实现路径的研究

这类研究从早期 FDI 对产业升级影响理论和中国国情出发，指出 FDI 对中国产业升级的正向效应需要从投资国和东道国两方面形成一定的环境与条件，这些条件包括投资国产业具有较强的产业升级换代能力、东道国具有较强的产业转移的接受能力。因此有些研究提出，中国需要有适时调整的对外经贸战略、有利于形成产业关联效应的外资政策、有效的产业资源配置条件以及环境、体制和政策（ESP）的协调。[⑤]FDI 主要通过资源补缺效应、产业关联效应、出口示范效应、传统产业优化效应、就业效应等直接或间

① 裴长洪：《吸收外商直接投资与产业结构优化升级》，《中国工业经济》2006 年第 1 期。
② 崔新键：《外国直接投资下的产业结构升级》，《当代财经》2002 年第 10 期。
③ 黄静波、付建：《FDI 与广东技术进步的实证研究》，《管理世界》2004 年第 9 期。
④ 蒋殿春：《跨国公司对我国企业研发能力的影响：一个模型分析》，《南开经济研究》2004 年第 4 期。
⑤ 杨先明、伏润民：《国际直接投资与我国产业升级问题的思考》，《云南大学学报》2002 年第 2 期。

接地推动了中国产业的升级。[①] 有些研究从全球价值链理论视角提出，中国企业应积极参与全球分工与合作，为跨国公司代工和配套，大力发展 OEM（Original Equipment Manufacturing），不断积蓄力量向 ODM（Original Design Manufacturing）和 OBM（Original Brand Manufacturing）模式升级。[②]

三、FDI 对中国产业升级的影响的定量研究

研究包括 FDI 与地区产业升级关系的定量研究；利用 More 测定法和产业结构年均变动值测定产业升级的速率，用产业结构超前系数测定产业升级的方向。[③] 国内学者沈坤荣利用 1996 年 26 个省（自治区、直辖市）的外商直接投资总量与各省的全要素生产率的相关分析，得出了 FDI 占 GDP 的比重每增加 1 个百分点，全要素生产率提高 0.37 个单位的结论。王飞（2003）采用索罗增长函数方程对跨省数据进行了回归，结果发现，总体上外资并没有产生明显的溢出效应。潘文卿（2003）的研究表明，中国西部地区还未跨越促使外资产生正向溢出效应的发展门槛，外资在该地区甚至产生了不太明显的负向溢出效应。冼国明（2005）通过面板数据就 FDI 对中国东、中、西部地区创新能力溢出效应的研究认为，FDI 溢出效应呈现东部最强，西部次之，中部最弱的格局，总体看，FDI 对中部和西部地区的研究与开发活动未产生明显的促进作用，而在东部地区的这种溢出效应较为明显。[④] 赵果庆（2006）基于要素密集型产业划分，建立了 FDI 对密集型产业的贡献指标体系，测度 FDI 对产业升级的影响，得到 FDI 主要通过进入中国技术密集型工业群提升中国工业结构层次的结论。[⑤]

研究不足的表现：一是基础理论研究不足。现有 FDI 对中国产业升级影响的基础理论研究总体上仍十分薄弱，缺乏原创性基础理论成果，已有研究更多的是将国外相关理论研究成果直接应用于 FDI 与中国产业升级问题的研究。二是研究重点集中在 FDI 对中国工业特别是制造业升级上，对服务业的

① 杨刚：《FDI 促进我国产业结构升级的传到机制研究》，《科技创业月刊》2005 年第 7 期。
② 刘志彪:《全球化背景下中国制造业升级的路径与品牌战略》,《财经问题研究》2005 年第 5 期。
③ 高燕：《产业升级的测定及制约因素分析》，《统计研究》2006 年第 4 期。
④ 冼国明、严斌：《FDI 对中国创新能力的溢出效应》，《世界经济》2005 年第 10 期。
⑤ 赵国庆：《跨国公司对我国工业升级的影响》，《国际贸易问题》2006 年第 8 期。

关注不足。三是已有研究视中国为投资接受国研究 FDI 对中国产业升级的影响，鲜有视中国为投资国视角的 FDI 对中国产业升级影响的研究。四是研究方法有待改进。已有研究以描述性分析、定性分析较多，定量分析、实证分析不足，也缺乏规范先进的经济学分析方法和工具。

第八节　制度因素与 FDI 关系的理论述评：中国学者的研究

各地区投资环境的差异是造成外商直接投资在我国地区差异性分布的主要原因。应该说，正式制度和非正式制度包含的所有内容都是影响国际直接投资区位选择的因素，因而也是一国投资环境的构成因素。正式制度因素通常以一定的规则和政策形式表现出来，一系列实证研究发现，法律完善程度、贸易壁垒、民众对外资的态度、金融管理制度、企业运行状况、政策优惠等都影响着国际直接投资在国家间和一个国家内部各地区间的分布。但相对而言，社会文化因素、法律法规因素及政策因素对国际直接投资区位选择的影响更为明显和重要。从制度层面来看，制度环境和 FDI 的区位选择之间存在着什么关系？学术界对此问题的研究动态如何？本部分将就此对中国学者进行的研究进行评述。

一、制度因素与 FDI 关系的研究领域

FDI 的地域分布有其内在的规律性，对这种规律性的探讨使得 FDI 的区位选择问题成为近年来国际学术界研究的重要课题，它吸收了区位理论、外商投资理论、跨国公司投资理论和产业组织理论等相关学科的研究成果。正如一些学者所指出的，要解决外商投资的区位选择问题，需要国际贸易理论、产业组织理论和区位理论的结合。尽管有大量的文献讨论过这个问题，但到目前为止，还没有解释 FDI 区位分布的一般性理论，只是散见于工业区位理论、产业组织理论、国际贸易理论等流派之中。如较具有代表性的是国际生产折中理论（OIL 范式），它是英国经济学家邓宁（Dunning, 1980, 1993）综合了海默的垄断优势理论、巴克利和卡森的内部化理论等，同时引入了外部

区位理论，对 FDI 的目的、条件和能力综合加以分析形成的，该理论认为，是否进行对外直接投资的选择主要取决于三种优势：所有权优势、内部化优势和区位优势。其中所有权优势是基础，内部化优势是实现所有权优势的载体，区位优势是 FDI 的充分条件，三个基本要素的组合状态及发展变化，决定着跨国公司国际生产的方式。在邓宁的理论中，区位优势理论较为成熟。他认为不同地区区位优势的大小决定了国际直接投资的流向，区位优势变量包括自然禀赋和人造资源以及市场的空间分布，投入品的价格、质量和生产率，国际运输和通讯成本，投资鼓励及阻碍，产品贸易中的人为障碍，社会和基础设施条件，跨国间的意识形态、语言、文化、商业和政治等方面的差异，R&D 生产和营销集中的经济性，经济体制和政府政策。Howells(1984) 等学者拓展了区位优势的内涵，指出区位优势应是对一国总体吸引力的评价，不仅包括低廉的要素禀赋、税收和政策刺激等有形因素，还包括长期的政治、社会和经济稳定性及有助于生产经营活动的总体环境。可见，影响 FDI 区位选择的因素是一个多元要素复合体，涉及自然、经济、社会、人力、生态、制度等多维层次系统，这一多维层次系统的系统耦合决定了外商投资时的抉择，尽管各系统间的比例关系在不同地区存在差异。因此，一国为了进一步引进 FDI，应该全方位创造良好的投资环境，任何一方都不能偏废。这也是 FDI 区位流向的决定因素综合化的必然趋势要求。

从现有的研究成果来看，近二三十年来，学术界对 FDI 区位的研究，形成了三条主线：一是在 FDI 理论中增加区位因素的分析，探讨国家区位特征对 FDI 国别选择的影响；二是采用公司实地调查的方法，探讨 FDI 区位选择的决策过程、影响因素及其空间组织行为；三是根据现代区位理论的基本原理，并采用经济计量方法，探讨国内 FDI 区位差异或区位选择的决定因素。在这些研究中制度因素对 FDI 的区位选择发挥着重要的作用，如果把影响区位选择的因素分为非制度因素和制度因素，则非制度因素和制度因素共同决定了一国 (地区) 的区位优势。

2002 年以前中国学者对制度因素与 FDI 关系的研究倾向于研究正式制度因素对 FDI 的区位选择的影响。这类研究分为两类：一类是专门研究正式制度因素对 FDI 的影响；另一类是在研究影响 FDI 的区位因素中包含对正式目前招商引资应采用差异化战略为主、成本导向战略为辅的做法，才能有效地避免各地区之间的恶性竞争。

招商引资组织在早期形成的独特的有价值的组织文化可能是其他组织在不同的时期无法模拟的，组织文化将成员凝聚在一起、激励成员，又是成员日常工作的方式，根植于成员的心灵深处，成为成员自愿的行为准则。当招商引资组织成员为他们所共有的理念凝聚在一起时，组织文化就是竞争优势的源泉。组织专有的知识、经理或非经理人之间的可信任工作关系、组织在供应商和客户中的名气，都是难以识别和替代的组织文化资源。因此，根据各地区招商引资的独特历史背景，在招商引资职能组织中建立、提炼独特的组织文化，或者说招商文化，建立工作人员共享的价值观、理念（例如，“为投资者创造价值优于 FDI 引入量”，“FDI 促进经济健康稳定发展优于一切”，“客户关系创造价值”，等等）、行为准则，形成凝聚力，从文化层次上规范人员的行为，设计相匹配的视觉形象识别系统（标准色、LOGO、标准字、工卡等），形成对投资者的传播机制，并将这些经过反复提炼的文化拟意于为投资者提供的服务中，同时，在组织内部形成目标一致、分工协作、相互信任、投资者至上的良好氛围，有利于提高组织的效率，也有助于招商品牌的建设。恰恰是这些资源或能力优势，是竞争者所难以复制或替代的，往往可以形成强大的招商引资竞争优势。

招商文化的制度层包含招商执行部门的领导体制、组织结构和管理制度。作为将面对竞争环境的外经贸主管部门，组织结构可以考虑扁平化的学习型组织。管理制度可分为内外制度，内部制度是本部门的绩效考核等规章制度，规范和激励成员行为；外部制度是国家、省、市的一系列政策、文献、规定等。招商文化的行为层包含招商引资职能内部的教育宣传、人际关系、文娱体育活动、工作模范、激励机制等，涉及一系列内部培训。招商文化的物质层是招商引资职能部门的工作环境、建筑物风格、招商广告、招商引资服务的包装与设计、名称、象征物、各种培训班、文化中心、各种旅游活动等。该层次主要表现为组织的形象识别系统（CIS），如色彩、标准字、标识（LOGO）、服饰、标准用语等。

潘镇（2006）利用 2000 ~ 2003 年间 69 个投资国和地区的国别资料，分析了制度上的差异与作为东道国的中国吸引外商直接投资之间的关系。研究结果表明：文化制度差异越大，投资国在中国的直接投资越少；包括法律完善程度和私有财产保护程度在内的法律制度差异越大，投资国在中国的直接投资越少；贸易政策、货币政策、金融管制政策等宏观经济制度差异越大，投资国在中国的直接投资越少；政府干预程度、工资控制程度和市场规范程度等微观经济制度差异越大，投资国在中国的直接投资越少。

2. 东道国企业治理结构对引进 FDI 的影响

随着国际环境的不断变化，传统的市场、自然资源和廉价劳动力因素对跨国公司的吸引力正在减弱，不断演变的公司战略和政策的放宽、技术进步一起正成为影响跨国公司的三大主要作用因素。

屈韬（2004）认为，跨国并购有利于改善外商直接投资的质量，完善公司治理结构。随着资本市场的逐步开放，我国传统的公司治理结构下所暴露出来的代理风险和国有资产流失问题日渐突出，治理观念和外部环境均难以满足跨国并购所需要的基本条件。在资产评估、组织形式、项目审批、股份转让上我们采用的仍是传统的合资管理模式，"一股独大"、内部人控制等问题使行政干预强于市场规则，许多上市公司股东大会、董事会形同虚设，弱化了国家为吸引外资所作的种种政策上的努力，加大了并购的操作成本，而且资本市场的运作也亟待规范，缺乏产权交易的软环境。这些都阻碍了跨国并购在华的进一步发展。国内企业只有通过资产重组，改善公司治理结构，完善治理环境，才能创造更大的竞争优势，在跨国并购潮流中掌握谈判的主动权。改革中只有将改善国有上市公司治理结构与吸引跨国并购结合起来，才能真正降低并购成本，实现国际资本融合。并提出了相应的解决对策：一是完善治理环境，尤其是要完善外部配套条件；二是从机构设置、董事会结构、经理人报酬机制等方面着眼改善上市公司治理结构。

谷克鉴（2005）综合经济学和管理学双重视角的实证描述和相关研究显示，FDI 作为一种独特生产要素流动和利用形式，其功能形成及其变化同其置身的经济和制度环境有着高度的互动性。在当今新一轮全球化浪潮的冲击下，企业微观结构层面的各种因素越来越突出地构成 FDI 的环境要素。尤其是进入新世纪和加入 WTO 以来，中国 FDI 实践及其影响中的企业因素更加突出，而这些因素发挥作用的重要环境是全球化的新形式和新特点的显现，绝不是传统意义上的企业治理结构的变化和企业经营方略的调整，典型的是全球化日益深入和广泛地分解企业价值链，它构成了中国未来 FDI 战略调整和新选择的重要时代背景。

3. FDI 对中国的影响

（1）管理知识的溢出效应

袁诚、陆挺（2005）从民营企业家的角度对 FDI 管理知识溢出效应的存在性进行了实证研究。他们运用中国 1997、2000、2002 年三次全国民营企业抽样调查数据，通过回归分析、Treatment Effect 方法和有限因变量模型，研究了中国民营企业家在“三资”企业工作的经历对其企业的经营业绩和管理方法的影响。本文所得到的经验结果显示，在企业业绩的最终表现上，FDI 对中国企业家有一定的培训效果，但效果不十分显著；同时在“三资”企业的工作经历会带给民营企业家某些、而不是全面的先进管理理念。我们认为要获得更加显著的 FDI 溢出效应，政府应当着眼于制定政策来扶持本地企业，通过公平竞争缩小他们与先进企业的距离，促使 FDI 在激烈的市场竞争中带来真正先进的管理经验和知识；并通过教育培训投入，提高本地管理者对外来的先进管理方法的学习能力。

祝波、赵玉贞（2006）对零售业溢出效应进行了研究，他们认为，吸收创新机制不是简单地重复竞争对手的管理方法与经营模式，而是根据东道国自身的基本素质和条件，把外资对手先进的方面与本土文化和经济环境结合起来，创造性地建立中国式的零售业的经营管理模式。在制定战略发展规划时，将外资竞争对手的经验融会贯通，重新打造自己的管理经营方案，在吸收创新机制下的溢出效应是创造性溢出，不但打破示范效应的低水平模仿，还克服了竞争效应的被动局面，而且开创了 FDI 向东道国产生溢出效应的新的机制领域。

（2）对中国市场结构的影响

中国已成为吸引外国直接投资最多的国家。FDI 对中国经济发展的重要性在不断加强成为了不争的事实。这一现象也引起了人们对 FDI 对中国经济发展影响的争论。其中有些人担心在资金、技术、管理等方面有巨大优势的外资企业会不会在其进入的行业内形成垄断，从而控制中国的产业， 向消费者提供垄断高价。袁鹏（2005）分析了跨国公司投资进入对我国市场结构的影响以及在市场结构变迁过程中跨国公司的竞争行为变化。一是我国市场结构的变迁。跨国公司进入中国后，推动了我国的市场结构的改变。在外资进入之前，中国市场是高度分散的竞争性市场。企业数量众多、规模小、行业集中度低。而在跨国公司进入的初期，由于其具有竞争优势，在其进入的行业一度垄断市场，甚至独占了市场。但随着竞争对手的大量出现，市场竞争也越来越激烈。少数几家跨国公司垄断市场的局面被逐步打破，市场成为相对分散的竞争性市场。二是跨国公司竞争行为的变化。表现为从价格垄断到价格下调；从技术锁定到加快技术转移。

谷克鉴（2005）对中国利用 FDI 的长期实践的观察和计量研究表明，吸引外资对于促进中国国内竞争的制度效应也已呈现；随着世界经济科技的新发展和投入要素结构的新变化，外资流入在持续显示其对中国区域经济发展重要作用的同时，开始构造新的影响区域经济发展的功能机制；FDI 活动对中国贸易流向和贸易关系变化的影响也在不断加深。面对全球化在微观层面不断深入、广泛地分解企业价值链和国际分工模式向“波谱模式”转变的重要契机，重新审视和调整中国利用外资的政策和战略，要求以提高科技含量和产业结构升级为中心，多样化利用外资；对中国过去行之有效的外资政策实施科学评估并加以必要的改进；建立起地区间利用外资的政策协调机制。

（3）制度与 FDI 的互动机制

集群战略日益广泛地被运用于招商引资，旨在增强地区对外资的吸引力与粘合力，从而促进地方持续发展。朱华晟（2004）对浙江嘉善木业集群的经验研究表明，外资的确能够成为地方产业集群的重要主体。然而，外资能否具有持续的推动力，除了受地方制度成本以及集群外部效益的影响，还更取决于外资企业与民营企业之间的融合方式与程度。外资企业并不必然增强与投资地的产业联系。在学习能力较强且企业家特质比较浓厚的地区，民营企业在外资企业的示范带动和竞争压力下，能够通过持续的知识积累和自主创新，增强并突出自身的优势与能力。届时，外资企业不但能获得纯经济外部性，更重要的是还能获得知识与信息的外部性，并受此驱动与民营企业在竞合博弈中实现有效融合。当然，对于诸如木业制造之类的劳动密集型产业来说，由于其制造技术简单，进入门槛和经营风险低，因此，比较容易在外商投资的诱发下，通过地方内在力量催生集群效应，从而在与外资企业的交易中实现双方利益最大化。相比之下，技术密集型产业的情形则有所不同。尤其对于经济技术不发达的地区来说，多数民营资本鲜有能力进入外商投资的高科技领域，要在较短的时间内积累足够的人力资本，其难度更大。结果，在一定的时期内，地方在这类产业集群中就会显得比较被动。当前，尤其在落后地区，地方政府在大力引进外资的同时，还要尽力激励地方企业家精神，削弱本地创业创新的制度障碍，为增强地方学习能力和创新能力提供服务，通过促进民营企业与外资企业形成适宜的互动关系，从而增强地方的自我发展能力。此外，随着市场机制的健全，地方政府应该让位于企业，使之成为招商引资的主体。

在宏观上制度环境既可以降低跨国企业海外直接投资的不确定性和交易成本，也可以增加这种不确定性和交易成本，关键取决于该地区制度环境的有效性。徐俊武（2005）认为制度环境的有效性取决于正规规则、非正规规则、政治市场的效率和经济市场的结构与效率等四个方面。FDI 与制度和制度环境之间不是单向作用，而是相互推动、相互影响的。中西部地区唯有进行制度创新，在制度环境的某些方面寻找突破点，打破被锁定的路径吸引 FDI，然后以 FDI 带动制度变迁，进而提升制度环境整体水平，这样才能实现我国区域经济的均衡发展。

4. 外商企业投资模式的变化

近年来，外商对华直接投资中独资企业比重大幅上升，外商并购中外合资企业中方资产、转化为外商独资企业或外商控股企业的案例迅速增加，外商对华投资的独资化渐成趋势。桑百川、李玉梅（2006）认为外商为了获得高利润，基于制度变迁、资源依赖程度、企业的控制力、交易成本等方面的考虑，选择独资化的投资方式，既与中国的外资政策调整直接相关，包含着中国的主动选择，也包含着中国企业无奈的被动接受，必然对中国产生双重的经济影响。为此，中国既需要在外商投资政策上全盘筹划，又要主动加入跨国公司的产业链条。徐峰（2006）认为，近年来，我国在引进 FDI 的过程中，跨国公司通过中外合资企业公司治理结构的设计、技术和品牌控制、合资企业数量控制以及销售区域控制等手段的共同使用，基本上能够实现在控制权不完整条件下对合资企业的实质性控制。除资本产权与管理技能外，技术资源优势也是控制权的一个重要来源，并且可能架空资本产权权利。因此也决定了外商独资企业将逐渐成为我国引进 FDI 的主要形式，合资企业正在不可避免地融入国外跨国公司所建立的全球生产体系之中。这一趋势对我国现行的政策体系构成了严峻挑战。李维安、李宝权（2003）考察了 20 多年来跨国公司在华企业的股权结构变动趋势，发现其独资倾向日益明显。他们在借鉴国内外学者关于跨国公司股权结构战略的研究成果基础上，在东道国为新兴市场经济国家前提下，提出了一个跨国公司股权结构战略两阶段演进模型，揭示了跨国公司在华独资倾向增强的深层原因，是追求股权结构战略改进的预期收益。

沈磊、蒋士成、颜光华（2005）从资产专有性理论出发，通过构建合资双方的合作博弈模型，分析了近年来跨国公司在华合资企业独资倾向的成因。他们认为，由于东道国的政策管制，合资企业股权与合资双方的实际控制权并不一致；合资企业的控制权分配取决于在既定市场条件下合资双方拥有资产的专有性，而控制权的分配又决定了合资双方对合资企业创造的组织租金的分配比例。当合资企业的股权结构和控制权结构相背离时，由于存在转移成本，合资双方有内在的动力使它们趋于一致。近年来跨国公司在华合资企业股权结构的变动是在我国开放程度不断扩大的环境下，跨国企业资产专有性相对提高和中方企业资产专有性相对减弱的必然结果。

三、有待进一步研究的领域

近年来，外商对华直接投资的方式和外商投资企业的经营策略发生了明显的变化，研究和把握上述变化的动因以及分析当前形势下吸引和利用外资的有效对策，对于深化区域经济国际化的进程具有十分重大的意义。一是要顺应跨国公司以独资方式对华进行战略性系统投资的新趋势，认识企业经营策略的变革动向，努力提升投资环境的竞争力并审时度势地调整自身的促进政策，是目前推进利用外资新局面的重要举措。二是在跨国公司独资倾向不断增强的情况下，如何更好地实现东道国的利益（如在中国，如何引导跨国公司积极参与国企改制以及支持西部大开发等），应该成为中国学者必须尽快找出应对措施的严峻课题。

结 束 语

在本论文行将搁笔之际，整个世界经济已经有充分迹象表明已经走出国际金融危机的阴影，而亚洲金融危机也过去了十多年，两次金融危机对于发展中国家的教训和启示是多方面的，但在开放经济条件下，如何处理好内源发展和外源因素的关系，仍是各发展中国家值得重视的研究课题。通过笔者对经济发展与国际直接投资相互关系的研究，有几个结论可以成立：

（1）发展中国家一定程度的自主发展是引进国际直接投资的基本前提；

（2）经济发展阶段滞后、阶段差异过大是一些发展中国家引进国际直接投资直接间接代价过大的根源；

（3）发展中国家结构调整、市场成长以及科技力量的聚集，有助于发展中国家获得更多的国际直接投资增长效应，内源发展是参与国际生产并从中获利的基础；

（4）东道国产业、技术、市场的可持续发展应当是国际直接投资的正负效应判断标准。以此为基准，根据不同发展阶段的结构特征选择国际直接投资，推动本国比较优势发展，是工业化过程中发展中国家面临的一重大任务。我国选择比较优势增强型国际直接投资模式的意义在于充分利用我国的各类增长要素，尽可能获得国际直接投资增长效应。

限于时间、精力与学识，本书留下了很多遗憾，很多问题有待以后进一步研究与完善。这些问题主要包括：

推行比较优势增强型国际直接投资模式所需条件是什么，这是笔者需要花费一定精力和时间继续研究；

经济发展阶段、工业化战略与国际直接投资增长效应之间的相互关系，文中尽管有所论及，但仍需进一步在实证基础上进行研究；

对于产业可持续发展、技术可持续发展、市场可持续发展与国际直接投资相互关系在文中仅仅提出，但没有充分展开，这是笔者今后研究的一个重大课题。

国际直接投资与发展中国家经济发展的关系研究，是一个庞大课题，其现实的理论意义与政策意义都十分明显。本书吸取了中外很多作者的宝贵思想和重要观点，众多学者研究成果的凝聚，也是笔者深入研究的开端，本人愿继续为此具有理论和现实意义的课题多做努力。